智库成果出版与传播平台

权威·前沿·原创

皮书系列为

“十二五”“十三五”国家重点图书出版规划项目

中国金融信息服务发展报告（2019）

ANNUAL REPORT ON CHINA'S FINANCIAL INFORMATION SERVICE DEVELOPMENT (2019)

主　编／李　平
副主编／彭绪庶

社会科学文献出版社
SOCIAL SCIENCES ACADEMIC PRESS (CHINA)

图书在版编目（CIP）数据

中国金融信息服务发展报告．2019／李平主编．--北京：社会科学文献出版社，2020．7
（金融信息服务蓝皮书）
ISBN 978－7－5201－4562－6

Ⅰ．①中…　Ⅱ．①李…　Ⅲ．①金融－信息服务业－经济发展－研究报告－中国－2019　Ⅳ．①F832②F49

中国版本图书馆CIP数据核字（2019）第054684号

金融信息服务蓝皮书
中国金融信息服务发展报告（2019）

主　　编／李　平
副 主 编／彭绪庶

出 版 人／谢寿光
组稿编辑／周　丽
责任编辑／张丽丽
文稿编辑／颜林柯

出　　版／社会科学文献出版社·城市和绿色发展分社（010）59367143
地址：北京市北三环中路甲29号院华龙大厦　邮编：100029
网址：www.ssap.com.cn
发　　行／市场营销中心（010）59367081　59367083
印　　装／天津千鹤文化传播有限公司

规　　格／开　本：787mm×1092mm　1/16
印　张：17.25　字　数：256千字
版　　次／2020年7月第1版　2020年7月第1次印刷
书　　号／ISBN 978－7－5201－4562－6
定　　价／148.00元

金融信息服务蓝皮书
编委会

撰稿人　（按姓氏笔画排序）

王宏伟　王铁成　左鹏飞　田　杰　刘枝悦　纪　昆　苏润林　李　平　李文军　李巧明　吴　威　张　茜　张　琪　陈　润　陈　静　胡　洁　姚　方　黄　震　彭绪庶

主编简介

李　平　中国社会科学院数量经济与技术经济研究所所长、研究员、博士生导师，国家“万人计划”哲学社会科学领军人才、文化名家暨“四个一批”人才，兼任中国技术经济学会理事长、中国数量经济学会理事长、中国区域经济学会副会长、中国高技术产业发展促进会副理事长、中国工业环保促进会副会长等，主要研究领域为产业经济、技术经济、经济预测与评价、战略规划、项目评估等。主持过国家社科基金重大项目、国家软科学重大项目、中国社会科学院重大项目等多项国家和部门项目；先后参与多项国家重大咨询研究和宏观经济预测，以及国家五年计划的论证工作，参与“三峡工程”“南水北调工程”“京沪高速铁路工程”等国家重大工程的可行性研究和审查，以及多项建设项目评价；参与国家“‘十三五’节能减排综合性工作方案”等多项国家、部门、地区和企业的战略规划咨询项目。

摘 要

2018年以来，宏观经济平稳运行和金融市场稳步发展为金融信息服务发展奠定了良好的物质基础，但受内外部环境变化等多种复杂因素的影响，宏观经济增速换挡和金融市场结构日益复杂对金融信息服务高质量发展提出了新的更高要求。总体来看，随着金融信息服务行业监管政策和监管机制的不断完善，以国家网信办公布《金融信息服务管理规定》为标志，金融信息服务行业开始进入规范发展的新时代。2018年以来，我国金融信息服务行业整体仍保持较快增长态势，初步估算2019年全行业收入约为684亿元。虽然受宏观经济增速下滑、证券市场低迷和互联网金融专项整治等因素的影响，增速相比前几年大幅放缓，但增幅仍远超国际金融信息服务市场的增幅。在市场结构方面，我国金融信息服务市场与国际相比仍有较大差距，产业生态特征差异明显。与几年前相比，金融信息服务创业投资潮明显降温，但2018年以来仍然发生了近10起具有较大影响的风险投资事件，尤其是业内具有较高知名度和较大影响的指南针公司IPO受到投资者热捧，表明社会资本仍然持续看好金融信息服务业发展，对未来金融信息服务行业发展具有较为积极的作用。

展望未来，由于中长期金融供需矛盾尚未得到根本缓解，金融系统性风险尚未得到根本解决，数字金融创新衍生的数据信息和信用风险依然需要得到高度重视，金融信息服务促进防范和化解金融风险的任务依然十分艰巨。随着金融科技和金融信息服务进入规范发展的新时代，金融科技创新和监管制度创新将成为影响未来金融信息服务发展的两个最重要的因素。由于数字经济发展已成为新科技革命背景下的重要产业转型趋势和重要国家战略，金融信息服务不仅是数字经济的重要内容，其对传统金融业数字化也发挥着重要影响。金融信息是高度敏感和具有极高价值的信息数据，已开始成为数字经济发展的重要生产要素。

近年来金融科技的发展推动了金融创新和金融自由化深化，大数据、人工智能、云计算、区块链等技术驱动的金融创新正在重塑金融发展模式。但与此同时，金融科技的发展也加剧了市场信息不对称性和不完全性，金融机构主体多样化使其相互之间的关系更加复杂，金融的系统性风险和金融机构的内部控制风险更加复杂多变，对金融发展和金融监管提出了更加严峻的挑战。2008 年国际金融危机后，各国加快了金融监管的调整步伐，以机构监管和功能监管为核心的监管模式正在发生演变，功能监管模式和行为监管模式开始受到越来越多的重视。近年来国际上金融科技和监管科技的发展和应用实践表明，发展监管科技，推动从形式监管走向实质监管、从人工监管走向智能监管是未来金融监管的重要发展方向。监管科技的应用有助于监测金融信息服务市场的数据流动，实现实时、动态、主动监管，维护金融系统稳定，应对技术驱动的技术风险、操作风险和系统性风险。

金融信息服务监管既需要依托现有金融监管体制，同时需要有不同侧重点及其自身特色。理论上，金融市场上的信息不对称是诱发金融机构道德风险的重要原因，也是加剧金融危机的重要诱因。金融市场的特点决定了不可能依靠金融市场主体的自律解决市场失灵问题。从微观上看，金融信息服务虽然可以增强信息弱势方的信息获取能力，降低交易双方间的信息不对称程度，减少投资者的决策风险和失误，但其前提必须是对金融信息服务进行适当监管，提高信息透明度，使其发挥明确的信号显示功能和信号甄别功能，降低虚假信息的成本比较优势。从宏观上看，行为金融理论研究表明，金融信息是一种重要的传播介质，在金融风险传染过程中发挥着重要的信号传递作用，并可能因为信息采集和成本约束导致的“羊群效应”，或者是信息噪声所导致的投资者注意力再分配，从而加速金融风险的传播，扩大金融危机的影响范围。加强对金融信息服务的监管，规范金融信息传播，加强对正面和正确信息的引导，不仅有助于规范金融市场秩序，降低金融市场波动，也有助于防范和化解金融风险。从金融信息服务自身的角度来看，金融信息服务具有媒体属性和公共价值属性，也是一种重要的公共产品，有效的金融信息服务监管可以规范信息传播，提升信息的有效性，减少信息不对称，降低或规避金融风险。

从发展实践来看，金融科技对金融信息服务不同领域都产生了广泛影响，行业仍然保持较快发展，但行业创新形式则在不断发生变化。金融科技发展和应用加快了传统金融业向信息服务的转型。银行业信息服务从金融电子化初级阶段到银行大数据集中阶段，再至现在的银行信息系统业务综合化阶段，初步奠定了向金融信息服务转型的物质基础。与银行、证券等金融业相比，由于保险业务发生频率低，且缺乏应用场景，保险 App 的使用频率相对较低。保险 App 的未来发展目前主要集中在保险渠道销售阶段的信息服务，未来如何发展仍需要观察。因此，未来保险信息服务的发展对内主要是聚焦数字化转型，通过发展保险科技，以客户为中心推动流程再造和业务创新，对外主要是积极应对拥有数据、人才和技术优势的大型互联网企业的竞争，适应金融科技发展，加强保险科技的投资和应用，推动向数据驱动型科技公司转移。证券业以 App 为载体，提供更加丰富的信息和多样化产品，提升用户体验。与此同时，在金融科技的支撑和差异化竞争的激励下，证券类 App 现已成为券商面向个人投资者端业务的主要服务窗口，承载了证券公司各种服务和业务，提供行情资讯、证券分析报告、投资策略等信息增值服务，开始进一步走向多元化和多功能化，拥有金融科技优势的第三方证券 App 开始逐步显现巨大竞争优势。无论是对证券公司还是第三方，从用户规模、使用时间等指标来看，金融信息服务内容都已经成为影响证券 App 竞争力的关键因素。

大数据金融信息服务业是当前金融科技 3.0 的代表性业态，是大数据与金融服务业高层次的深度融合，是金融数据指数级增长态势下形成的必然产业。大数据金融信息服务是大数据与金融服务交叉融合的最佳应用场景，具有高度交互性、高度创新性、高附加值性和高度容错性，在客户细分、精准服务、风险管控、合规管理以及欺诈识别方面具有典型的应用价值。大数据金融信息服务的发展，对配置我国的经济资源、防范金融风险和提升我国金融行业竞争力具有重要作用。

区块链技术作为金融科技创新的典型代表，具有点对点网络、可溯源、分布式数据储存、加密技术等特点，凭借其去中心化、去信任化、公开透明、不易篡改等特征在金融信息服务得到广泛关注。区块链技术在金融信息服务的应用，为各项金融活动中的客户管理、信息储存、资产交易、资金流转等流程提供了全新的思路。基于区块链技术，银行业能够降低支付结算成本，把票据交易透明化，保险业能够解决保险公司、客户及再保险公司三方之间的信任问题，创新产品及服务模式，证券业能数字化管理证券的发行与交易，自动化清算与结算证券交易。因此区块链技术对于降低金融业风险、提升运营效率具有重要的现实意义。

发展和加强金融科技、监管科技的应用已成为金融信息服务发展的必然趋势。对金融信息服务上市公司的比较分析表明，由于技术的加持，金融信息服务市场正在走向寡头化方向，但金融科技发展也带来新的创新机遇，新进入者和新的服务业态仍在不断涌现。近期 P2P 爆雷危机则说明，脱离信息服务中介定位的风险性，以及创新监管手段、健全信用体系的重要性。

科技是双刃剑。金融科技的发展既是机遇，也是挑战，更蕴含着巨大风险。借鉴国际先进经验，加强金融监管，积极发展监管科技，是我们当前面临的一个紧迫课题。基于金融信息服务及监管科技的发展现状，本书对未来金融信息服务的行业监管提出了若干建议。针对金融信息服务的监管体制，第一，完善金融信息服务监管体制，加强金融科技和监管科技应用的顶层设计，推动监管模式逐步从机构监管向功能监管转变，应用监管科技构建金融信息服务行为监管模式，将金融信息服务行业监管落实到金融信息数据运行轨迹的监管。第二，重视微观金融信息的基础工作，充分利用大数据、云计算和人工智能，建设监管信息平台，丰富监管手段，提高实时监管能力，推动建立信息驱动型的数字化监管。第三，重视和鼓励金融科技和监管科技的创新导向。借鉴监管科技在国际上的应用实例，英国推出“监管沙箱”、澳大利亚发起“创新中心”计划等，积极探索“监管沙箱”在中国的适用与应用。第四，加强监管机构的监管科技能力建设，强化监管部门与国际组织、国际先进的金融科技公司合作，以宽松的政策环境鼓励金融产品和服务创新，同时以监管科技有效规范行业创新发展，控制系统性风险和操作风险。

关键词： 金融信息服务　金融信息服务监管　金融科技

目　录

Ⅰ　总报告

Ⅱ　理论篇

Ⅲ 产业篇

Ⅳ 应用篇

Ⅴ 科技和监管篇

皮书数据库阅读**使用指南**

总 报 告

General Reports

B.1
2018 ~2019年金融信息服务行业发展回顾与2020年发展展望

彭绪庶　刘枝悦

摘　要： 2018 ~2019 年，我国宏观经济保持平稳运行，金融市场稳步发展，为金融信息服务发展奠定了物质基础，但日趋复杂的内外部经济环境和金融业转型调整的新趋势，也对金融信息服务高质量发展提出了更高要求，金融信息服务发展呈现一些新的特点：一是我国金融信息服务的行业监管机制不断完善，一系列强化监管、防范风险的政策方案出台，进一步标志着金融信息服务行业开始进入规范发展的新时代；二是得益于宏观经济和金融市场总体平稳运行，金融信息服务行业整体继续保持较快增长，但受互联网金融专项整治工作开展、证券市场行情整体相对低迷等因素影响，增速大幅放缓；三是中国金融信息服务市场与国际市场相比仍存在明显差距，在产业

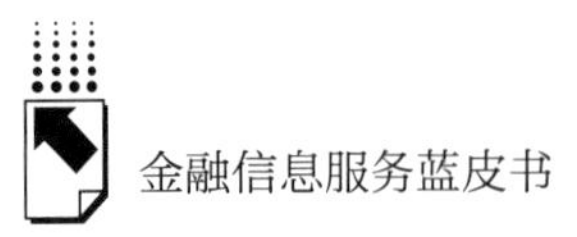

生态和企业发展层面存在显著差异；四是金融信息服务创业潮明显降温，但风险投资依然较为活跃，社会资本依然看好中国金融信息服务的未来发展；五是信用服务向规范化、数字化方向稳步发展，对金融信息服务的健康发展起到促进作用。

展望2020年，由于中长期金融供需矛盾尚未得到缓解，金融系统性风险也未得到根本解决，数字金融创新衍生的数据信息和信用风险依然需要高度重视，金融信息服务促进防范和化解金融风险的任务仍然艰巨。近年的实践证明，金融科技将对未来金融信息服务的创新发展起到强有力的技术保障和重要驱动作用，金融科技创新和监管制度创新将成为影响金融信息服务行业发展的两个最重要因素。在未来数字经济蓬勃发展的趋势下，金融信息正以一种重要的数据形式为数字经济发展提供资源，推动金融信息在大数据领域深化发展，也将为金融业和金融信息服务行业的发展提供新动力。

关键词： 金融信息服务 宏观环境 金融科技 金融监管

一 金融信息服务发展的宏观经济和金融环境

金融信息服务发展离不开国家宏观经济发展和金融业发展。2018～2019年，从宏观经济运行到金融业转型调整，再到金融信息服务监管，都出现了一些新变化，对金融信息服务行业的发展产生了重要影响。

（一）宏观经济平稳运行，增速换挡提升金融信息服务高质量发展要求

2018～2019年，中国经济继续处在由高速增长向高质量增长的转型与结构

调整过程，美国发起了针对中国的贸易战，中国经济发展的外部环境更加复杂。在此背景下，我国坚持新发展理念，加大供给侧结构性改革，加强逆周期调节，着力改善营商环境，使得宏观经济运行保持在合理区间，较好地完成了预期目标。得益于宏观经济总体稳定，居民财富稳中有增，投资意愿和投资能力始终维持较强状态（见表1），为金融信息服务的行业发展提供了重要物质保证。

表1　境外机构和个人持有境内人民币金融资产情况

单位：亿元人民币

项目	2019.01	2019.02	2019.03	2019.04	2019.05	2019.06	2019.07	2019.08	2019.09
股票	13132.10	15585.86	16838.88	17033.73	15118.59	16473.00	16551.40	16903.14	17685.54
债券	18089.90	18067.45	18187.57	18275.18	19383.08	20139.84	20800.81	20972.77	21840.75
贷款	8695.57	8128.20	8534.72	8767.86	8379.27	8340.13	8370.65	7911.06	8180.73
存款	10703.65	10993.86	11175.72	10988.00	11283.48	11112.78	11312.36	11185.90	10934.45

当前正处于我国经济和产业结构调整升级的关键时期。不可否认，由于国外复杂局势和多重因素影响，宏观经济发展面临的环境更加复杂多变，增速换挡驱使下宏观经济下行压力在加大（见图1）。据国家统计局初步核算结果①，2019年前三季度，我国国内生产总值为697798亿元，按可比价格计算，同比增长6.2%，比上半年回落0.1个百分点，比上年同期回落0.5个百分点；从三次产业看，前三季度三次产业增加值占GDP的比重分别为6.2%、39.8%和54.0%，与上年同期相比，第一产业比重持平，第二产业比重下降0.7个百分点，第三产业比重提高0.6个百分点。在此背景下，虽然宏观经济总体保持平稳发展态势，但2019年1～10月，全国规模以上工业企业利润总额同比下降2.9%，其中近期工业企业利润降幅呈扩大趋势。受宏观经济下行影响，通货紧缩风险上升，部分企业出现生产经营困难，对调整货币政策和加快金融监管政策调整提出了新要求，给我国金融信息服务的稳定发展带来一定的挑战。

---

① 国家统计局：《前三季度国民经济运行总体平稳 结构调整稳步推进》，http://www.stats.gov.cn/tjsj/zxfb/201910/t20191018_1703299.html。

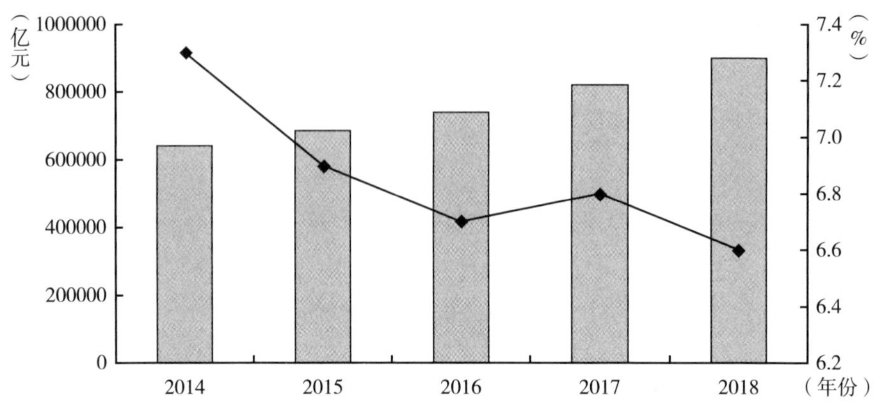

图1　2014～2018年我国GDP及增速

资料来源：根据国家统计局数据整理，http：//www.stats.gov.cn/tjsj/。

（二）金融市场稳步发展，市场结构更趋复杂，金融信息服务发展机遇和挑战并存

近年来，我国金融市场规模实现了迅速扩张，银行、证券、基金、保险等行业的竞争发展共同促进了金融市场结构的多元化。虽然宏观经济面临增速下滑压力，但得益于金融业不断扩大改革开放（见表2），2019年以来，我国金融市场整体运行平稳。货币市场利率维持较低水平，银行间回购和拆借交易活跃，债券现券交易量、发行量上升，票据融资快速增长，股票市场成交量增加，保险业保费收入增速回升，资产增速提高，货币供应量、社会融资规模合理增长。据央行统计①，2019年前三季度，银行间人民币市场以拆借、现券和回购方式合计成交886.83万亿元，日均成交4.72万亿元，日均成交额比上年同期增长21.4%。其中，同业拆借日均成交额同比增长18.7%，现券日均成交额同比增长51%，质押式回购日均成交额同比增长17.4%；9月份同业拆借月加权平均利率为2.55%，质押式回购月加权平均

① 中国人民银行：《2019年第三季度中国货币政策执行报告》，http：//www.pbc.gov.cn/goutongjiaoliu/113456/113469/3922261/index.html。

利率为2.56%；银行间债券市场现券交易153.2万亿元，日均成交8147亿元，同比增长51%；前三季度累计发行各类债券33.9万亿元，同比增加1.3万亿元；企业累计签发商业汇票15.0万亿元，同比上升14.4%；沪、深股市累计成交99.9万亿元，日均成交5460亿元，同比增长39.2%；境内各类企业和金融机构在境内外股票市场上通过发行、增发、配股、权证行权等方式累计筹资4914亿元，同比减少16.6%；保险业累计实现保费收入3.5万亿元，同比增长12.6%，比2018年增速高14.1个百分点；社会融资规模增量累计为18.74万亿元，比上年同期多3.28万亿元；9月末，广义货币供应量M2余额为195.2万亿元，同比增长8.4%，增速比上年末高0.3个百分点，狭义货币供应量M1余额为55.7万亿元，同比增长3.4%，流通中货币M0余额为7.4万亿元，同比增长4.0%。

金融业改革开放激发了金融业的发展活力，金融市场和金融业务的稳定发展推动了金融信息服务的发展，在奠定良好信息物质基础的同时，由于金融市场结构日益复杂，也加剧了市场风险，对金融信息服务的风险防范与监管模式提出了新的要求。

表2　2019年1~9月金融业运行发展情况

单位：亿元

时间	股票筹资额	股票成交金额	各类债券发行额	各类债券余额	全国银行间同业拆借交易量	社会融资规模增量	货币发行量	货币供应量（M1）
2019.01	633	65541	31989	871649	144633	46179	95777	545638
2019.02	119	88923	24329	875835	114468	7089	87532	527190
2019.03	253	186267	46164	887800	150897	28737	81311	547576
2019.04	353	168851	36639	897438	151069	14074	79783	540615
2019.05	1437	98311	36105	907239	149536	14524	78415	544356
2019.06	863	87474	39267	917829	123735	22998	78237	567696
2019.07	649	91583	38524	927249	139664	10830	78122	553043
2019.08	286	98646	43490	939114	115354	20175	78753	556798
2019.09	321	113548	37333	947839	107214	23316	80218	557138

资料来源：根据中国人民银行调查统计司网站整理，http：//www.pbc.gov.cn/diaochatongjisi/116219/index.html。

二 2018 ~2019年中国金融信息服务行业发展回顾

（一）加大行业监管力度，政策体系不断完善

2016 年 10 月，国务院办公厅印发《互联网金融风险专项整治工作实施方案》。据此安排，经国务院同意，央行联合国家网信办等 13 个部委印发《非银行支付机构风险专项整治工作实施方案》，银监会等 15 个部委联合印发《P2P 网络借贷风险专项整治工作实施方案》，证监会等 15 个部门联合印发《股权众筹风险专项整治工作实施方案》，保监会等 14 个部门联合印发《互联网保险风险专项整治工作实施方案》，国家工商总局等 17 个部门印发《开展互联网金融广告及以投资理财名义从事金融活动风险专项整治工作实施方案》。国务院和各部门政策密集出台，都是剑指互联网金融创新偏离正常轨道，遏制金融风险事件高发态势，维护金融市场秩序。2017 年，习近平总书记在全国金融工作会议上明确提出，金融要回归为实体经济服务，强化监管，防范化解金融风险，促进经济和金融良性循环、健康发展。防控金融风险被提到前所未有的新高度，中国金融发展开始进入从严监管、防范风险的新时代。

互联网的兴起和发展，使其逐渐成为信息传播的重要渠道。早在 2000 年 9 月 20 日，国务院第 31 次常务会次就通过《互联网信息服务管理办法》，对互联网信息服务活动进行了明确界定，同时也明确和建立了互联网信息服务的基本管理制度、管理方法和行政管理依据。2017 年，为加强互联网信息内容管理，国家互联网信息办公室印发《互联网新闻信息服务管理规定》和《互联网新闻信息服务许可管理实施细则》。这些政策措施的实施，为加强和规范金融信息服务管理发挥了重要推动作用。

金融信息服务是信息服务的重要内容。与此同时，针对金融信息服务内容和服务载体在新技术条件下的不断变化，国家互联网信息办公室也加强了监管。尤其重要的是，2018 年 12 月 26 日，国家互联网信息办公室公布了

《金融信息服务管理规定》（以下简称《规定》），并于2019年2月1日正式实施。《规定》明确提出，金融信息服务不同于存贷款、证券、保险、基金、债券和外汇等金融业务服务，而“主要是提供包括信息和数据在内的金融信息业务服务”。作为金融信息服务行业管理的基本规范性文件，《规定》不仅明确界定了金融信息服务的概念和范围，区别了金融信息服务与互联网新闻服务，阐明了金融信息服务与互联网的关系，更从内容管理的角度，对金融信息服务提供方的信息内容和相关行为规范提出了明确的具体要求，规定了提供信息内容时明确禁止的行为，以及违反禁止行为时，国家行业主管部门可以采取的行政处罚措施。

与此同时，国家互联网信息办公室先后在天津和江苏无锡等地召开行业发展工作会议，对行业从业机构的高级管理人员进行培训，这对明确行业监管要求、促进行业规范发展发挥了积极作用。《规定》等规范性文件的出台，不仅很好地呼应了金融强监管的新形势和新要求，也标志着金融信息服务行业发展开始进入以强监管促进规范发展的新时代。

（二）行业保持快速增长，但增幅显著放缓

2018～2019年，由于宏观经济和居民收入仍然保持较快增长，金融市场总体平稳运行，金融信息服务行业整体继续保持较快增速。根据中国产业信息网估计，中国仍然是全球金融信息服务行业增长的引擎，2018年互联网金融信息服务行业市场规模首次超过200亿元大关，约为260亿元，同比增长30.7%，远超国民经济增速和主要金融市场交易或主要金融产品交易规模增速（见图2）。

根据课题组对中国金融信息服务市场的分析和市场规模估算，2018年和2019年，金融信息服务全行业收入分别约为590亿元和684亿元。显然，受互联网金融专项整治工作开展、证券市场行情整体相对低迷等因素影响，金融信息服务行业虽然仍保持较快增长，但增速大幅放缓。初步估计，2018年和2019年同比增速分别约为18%和16%。

与全球金融信息服务行业发展相比，虽然我国金融信息服务发展规模仍

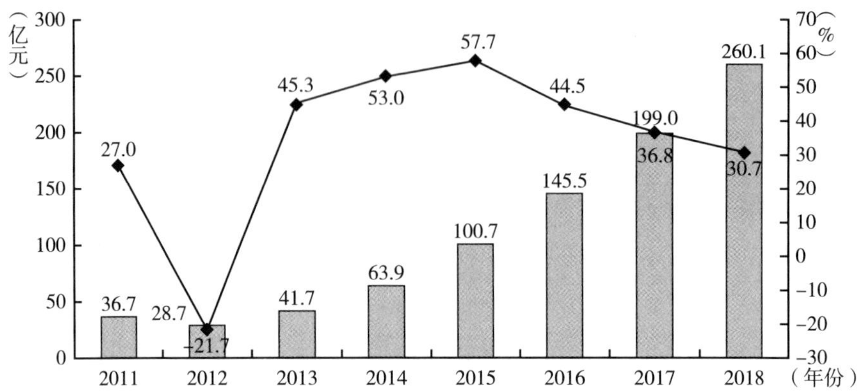

图 2　2011～2018 年中国互联网金融信息服务业市场规模与增长率

资料来源：中国产业信息网。

然较小，但增速仍远超全球市场平均增速。例如，根据业界领先的国际咨询公司 Burton - Taylor 的跟踪统计和研究发现①，2018 年，全球金融市场数据分析服务市场年收入约为 305 亿美元，首次超过 300 亿美元，同比增长 7.0%，扣除汇率因素，实际增长 5.9%，是 2008 年国际金融危机后增长最快的一年。中国市场增速超过全球市场增速大约 11 个百分点。另外，在全球市场，增速最快的细分领域是 AMC/KYC（Know - Your - Customer）业务，2018 年收入大约为 7.5 亿美元，2018 年增长率大约为 18.3%，近 5 年复合增长率约为 17.5%。其次是指数服务市场，2018 年全球指数服务市场收入达 35 亿美元，增长 13.4%，过去 5 年增长最快的领域则是产品定价、参考和评估（Pricing Reference & Valuation）业务，5 年复合年均增速达 12.2%。无论是从哪个角度来看，中国金融信息服务市场仍然是全球金融信息服务发展增速最快的主要市场。

（三）中国与国际金融信息服务市场相比存在明显差距和差异

与国际金融信息服务市场相比，中国金融信息服务市场呈现不同特征，

① https：//burton - taylor. com/burton - taylor - releases - annual - financial - market - data - analysis - industry - vendor - rankings/.

尤其是在产业生态和企业层面，中国与国际市场相比仍存在明显差距和差异。

首先，中国市场结构和产业生态尚不完善，企业竞争力与国际金融信息服务巨头相比仍然有非常大的差距。在中国，金融信息服务的商业模式和服务内容主要是终端服务、财务顾问、数据和媒体资讯服务等。但全球金融信息服务市场的商业模式更加多样，服务内容更加丰富，除金融终端、桌面机和信用服务等，还包括金融产品定价、金融指数、反洗钱等，产业生态更加完善。

其次，国际金融信息服务市场企业头部结构特征极为明显，主要是以彭博、路孚特等为代表的少数企业在竞争，而中国市场的金融信息服务主体和企业则相当多，市场极为分散，虽然有万得、大智慧和东方财富等知名企业，但中国企业无论是在全球市场还是在国内市场，市场份额和影响力均远不如国际巨头。

最后，近年来国际市场竞争日趋激烈，主要企业之间的竞争格局存在分化的迹象和趋势。例如，虽然彭博在全球市场收入中仍占有最大份额，但近5年，穆迪分析（Moody's Analytics）等的增长速度很快。此外，道琼斯（Dow Jones/Factiva）、FactSet、FIS MarketMap和晨星（Morningstar）等分别在一些细分领域或区域市场上拥有较高排名，体现了非常强的竞争力。总体来看，穆迪分析、标普全球市场情报、FactSet等在过去5年增长明显，其增速显著超过了彭博和路孚特。尤其是穆迪分析通过兼并收购取得了同比32.7%的高增长，增速居首位。显然，与国际市场的激烈竞争和日趋明显的产业分化相比，国内市场的竞争还主要是一种市场不成熟阶段的无序竞争，尚未形成较为明显的头部企业，且领先企业并未形成相比其他企业的明显优势，领先企业之间的差异性和特色也尚未完全形成。

（四）创业投资潮暂退，但社会资本持续看好金融信息服务业发展

由于金融防风险和互联网金融专项治理等各种因素的影响，2018年以

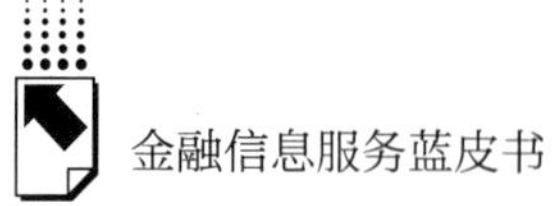

来，金融信息服务创业投资的热潮暂时消退，但2018年下半年来的几起投资事件表明，社会资本仍然持续看好金融信息服务业发展，且社会资本的跨界投资进一步促进了金融服务产业生态的拓展和丰富。

2018年4月，腾讯公司下属腾讯信息向长亮科技投资4亿元，获得7.14%的股份。双方的合作主要是依托长亮科技的金融大数据，打造金融云产品，向中小型金融机构和互联网金融企业提供“云+端”的金融信息基础设施服务。

2018年9月，上汽集团战略投资汽车金融大数据服务商车晓科技，后者主要是利用车联网数据、汽车金融AI模型、保险数据等为金融机构和企业提供信用管理、风控管理和金融资产科技管理等服务，代表了金融另类数据应用的一个重要方向。

2018年11月，上海快确信息科技有限公司获得腾讯公司A轮融资，双方共同打造“腾讯企点QTrade”产品，即为金融OTC行业提供社交和合规解决方案，如金融交易时从业人员身份信息、聊天记录结构化保持、信息实时监控预警等。

与国际金融信息服务市场相比，2018年我国金融信息服务市场投资不仅显得不活跃，规模也完全不在一个数量级。国际金融信息服务市场最重大的投资事件是，2018年下半年，汤森路透剥离金融信息服务部门成立独立的路孚特公司，成为一家全新的全球金融数据服务企业，年营业额约为60亿美元，其中数据业务收入约占70%。与此同时，私募股权巨头黑石集团（Blackstone）以170亿美元投资路孚特，持股55%，而汤森路透则持股45%①。

2019年10月，国内金融信息服务行业的“冠军企业”——万得信息联合兴富资本向提供企业征信服务和数据服务的苏州朗动网络科技有限公司（通称“企查查”）提供数亿元C轮融资，三者建立战略合作关系，并启动

① 最新消息是，伦敦证券交易所计划投资270亿美元，通过换股方式从黑石集团和汤森路透等股东手中收购路孚特。收购后，黑石集团和汤森路透将分别持有伦敦交易所37%和15%的股份。

“数据雨林”赋能投资计划，共同投资和培育数据领域的新兴企业。万得信息战略投资后，企查查估值超过 30 亿元。这起由万得信息领衔的投资表明，金融信息服务行业整合开始进入新的发展阶段。

2019 年 12 月，中国平安下属的平安资本投资万得信息。与前期行业内或互联网巨头发起的投资不同，平安资本是典型传统金融企业和传统社会资本的结合，此前已先后投资药明康德、奥美医疗、万国数据和中集车辆等大消费、医疗健康等产业领域的众多新兴企业。由于万得信息在国内金融信息服务行业具有较大影响力，也具有前瞻性的洞察力，平安资本对万得信息的投资既表明了传统金融机构与新兴金融信息服务企业的融合方向，也代表了以投资退出为目的的社会资本看好金融信息服务业的未来发展。

2019 年金融信息服务领域的一些重要投资还包括，上海复星集团领投思图场景 A 轮投资，后者成立于 2016 年，主要是利用 AI 技术提供金融场景服务，如智能面签、智能图像结构化、智能鉴权等，为全球超过 300 余家银行、保险公司和消费金融机构提供服务。麟龙股份完成交叉科技 Pre－A 轮投资，后者主要是为金融机构和投资企业提供金融数据分析服务，如基于人工智能的量化交易数据分析、企业套期保值大数据分析、保险大数据平台、金融机构基于大数据的营销防范设计等。

此外，2019 年业界也传出蚂蚁金服计划再次入股投资上海朝阳永续信息技术股份有限公司，后者是国内关于企业盈利预测数据和私募基金数据这两大细分领域的领先公司，主要是为金融机构资产管理业务、证券行业量化投资与研究、公募基金和私募基金投资和研究等提供上市公司盈利预测、私募基金投资的基础数据，以及国内证券研究机构的研究数据。2016 年，蚂蚁金服曾投资入股朝阳永续，占股 20%。这起投资尽管尚未发生，但表明金融数据已成为金融业重要的生产要素，其价值和重要性已获得广泛认可，我国独立的金融数据服务业态已初步形成。

2019 年，国内金融信息服务市场最重要的投融资事件是北京指南针科技发展有限公司（简称“指南针”）在深圳创业板上市。指南针被公认为国内金融信息服务行业历史最悠久的企业之一，成立于 2001 年，早期与同花顺、大智慧等齐名。11 月 18 日，指南针成功上市，IPO 募资 3.56 亿元，发行价 6.25 元，继首日大涨 44% 后，后续连续 15 天收涨停板，股价最高达 44.20 元，累计上涨超过 500%，成为 2019 年中国股市 IPO 连续涨停天数最多的企业。指南针股票的连续大幅上涨，已然成为社会资本看好金融信息服务的重要体现。

（五）信用服务规范发展迈出坚实步伐

信用服务是金融信息服务的典型，由于信用服务需要大量且来源广泛的金融信息和数据支撑，其对金融信息服务其他细分领域乃至对金融信息服务市场的规范、健康发展都有着重要影响。

我国信用服务的主体是中国人民银行管理下的央行征信中心，其管理的企业和个人征信系统被明确定位于国家“金融信用信息基础数据库”。目前，该系统已经建设成为世界规模最大、收录人数最多、收集信息全面、覆盖范围和使用广泛的信用信息基础数据库，基本上为国内每一个有信用活动的企业和个人建立了信用档案，系统已累计收录了 9.9 亿名自然人、2591 万户企业和其他组织的有关信息，个人和企业信用报告日均查询量分别达 550 万次和 30 万次。总体看来，由于传统征信主要采用的是同业信息分享模式，征信数据大部分来自借贷领域。传统征信的数据来源、征信主体和数据加工方式的限制，使其发展模式逐渐难以满足市场需求。

近年来，随着移动互联网、云计算、大数据、人工智能等新技术的兴起和应用，社会化资本看到了利用新一代互联网技术采集和加工信息数据、开展商业化信用服务的优势，先后涌现一大批新兴信用服务企业。与以银行系统信息数据为主的征信服务不同，以蚂蚁金服、京东、腾讯等一批互联网巨头涉足金融信用服务领域为代表，新兴信用服务企业的技术逻辑是大数据，即广泛采集个人和企业在互联网交易或其他网络活动和网络行为中留下的信息数据，并结合通过线下渠道采集的信息数据，利用特定的数学模型，合成关于对象的信用特征值，如芝麻分、微信分、考拉信用分等。这类新兴信用服务的发展从技术层面弥补了我国传统信用服务的不足，为大量传统征信机构难以覆盖的“长尾”客户群提供服务，降低了征信数据采集成本，拓展了传统征信体系的数据规模和范围，推动了我国信用服务模式的多元化和创新发展。

针对数字经济时代信用服务中的不足，中国人民银行加快了信用服务的改革。2015 年，曾先后向蚂蚁金服、腾讯等 8 家企业颁发个人征信服务试点许可（见表 3）。但在实践中，大量企业并未获得征信服务许可，同样以征信或以其他名义提供各种信用服务。据工商企业名录数据库不完全统计，全国现有各类信用服务企业超过 500 家。新兴信用服务企业野蛮生长和无序竞争代理的问题极其明显。例如，数据采集和应用容易受到黑客攻击而遭到更改、泄露或非法滥用，非法采集数据和非法交易数据行为日渐增多，数据安全性、滥用问题逐渐浮现。由于信用评价标准不一，信用评级、评分混乱问题较为突出，甚至一些信用服务机构受利益驱动，随意改变信用标准影响评估权威性，消费者与信用服务机构之间的纠纷日渐增多。与此同时，虽然新兴信用服务采集数据的渠道日渐增多，但并未消除信息孤岛或数据孤岛现象。此外，现有多数信用服务机构在业务或治理结构上与其集团相关业务存在利益冲突的问题，缺乏信用服务应具有的独立性、公正性。例如，芝麻信用的芝麻分数据主要来源于阿里巴巴旗下的电商，而芝麻分在阿里巴巴电商和蚂蚁金服信贷和理财服务中的应用则与其他企业应用芝麻分构成了潜在的不公平竞争。

表 3 部分提供个人信用服务的产品与企业一览

个人信用产品名称	分值范围	简称	企业	是否获批
个人信用报告		信用报告	央行征信中心	是
芝麻分	350～950	芝麻信用	蚂蚁金服	是
微信信用分	300～850	腾讯征信	腾讯	是
好信度评分		前海征信	前海征信	是
考拉信用分	300～850	考拉征信	网易	是
万象分		中诚信征信	中诚信征信	是
天下分		鹏元征信	鹏元征信	是
猪猪分		华道征信	华道征信	是

续表

个人信用产品名称	分值范围	简称	企业	是否获批
个人征信评分	500～900	中智诚征信	中智诚征信	是
白热度	0～100	京东征信	京东	否
信用工分		万达征信		否
唯品信用分		唯品金融	唯品会	否
甜橙信用分		甜橙信用	中国电信	否
沃信用分		联通征信	中国联通	否
移动信用分	5 级		中国移动	否
你我信用分			你我金融	否
闪银信用分			闪银	否
		算话征信	算话(上海)	否
百融评分			百融云创	否
			发现征信	否
职场信用分			猎聘	否
节操值			B 站	否
		91 征信	小崔时代	否

针对上述种种问题，中国人民银行从 2017 年开始暂停了上述 8 家企业的个人征信业务许可试点。2018 年 3 月，在中国人民银行的监督管理下，由中国互联网金融协会联合前述 8 家企业，在深圳发起设立了唯一经行政许可的市场化个人征信机构百行征信有限公司，简称百行征信。由于百行征信主要是依托其他互联网信用服务机构和互联网金融机构，通过信息数据共享和数据接入获取原始数据，再整合开发新的个人信用服务产品为金融机构和互联网企业提供服务，因此业界和媒体也称之为“中国信联”，即信用服务界的“中国银联”。

据介绍①，截至 2019 年 10 月底，百行征信已与 750 家机构签署信息共享协议，收录自然人信息主体突破 1 亿人，信贷账户数约 1.2 亿个，日均提供查询约 40 万笔。按照最初的政策设计和设想，百行征信的数据共享将建立一个新的以互联网金融数据为主要内容的国家金融信用信息基础数据库，

① 《百行征信成功举办数据共享推介会》，http://www.baihangcredit.com/news/news_31.html。

从而与央行征信中心现有的国家金融信用信息基础数据库形成互补。百行征信成立后，先期获批开展个人征信业务许可的8家企业将转型为金融数据服务公司。显然，百行征信的成立，是打破金融信息屏障和数据孤岛，建立独立、客观和权威的市场化信用服务机构的重要尝试，也必将为未来金融数据的获取和使用产生积极影响。

三　2020年金融信息服务发展展望

（一）金融信息服务促进防范和化解金融风险的任务仍然艰巨

金融信息服务工作必须服从和服务好金融工作大局。防范和化解金融风险是三大攻坚战中防范化解重大风险攻坚战的重中之重，也是当前和今后一段时期金融工作大局之一。2018～2019年，按照国务院金融稳定发展委员会的统筹部署和协调，按照金融风险分类施策的原则要求，金融信息服务主管部门会同人民银行等相关部门，针对金融风险因素涉及金融信息服务工作部分持续保持高压常态化监管，防范和及时处置风险苗头、风险突发事件，保持了金融市场总体平稳运行和金融体系运行，防范化解金融风险工作取得了重要进展。尤其是持续深入推进互联网金融专项整治，取得突破性进展，网贷等部分互联网金融行业风险大幅下降。但与此同时也应意识到，在经济新常态和复杂的国际因素影响下，防范和化解金融风险将是一项长期任务，金融信息服务促进防范和化解金融风险的挑战依然艰巨。

首先，中长期金融供需矛盾尚未得到缓解，可持续稳定增长的金融风险可能进一步加剧。受政治等各种因素影响，全球经济复苏态势谨慎乐观，尤其是受英国脱欧影响，预计欧元区和英国都可能出现进一步下滑，日本受结构性改革进展缓慢和2019年10月消费税改革影响，经济增速也将放缓，预计2020年全球贸易可能进一步放缓。在国内，虽然经济运行总体仍保持在合理增长区间，但未来中国经济潜在增长率将继续小幅下滑。如果国家不采取强有力的刺激性政策，未来实际经济增速大概率将继续下滑。这意味着宏观经济减速换挡和结构性调整仍将继续，短期内企业融资难、融资贵的问题依然严峻，必须始终高度重视资金供需矛盾导致的金融风险因素。

在经济下行和不确定性增加的新形势下，从重要企业经营困难、资金链断裂到债券违约等，非金融因素导致的微观金融风险在上升，金融市场对外部冲击更加敏感，对做好金融信息服务、促进防范和化解金融风险都提出了更高要求。此外，在资金供需关系持续紧张的情况下，很有可能诱发一些个人和企业利用非法金融信息服务从事非法集资和非法证券等扰乱金融市场秩序的活动。根据中国证券业协会网站不完全统计，仅 2019 年 10 月 24 日，即有 14 例关于假冒证券公司或证券投顾人员进行非法证券活动的公告，另有冒用证券公司非法荐股和非法配资公告各 1 例。从金融信息服务的角度，防范化解经济运行和金融活动中的金融风险因素，压力巨大。

其次，金融杠杆率上升，进一步凸显金融系统性风险。根据中国社会科学院国家金融与发展实验室研究，虽然金融部门杠杆率持续微幅下降，但居民部门和政府部门的金融杠杆率持续上升，尤其是 2019 年开始出现超预期的大幅攀升，带动 2019 年上半年宏观杠杆率提升了 5.8 个百分点。居民储蓄率高一直是我国经济发展和金融稳定的重要优势。由于统计口径不同，不同研究对中国居民部门杠杆率的测算不同（见图 3），但都反映出自 2008 年后居民杠杆率快速上升。当前虽然整体可控，但也到了需要警惕的时候，尤其是要避免部分城市①和地区居民杠杆率过高的问题，避免杠杆率上升速度过快的问题。居民杠杆率过高、增长过快的城市和地区，多数是我国金融信息服务较为发达的地区。这进一步从侧面表明，当前既要注意杠杆率上升影响金融业运行，直接加剧金融风险，也要避免在金融去杠杆过程中，降杠杆过快和风险偏好下降，导致商业银行将负债成本转嫁给民营企业和居民家庭，尤其是借助互联网散布金融信息，放大风险传染。

---

① 根据中国社会科学院国家金融与发展实验室 2019 年 11 月发布的数据，杭州、厦门、温州、海口和深圳的居民杠杆率超过 80%，分别达 103.2%、96.3%、91.1%、83.8% 和 82.3%。2018 年，浙江、上海、北京、广东和甘肃等 5 个省市的居民部门杠杆率超过 70%，分别达 83.7%，83.3%，72.4%，70.6% 和 70.1%。

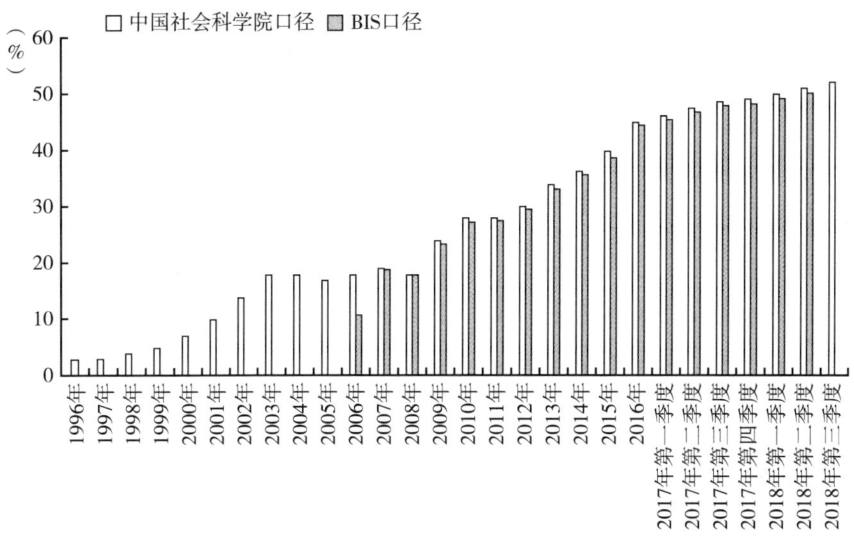

图3 中国居民部门杠杆率变化情况

资料来源：BIS、《中国国家资产负债表2018》、联讯证券。

最后，数字金融创新衍生的数据信息和信用风险不容忽视。近年来，国内外数字金融发展迅速，我国甚至在部分领域成为全球数字金融发展的引领者。虽然数字金融给消费者带来极大便利，但数字金融创新的风险毫无疑问也需要正视，而且除技术性风险和政策性风险，相当多数字金融创新的风险直接与金融信息服务密切相关。例如，通常认为数字金融创新有助于满足低收入群体和中小企业的融资需求，但这部分群体的金融知识相对偏少，更容易受到不良金融信息的影响，这显然对金融消费者保护提出了新的课题。此外，数字金融创新使得金融交易双方更加依赖于对金融信息的获取能力，对信息数据质量、交易双方信息对称性和交易方信用水平等都提出了更高要求，这对金融信息服务无疑是一种严峻考验。

（二）金融信息服务发展进入金融科技创新与监管制度创新的“双轮驱动”新时代

近年来，金融科技是金融领域发展最引人注目的主题之一。《中国金融信息服务发展报告（2018）》曾指出，金融科技创新促进了产业链条的延长，推动了专业化分工，使得金融信息服务终端、金融资讯、金融征信、证券指数服务等业态不断细分，形成新的业态和新的商业模式，金融科技也是影响金融信息服务发展的最重要因素之一。从信息服务业发展来看，现代信息服务业的诞生离不开信息通信科技的发展，也早已变成了一个技术驱动的新兴产业。金融信息服务行业既是信息数据驱动的产业，也是信息技术驱动的产业。以移动互联网、大数据、人工智能、云计算和区块链等为代表的新一代信息技术在金融领域的应用，催生了金融科技的发展。近年的实践表明，金融科技是未来金融信息服务创新发展的必要技术保障，同时，金融科技创新也是推动金融信息服务发展的重要驱动力。

在移动互联网时代，网络无处不在，信息的可获得性大大增强。同时，由于数字化的信息数据可以无限复制，且复制成本和传输成本极低，给信息数据非法采集、传输、加工、存储和利用带来更大便利性，也带来了更大危害。金融信息直接与投资者、金融企业和金融市场密切相关，具有极高的经济价值。金融信息如果传播、利用不当，很容易影响金融市场运行，甚至是加剧金融风险和宏观经济风险。与其他行业不同，无论是金融创新，还是金融信息服务创新，都天然具有高风险特征。近年来的实践表明，对于金融科技创新推动的金融信息服务新业态和新模式，既需要将其当作新兴产业呵护培育其成长，也需要加强监管，包括事前监管、事中监管和事后监管。这都需要加强金融信息服务监管的制度创新，既要避免监管过度，也要避免监管缺位。

2008 年下半年以来，主管部门明显加快了监管规定的出台步伐。2018 年 12 月国家互联网信息办公室发布《金融信息服务管理规定》，标志着主管部门强化了制度创新的主动性和积极性。以此为代表，金融信息服务行业发展开始进入依规发展的新时代。金融科技创新和监管制度创新成为影响金融信息服务行业发展的两个最重要因素。

（三）金融信息（数据）开始成为重要的数字经济生产要素

新一代信息通信技术的发展直接促进了数字经济的蓬勃发展。中国信息通信研究院研究认为，2018 年上半年中国数字经济规模占 GDP 的比重达 38.2%，约为 16 万亿元。数字经济发展增速远超一般经济增速，显然已成为中国经济转型发展的重要新动能。

通常认为，数字经济是以信息和知识的数字化为关键生产要素，以现代信息网络为重要载体，以有效利用信息通信技术为提升效率和优化经济结构重要动力的一系列经济活动①。数字经济发展不仅包括一般数字化产业，也包括一般产业的数字化转型。但无论是哪种形式，数字经济发展都离不开数据，数据是数字经济发展最重要的生产要素。在数字经济时代，数据将成为与劳动力、资本、技术等同样重要的生产要素，也是国家重要的基础战略资源。

金融信息服务是典型数字化产业，在推动传统金融机构转型过程中发挥着重要作用。随着互联网和大数据技术在金融行业应用的日渐广泛，金融信息开始以一种重要的数据形式为数字经济发展提供资源。一方面，数据是数字经济的核心内容和重要驱动力，将金融信息更好地运用在数字经济领域，应用金融大数据有助于创造更多新价值，有利于做大数字经济，拓展经济发展新空间；另一方面，推动金融信息（数据）在大数据领域的深化发展，加快传统金融行业的数字化、智能化，能够提高金融信息服务的效率，降低服务成本，提升服务质量，为金融业和金融信息服务行业的发展提供新动力。金融是现代经济的血液和命脉。金融市场和宏观经济运行既产生大量金融信息和金融数据，同时也需要大量金融信息和金融数据支撑。无论是投资者、金融机构、一般企业还是政策宏观调控部门，都对金融信息和金融数据存在巨大需求。对微观金融信息服务企业而言，金融信息（数据）将成为其竞争力的重要依靠。相比于其他信息数据，金融信息（数据）将是更敏感、具有更高价值的生产要素。

---

① 《发展数字经济培育中国经济发展新动能》，《光明日报》，2019 年 1 月 30 日。

B.2 发展监管科技，建立健全金融信息服务监管新模式

彭绪庶　李　平

摘　要： 金融科技的发展和应用对传统金融监管体制、理念和方法提出了重大挑战，也直接推动了监管科技的发展，为监管部门主动提出构建科技和数字驱动型的监管模式提供了可能。在2008年国际金融危机后，以机构监管和功能监管为核心的监管模式发生演变，功能监管模式和行为监管模式开始受到越来越多的重视，尤其是国际上金融科技和监管科技的发展和应用实践表明，监管部门需要加强对金融科技和监管科技应用的顶层设计，重视和鼓励金融科技和监管科技的创新导向，重视微观金融信息的基础性工作，提升金融信息在金融监管中的作用。

金融信息服务主体是金融活动的一部分，但并非全部属于金融活动。金融信息服务监管既需要依托现有金融监管体制，同时也需要有不同侧重点和其自身特色。金融信息服务的跨领域特性和金融分业监管基础上的有限集中体制决定了应建立一种分散型协同监管体制，即根据金融信息是侧重金融属性还是侧重资讯传媒属性，分别针对侧重于金融活动的金融信息服务和侧重于资讯活动的金融信息服务，建立由中国人民银行和国家互联网信息办公室牵头的协同监管体制，不同监管部门针对具体业务进行监管，并推动由协同监管走向合作监管，避免监管真空和过度监管。在此基础上，应推动从机构监管转向功能监管，实现功能监管与机构监管的合作协调发展；积极主动应

用监管科技，针对金融信息服务的重点领域实施行为监管，并加快推进监管科技与行为监管标准规范数字化、监管科技与监管工具开发应用和监管科技与监管信息平台建设；同时，针对高风险、强创新和对金融消费者影响大的业务，探索建立金融信息服务的监管沙盒模式。

关键词： 监管科技　金融信息服务　金融监管模式　行为监管　监管沙盒

一　从金融科技到监管科技

（一）监管科技的兴起与概念

1. 监管科技的提出背景

监管科技（RegTech）是“Regulation”与“Technology”的合成词，于 2015 年 3 月首次出现在英国政府科学办公室有关金融科技优势的研究报告中，其被英国金融行为监管局（Financial Conduct Authority，FCA）界定为 FinTech 的一个分支。FCA 本身是英国在受到 2008 年国际金融危机冲击后，反思原有金融监管体制弊端，结合科技发展趋势，在 2013 年 4 月 1 日新成立的一个独立部门，直接对财政部和议会负责。FCA 成立后，受英国政府科学办公室关于未来金融科技发展目标报告①的启发，提出了“监管科技”的概念，并在监管科技方面积极开展了系列探索，使英国成为全球监管科技创新的源头和重要推动者。

科技驱动的金融创新使得传统金融体系下的监管制度与监管理念应对乏

① *FinTech Futures*：*The UNK as a World Leader in Financial Technologies*，www. gov. uk/uploads/system/uploads/attachment_ data/Files/413095/gs－15－fintech－futures. pdf.

力，金融科技可能滋生的技术风险、操作风险，甚至系统性风险，使得以审慎监管、功能监管、行为监管等为核心构建的传统监管体系和法规无法有效应对去中介、去中心化的金融交易现状。因此，必须在审慎监管、机构监管等传统金融监管维度之外增加科技维度，以科技化监管应对科技化金融的理念，为不断泛化的金融风险提供新的可行理论和实践模式①。由于信息技术的应用，金融创新产品大量涌现，这对监管机构的监管方式提出了巨大挑战。以 FCA 为例，其监管对象大约有 58000 家。显然，要对为数众多的金融机构和数量级巨大的金融产品和金融业务进行人工监管，无论是对金融机构还是对监管机构，都是不可能完成的任务。这是由监管者提出监管科技概念和监管科技兴起的一个重要背景。

2. 监管科技的概念和发展

最早提出监管科技概念的 FCA 认为，监管科技是指采用新型技术手段满足多样化的监管要求、简化监管和合规流程的技术及其应用。尹振涛认为，监管科技概念的发展脉络反映了从微观企业的“合规科技”到宏观监管部门“监管科技”的发展路径②。因此，监管科技并非一个专业性的金融术语，而是一种事实描述。我国台湾地区金融监管机构 2016 年发布《金融科技发展策略白皮书》，认为监管科技是指利用资讯科技，广泛搜集各国金融监理制度与法规要求，提供分析与管理的工具，自动协助金融机构遵守法规要求，以降低作业风险。显然，如果将监管科技看作金融科技的一个分支，认为其是金融科技在监管领域的应用，那监管科技自然应该包括在金融机构中的应用及在监管部门中的应用。因此，京东金融研究院认为，金融科技的应用带来了新的风险场景和风险特征，监管部门既有运用监管科技的充足动力，也需要“以科技应对科技”，监管科技是在金融与科技更加紧密结合的背景下，以数据为核心驱动，以云计算、人工智能、区块链等新技术为依托，以更高效的合规和更有效的监管为价值导向的一种技术解决方案。根

① 杨东：《监管科技：金融科技的监管挑战与维度建构》，《中国社会科学》2018 年第 5 期。

② 尹振涛：《监管科技（RegTech）的概念、发展与建议》，《金融监管评论》2017 年第 11 期。

据应用形态，监管科技包括两个分支，运用于监管端的监管科技（SupTech）和运用于金融机构合规端的监管科技（CompTech），即 RegTech = SupTech + ComTech。按照这个思路细分，何海锋等认为，监管科技主要有三大分支：运用于监管端的监管科技（SupTech）、运用于金融机构合规端的监管科技（CompTech）和运用于金融机构内控段的监管科技（ContrTech）①。

上述概念介绍表明，由于监管科技是引进的概念，虽然中文都是指“监管科技”，但究竟应该是 RegTech 还是 SupTech，我国不同监管部门都存在不同理解。中国证监会信息中心副主任蒋东兴接受记者关于证监会监管科技建设工作时曾提到，新加坡严格区分 RegTech 和 SupTech，并认为 SupTech 是指监管机构应用新技术去做监管工作，而 RegTech 是行业机构应用新技术去做合规工作。在英国 RegTech 是更广义的概念，并包含 SupTech 的内容②。由此可以看出，无论是在国内还是在国外，对监管科技都有着不同理解，并没有形成统一认识。这里不对监管科技的概念做进一步探讨。本报告的重点是从监管者的角度分析金融信息服务的创新和监管。所谓监管就是指从监管机构的角度看，因此所有服务监管需求、提高监管效率的现代信息通信科技手段都属于监管科技的范畴。

从对监管科技的理解可以看出，监管科技的发展实际上是在原金融机构内部监管科技应用基础上发展演化而来。因此，监管科技的发展大致可以分为三个阶段：RegTech 1.0 是指 2008 年金融危机之前的范式，其主要由大型金融机构推动，将技术应用于内部流程，以降低遵循《巴塞尔协议Ⅱ》所规定的资本要求而带来的合规成本和监管复杂性；RegTech 2.0 指 2008 年金融危机后的范式，其主要由严格监管要求和金融服务行业高昂的合规成本推动，如把合规义务和技术相结合，建立微观标准化的金融数据收集和共享系统，使得监管能够监控到产品、交易、市场和内部欺诈等行为，提高合规能

① 何海锋、银丹妮、刘元兴：《监管科技（SupTech）：内涵、运用与发展趋势研究》，《金融监管研究》2018 年第 10 期。

② 蒋东兴：《推进智能化建设，迈向监管科技新征程》，《交易技术前沿》2018 年第 9 期。

力；RegTech 3.0 则是指金融科技概念产生后的监管范式，主要是指利用物联网、大数据等金融科技，提高监管效率，推动监管方式变革①。

（二）监管科技与数字驱动型的监管新模式

如同金融科技是新概念，但并非新技术现象一样，监管科技是金融科技兴起后被提出来的一个新概念，但也不是新的监管科技。有研究认为，监管科技在近期被广泛关注，主要是因为两个维度因素的推动②。其一，金融科技的跨界化、去中介化和去中心化等特征，促进传统金融业态发生巨大改变，也给传统监管体系带来了巨大的冲击和挑战，需要改变现有监管方式、方法。其次，国际金融危机后，全球金融监管呈严管态势，大大提高了金融机构的合规成本，也需要采用新的技术手段加以应对。据国际咨询公司德勤统计，2010～2014 年欧美大银行违规罚款增长 45 倍，投入人力成本增长 10%～15%。例如，摩根大通新增合规员工占全体员工的比例高达 6%，成本支出占全年营业额的比例高达 10%。要控制合规成本，应用科技手段，技术替代人成为必然选择。因此，监管科技是金融监管与科学技术的结合，其诱因是监管机构和金融机构的双向推动，其应用路径和范围既包括传统金融领域，也包括互联网金融等新金融领域。

金融科技在某种程度上会导致金融风险的泛化，这种泛化可能有两种表现：其一，某些金融服务能由一些非金融机构或个体所提供，即在全社会范围内出现“泛金融化”；其二，金融风险变得更加频繁且严重，且金融体制之外金融风险的传递变得更加频繁③。在这种背景下，推动金融监管范式转变势在必行。金融监管范式的转变不仅是重组风险监管机构，防止金融风险传递和避免金融风险扩大化，同时也意味着监管理念和监管手段的革新，以应对日益增长的高频风险和实时监管需求。以 FCA 的监督方法为例，FCA 的决策框架并不复杂，主要包括危害识别、危害诊断、危害补救和监督评估

---

① 蔚赵春、徐剑刚：《监管科技 RegTech 的理论框架及发展应对》，《上海金融》2017 年第 10 期。

② 尹振涛：《监管科技（RegTech）的概念、发展与建议》，《金融监管评论》2017 年第 44 期。

③ 周仲飞、李敬伟：《金融科技背景下金融监管范式的转变》，《法学研究》2018 年第 5 期。

四部分（见图1）。在实施过程中，主要依靠信息系统完成。在危害识别环节，需要被监管对象根据不同各类型，提供各种关于机构、产品（服务）和金融行为的信息，以初步对危害可能性进行识别。在危害诊断环节，主要是通过诊断工具包（Diagnostic Tools）进行分析，即对被监管对象提交的各种信息质量进行检视，评估潜在危害的规模和严重性。这些分析同样都不是依赖人工进行，而是用一系列工具来分析量化其对消费者或市场的影响和危害。在危害补救环节，也是通过不同类型的补救工具包（Remedy Tools），根据情况决定是立即终止产生危害的行为还是采取干预措施避免潜在危害。由此可以看出，监管科技的提出，表面上是反思国际金融危机后采取的一种金融监管手段，本质上是根据信息通信技术环境下的金融创新形势需要，在信息通信技术对金融领域广泛渗透的影响下，由监管部门主动提出的一种科技和数字驱动型的监管模式。

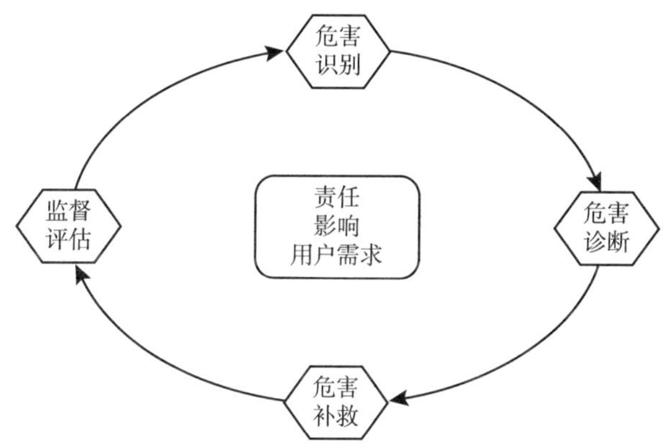

图1 英国FCA监管决策框架模型

资料来源：FCA. *FCA Mission：Our Approach to Supervision*，https：//www.fca.org.uk/publication/corporate/our－approach－supervision.pdf。

（三）监管科技的应用范式

1. 监管科技的技术基础

监管科技离不开科技。国际清算银行（Bank for International Settlements，

BIS）下属金融稳定研究所（Financial Stability Institute，FSI）提出，监管科技就是监管部门使用创新性的技术促进监管。FSI 综合不同国家监管科技的应用发现，监管科技的应用主要体现在以下两个方面①。

（1）数据收集，主要是生成报告、数据管理和虚拟助手。例如，中央银行搭建统一的报告平台，被监管的其他银行部门自动将基础数据传送到该平台，或者是直接从被监管金融机构的 IT 系统中自动抓取数据，平台或系统按照标准化的转化规则，自动转换生成关于统计、财务稳定性和监管等自动化报告，为监管者提供参考信息。另一种情况下，以澳大利亚证券投资委员会为例，其市场分析和情报系统能够实时监控一级和二级市场，在所有股权和股权衍生产品及交易中提取实时数据，监控市场运行，并提供实时警报。至于数据管理，主要是对采集的数据进行质量检查，验证数据完整性、正确性、合理性和一致性，标记异常数据，提高数据质量，也包括对不用来源的结构化数据和非结构化数据进行整合，发现有价值的数据信息，或者生成简单报告，或者通过可视化工具将其呈现给监管者，以更好显示数据之间的关联关系或逻辑关系。

由于收集的资料来源多、规模庞大、类型多样、更新频率快，具有典型的大数据特征，数据收集、分析除了需要基于大数据技术，还广泛涉及云计算、人工智能和机器学习等技术的应用。例如，FCA 就是采用云解决方案收集、存储和处理市场数据。在高峰时段，云设施可以自动扩展，处理市场数据信息高达上亿条。墨西哥国家银行和证券委员会、美国证券交易委员会等也都在使用云计算方式处理大量数据。

（2）数据分析。数据收集，包括生成报告和以可视化的方式呈现数据都仅仅是数据利用的初级方式。数据收集的目的是服务于监管，数据分析就是要将收集的数据用于市场监督、不端行为分析、微观审慎监管和宏观审慎监管。最常用的例子是对采集的数据进行分析，检测发现内幕交易和可疑交易。在这方面各国证券监管部门通常都有比较成熟的应用。新进的一些应用

① Dirk Broeders, Jermy Prenio, “Innovative Technology in Financial Supervision (suptech) – The Experience of Early Users,” *FSI Insights on Policy Implenmentation* No. 9, https://www.bis.org/fsi/publ/insights9.pdf.

主要集中在利用人工智能、机器学习等技术，开展反洗钱监测、反欺诈监测和对金融产品违规销售的监测等。

除在日常监管工作中的应用外，数据分析也被用来开展常规性的监管工作，包括微观审慎监管和宏观审慎监管。例如，检视非金融企业资产负债数据，开展信用风险评估，或生成贷款违约预测等。利用大数据技术预测宏观经济发展走势，包括物价和通货膨胀，进一步识别宏观金融风险等，也是当前各国在宏观审慎监管中积极探索的一个重要领域。

通过上述应用分析可以看出，作为金融科技的一部分，监管科技的核心仍然是以互联网为代表的新一代信息通信技术，尤其是大数据技术和人工智能技术的应用。因此，监管科技的本质就是新一代信息通信技术在金融监管领域的应用扩散，是金融科技的重要体现。

2. 监管科技的应用框架和应用领域

从监管端或监管者的角度来看，监管科技的应用就是以金融监管部门为中心，以金融机构为节点，通过金融数据连接建立起来的一个技术监管框架。如图 2 所示，李伟将其分为事前、事中和事后三个阶段五类应用①。在事前阶段，主要是监管规则的数字化翻译和建设部署监管应用平台，前者是将现有文本监管规则翻译为机器系统可以理解的数字化协议。从某种意义上讲，这是在互联网世界中监管科技应用的规则依据。后者则是指各种具体监管科技应用系统，是监管科技的关键信息基础设施。在事中阶段，主要是要实现监管数据自动化采集，并进行风险态势的智能化分析。在事后阶段，主要是对合规情况的综合化利用，如根据风险态势分析，自动化处置诸如欺诈交易等风险隐患事件，提供风险警示，以可视化方式共享风险信息。

综合不同研究和一些国家实践，当前监管科技的应用主要包括以下五个领域。

（1）身份识别与管理。对金融市场用户的身份进行生物特征识别，提供身份适当性分析，对列入可疑名单或对金融市场交易有重要影响的重点用

① 李伟：《监管科技应用路径研究》，《清华金融评论》2017 年第 3 期。

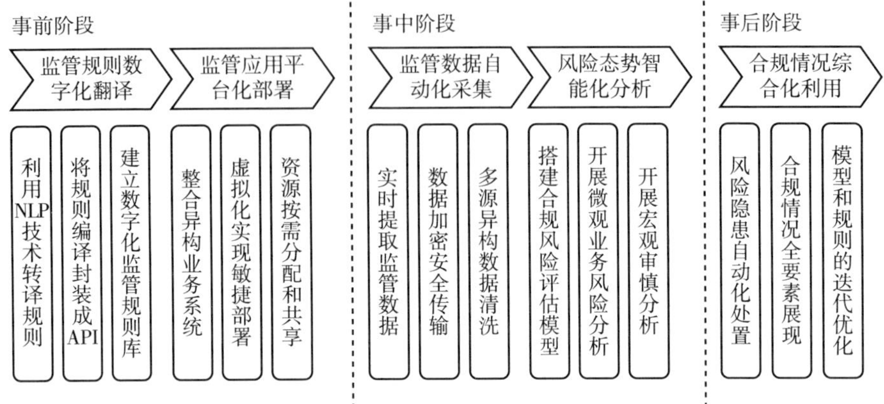

图 2　监管科技的应用框架

户进行重点监控管理。

（2）合法与合规报告。按照相关金融监管法规要求，对金融产品创新、金融交易情况和金融市场运行情况自动生成合法合规报告，提供合法与合规检查以及改正建议。

（3）交易运行监控。利用大数据、人工智能、生物识别、区块链等技术，自动跟踪交易过程，确保风险隐患的及时发现和早处理。按照风险因素级别，对轻微或一般性风险事件如信用欺诈等提供自动中止和上报功能，对重大风险事件如反洗钱、交易安全等上报提供处置建议方案。

（4）风险管理。利用大数据、机器学习、人工智能等技术分析统计各种数据和信息资料，提供关于产品、服务和用户的风险分析，提供风险规避建议；或者是模拟未来风险情境变化，预测和计算未来风险概率，提出警示。

（5）金融安全。主要是基于新技术应用带来的技术安全、信息安全和数据安全等，防止用户资料泄密、数据丢失，也包括密码管理服务等。

二　金融监管模式及其实践

当代金融体系的不断创新和发展为人类社会的生产活动和社会活动提供

了有效的支持，然而，任何技术的发展及创新都会造成不同程度的风险累积，这种风险累积到一定时间就可能引致更大范围的金融和经济危机。2008年爆发的全球性金融危机掀起了如何实施金融监管以防范金融风险和确保金融稳定的争论。在2017年全国金融工作会议上，习近平指出，要强化监管，提高防范化解金融风险能力。“加强功能监管，更加重视行为监管”，作为金融监管的一项重点工作被正式提出来。长期以来，学界和业界主要从分业监管和混业监管的角度讨论监管模式，对金融监管模式缺乏详细深入的研究，导致产生很多概念上的混乱。这里做一简单介绍，为后续分析讨论奠定一个基础。

（一）机构监管模式

机构监管，也称为机构型监管或部门监管，是将从事金融活动的金融机构按其活动性质分为不同类型，同时根据金融机构类型设置对应的监管机构，不同监管机构分别对应监管相应类型的金融机构，且互不交叉或越权监管的一种金融监管模式。机构监管模式是在20世纪30年代大危机后适应金融分业经营的一种监管模式，因此通常也可以理解为分业监管模式。与之对应的则是混业监管模式，即由统一的监管机构对不同类型的金融业务进行监管的模式。

由于将金融业分为银行、保险、证券等业务类型的方式已经成熟且根深蒂固，按分业经营模式建立监管部门和监管制度，分工明确，可以保证金融活动和监管活动的高度专业化，避免了监管部门的重复监管和过度监管，监管效率相对较高，也能很好保障金融体系的稳定和安全。因此，机构监管模式也是长期以来在各国占主导的金融监管模式。

在监管方式和监管内容上，机构监管模式通常是由不同监管部门对金融机构的相应金融业务的市场准入、稳健经营状况、风险管控状况、风险处置状况和市场退出行为等进行监管。市场准入管理是前提和基础。各国通行的方式是给符合准入要求的金融机构发放许可（牌照），只有获得特定许可（牌照）的企业才能从事特定类型的金融活动，因此机构监管也被称为许可

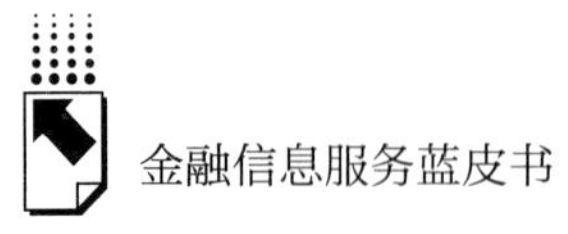

管理或牌照式管理。

但机构监管模式的弊端也非常明显。这主要是，进入21世纪以来，随着金融活动开始重新出现混业经营趋势，新型金融机构不断涌现。一方面，很多金融活动是新型金融业态，如大数据信用服务、P2P、金融大数据服务等，应该归哪个监管部门成为现实难题，也常常导致出现监管真空；另一方面，在混业经营模式下，范围效应和规模效应有助于提高金融机构的经营绩效，但按照混业经营模式必然会导致每家金融机构由不同监管部门监管，监管的分工被打破，监管界限日益模糊。此外，从现实实践来看，机构监管沦为牌照式监管后，金融许可（牌照）沦为一种垄断性资源，容易产生监管寻租现象。与此同时，金融监管部门只对持牌金融机构进行监管，对实际从事某一类型金融活动但没有获得牌照的机构却无能为力。我国各地发生的非法集资现象就是典型例子。非法集资本质上是银行信贷活动，但银行监管部门只负责监管持牌银行机构，导致对非法集资现象只能依靠治安等非金融监管手段进行治理。

（二）功能监管模式

功能监管模式起源于 Merton 和 Bodie 提出的功能金融理论，认为与金融机构的频繁变化不同，金融的功能通常不会随时间或区域的变化而变化①②。金融机构的具体形式需要以金融功能为指导，如在时间和空间上的资源转移，清算和结算服务，风险分散、转移和管理等。对金融体系而言，金融功能比金融组织更为重要，金融体系的稳定首先应该是金融功能的稳定。因此，金融监管应该是基于金融功能而非金融机构。

功能监管本质上是按照金融机构经营业务的性质来划分监管对象的一种金融监管模式。例如，将金融业务划分为银行业务、证券业务、期货业务和

① Merton Robert, "Operation and Regulation in Financial Intermediation: A Functional Perspective," in *Operation and Regulation of Financial Markets*, edited by Peter Englund, 17 - 67. Stockholm, Sweden: The Economic Council, 1993.

② Merton Robert and Zvi Bodie, "The Design of Financials Systems: Towards a Synthesis of Function and Structure," *Journal of Investment Management* Vol. 3, No. 1 (2005): 1 - 23.

保险业务等，相同类型的金融业务由同一监管机构负责监管。同一金融机构可以经营不同类型的金融业务，监管部门是根据金融业务类型而非机构名称或类型来决定是否将其纳入监管范围。在监管方式选择上，与机构监管依赖监管对象的业务许可不同，监管部门不受被监管对象是否具有金融业务许可的约束。

功能监管模式的出现反映了自 20 世纪末开始，包括金融组织创新在内的金融创新活动加快，衍生出大量新型金融机构，金融体系开始重新呈现混合经营趋势，给原有分工明确的分业监管模式提出了新挑战。由于功能监管模式是基于金融体系的基本功能而设计，具有更好的连续性和一致性，且能实施跨产品、跨机构、跨市场协调的监管。这种监管模式可以保证监管环境的相对稳定，能够很好地避免“监管套利”，还可以降低监管成本。因此，在科技创新和金融创新加快的大背景下，不仅传统金融机构的跨界需求日益增加，金融的外延也在不断扩大，新技术使得金融业务的边界日益模糊，功能监管模式开始受到越来越多的重视。

（三）行为监管模式

行为监管的类似表述最早可以追溯到 20 世纪 70 年代美国国家保险协会发布的《市场行为检查手册》，其中有关于“市场行为监管”的表述。但真正形成理论则是起源于英国经济学家泰勒提出的金融监管“双峰”（Twin Peaks）理论，即金融监管目标应该由审慎监管和行为监管两个平行且独立的监管机构贯彻实施，前者保障金融系统稳定和金融机构稳健经营，后者促进金融市场诚信和保护消费者权益[①]。在实践上，行为监管的缘起，是在 2000 年前后，澳大利亚、英国等国家设立纠纷调解机构，或在监管机构内部设立专门的维护市场公平竞争、诚信的机构和消费者保护机构。但真正引起重视，则是各国在反思国际金融危机的原因时，普遍认为金融机构欺诈和消费者无知无畏也是原因之一，因此希望通过改进监管模式规范金融机构行为，强化金融消费者权益保护。美国消费者金融保护局（CFPB）和 FCA 都

① 惠平：《积极适应行为监管的新理念》，《中国金融》2017 年第 17 期。

是比较典型且较为成功的例子①。

不仅如此，现在金融行为监管早已超出了保护金融消费者的范畴。现在通常认为行为监管是指监管机构对金融机构的经营行为提出规范性要求和进行监督管理，其方式选择包括由监管部门制定公平的市场规则，通过强制信息披露、禁止信息欺诈和销售误导、加强个人金融信息保护、打击市场操纵行为等方式，对金融机构的经营活动及交易行为实施监督管理，以降低金融市场交易中的信息不对称，推动金融消费者保护，促进市场有序竞争②。

根据行为监管的发展水平，世界银行提出可以根据产品和机构两个维度来分析选择行为监管模式（见图3）。在产品维度，金融产品和服务与其他产品和服务的差别是决定是否需要独立特殊监管的基本依据。只有差别足够大，在广度和深度上无法确保该金融产品和服务提供者能约束其市场参与行为的，才应将行为监管与审慎监管进行分离，否则不予分离。在机构维度上，鉴于在各国监管实践中，行为监管通常被纳入审慎监管框架，行为监管并不一定要求以独立机构形式从以审慎监管为核心的监管机构中分离出来。只有审慎监管与行为监管的监管目标存在不一致甚至冲突的情形时，才需要将两类监管机构进行分离。

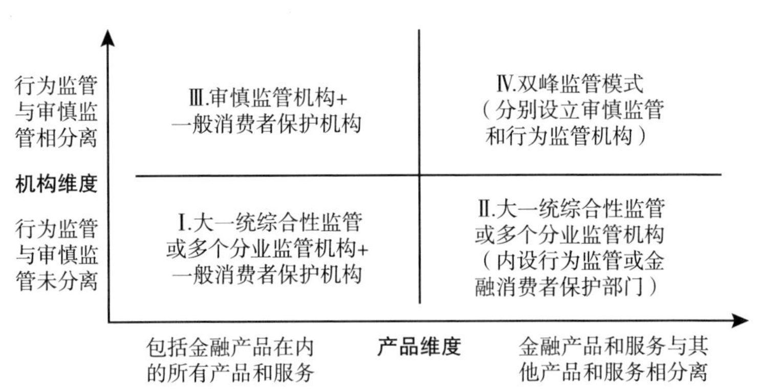

图3　行为监管模式的四种选择

① 焦瑾璞：《构建中国金融行为监管体系》，《清华金融评论》2015年第12期。

② http：//epaper. 21jingji. com.

根据行为监管部门与审慎监管部门的关系，以及金融产品与其他产品的关系，有研究分析统计了部分国家的行为监管实践，将行为监管模式分为大一统式综合监管机构和一般消费者保护机构并行模式、多个分业监管机构和一般消费者保护机构并行模式、大一统式综合监管机构（内设金融消费者保护部门）模式、多个分业监管机构（分别内设金融消费者保护部门）模式、一般消费和保护机构与审慎监管机构并行模式和行为监管机构与审慎监管机构并行（双峰）模式六种①。在2011年之前，我国实际上是多个分业监管机构和一般消费者保护机构并行，此后则主要是在多个分业监管机构内设金融消费者保护部门的模式。但从全世界来看，采用何种监管模式与经济发展阶段并无实质性关系。相反，金融监管体制是否需要将行为监管提升到金融监管的重要位置，主要取决于金融消费者保护特殊性和行业特殊性两个因素。其中金融消费者保护特殊性是指在金融具有显著垄断性的国家，是否需要基于金融产品和服务的特殊性，将金融消费者与一般消费者区别开；后者是指监管者是否需要基于金融市场交易的信息不对称特性，突出“提前介入”以“预防行为发生”而形成的潜在利益。

（四）金融科技和监管科技的国际实践

正如2008年金融危机之后全球金融界对于完善当前金融监管体制做出的讨论与实践，金融监管规则通常是危机型立法和监督的产物，这种危机型立法和监督往往注重对金融危机暴露的问题做出应急、被动的反应，且其更新速度无法与以指数级速度发展的金融创新相匹配②。自20世纪90年代以来，互联网、大数据、人工智能、区块链等科技驱动的金融创新，将从根本上颠覆传统的金融模式。金融科技以去中心化和低成本的运营模式来实现业务模式的创新和传统金融业务边界的拓展，从而提升了金融资源配置效率，

① 冯乾、侯合心：《金融业行为监管国际模式比较与借鉴》，《财经科学》2016年第5期。

② John, C., Coffee, Jr., “The Political Economy of Dodd-Frank: Why Financial Reforms Tend to be Frustrated and Systemic Risk Perpetuated,” *Cornell Law Review* (97), 1020 - 1022 (2012).

促进了金融业与整个经济社会的发展。然而，这种金融科技的创新将会滋生新的金融风险，这无疑会对现有的金融监管体系带来挑战。面对数字化革命的不断深化与科技驱动的金融创新，国际上对金融科技的监管进行了一些理论的构建与实践的尝试。

1. 国际组织对金融科技和监管科技的推动

（1）二十国集团（G20）。在中国的推动下，2016 年 G20 杭州峰会发布《G20 数字普惠金融高级原则》，倡导要平衡创新与风险的关系，构建恰当的法律和监管框架，扩展金融基础设施，保护消费者权益。2017 年，G20 下属国际治理创新中心发布报告，倡议 G20 国家合作研究监管沙盒项目，建立中央银行区块链联盟，开展跨国监管协调，同时呼吁通过公共和私有部门的区块链创新建立国际监管框架。

（2）巴塞尔银行业监管委员会（BCBS）。BCBS 金融科技工作组重点研究金融科技对银行和银行业监管的影响，提出了银行业的金融科技的应用场景和银行业的监管标准，对现有监管框架进行评估。

（3）国际金融协会（IIF）。2017 年，IIF 发布《应用监管科技应对金融犯罪》，指导金融机构应用监管科技开展反洗钱、反欺诈等活动，对金融机构发展监管科技、建立国际反洗钱框架提出建议。

（4）欧盟。欧盟较早利用数据点模型构建通用监管数据标准，提取金融机构运行数据，建立跨行业、跨区域、跨国的金融数据报送标准和网络，建立统一监管数据平台，解决监管数据混乱难题①。

2. 部分国家的监管沙盒探索

监管沙盒（Regulatory Sandbox）实质上相当于一个受监督的安全测试区，通过对测试设立限制性条件和制定消费者权益保护措施，允许企业在真实的市场环境中，以真实的消费者为对象测试创新性产品、服务和商业模式。2008 年金融危机后，英国出台《2012 年金融服务法》，撤销金融服务

① 白儒政、马强伟、王晶：《监管科技的国内外发展现状研究》，《金融科技时代》2018 年第 8 期。

局，将其原有监管职能由新设立的金融审慎监管局（Prudential Regulation Authority，PRA）和FCA分别承担。监管沙盒理念即由FCA于2015年率先提出，其目的在于提供一个金融科技创新企业能够测试运行的环境，目的是既鼓励金融创新，又实现了风险的可控。目前英国、新加坡和澳大利亚等国家已经开始对这一监管机制进行尝试。

从2016年3月开始至2018年1月31日，FCA先后接收并公布4批次沙盒监管测试申请[①]。申请开放时长约为2个月，入选沙盒企业平均测试时长为3~6个月。通过已经实施的几批次监管测试和公开文献可以发现，监管沙盒模式要求被测试产品（服务）是服务于金融行业的创新产品，申请测试的企业不仅要有相应的资源投入和对监管法规的基本了解，有风险预案和消费者保护措施，还要求明显可见的有利于消费者。监管沙盒的测试流程如图4，公司申请提交产品情况，FCA审核申请。如未通过则直接退回，通过审核后，FCA颁发限制性金融业务许可授权，双方合作协商确定测试参与、评估方法、保护措施和报告要求，以及适用政策，然后开始测试。在测试过程中，双方都要对测试情况进行检测。FCA可根据需要向公司颁发无

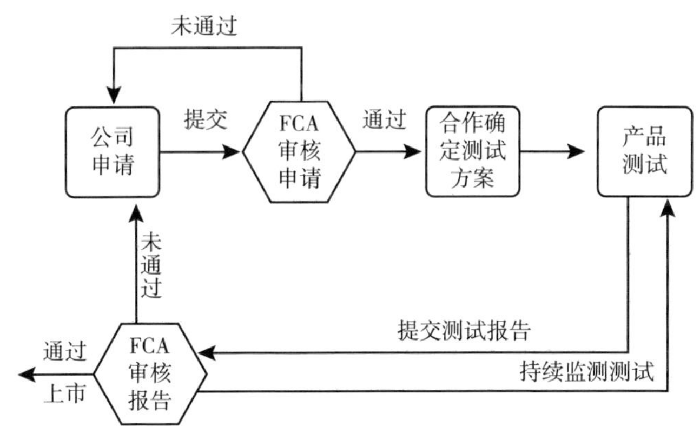

图4　监管沙盒的流程

---

① 廖理、戚航、闫竹、张伟强：《防范金融风险　保护金融创新之一——英国监管沙盒调研与建议》，《清华金融评论》2018年第3期。

异议函，明确测试期间不采取执法行动，但保留随时终止测试活动的权利。同时，在测试过程中，FCA 可根据情况向公司发布单独的指导意见。测试结束后，公司需要提交测试报告，由 FCA 审核报告。如通过审核，则批准上市，否则不予批准在沙盒外上市。

除英国外，新加坡、澳大利等国家也先后效仿建立了监管沙盒模式。各国的监管沙盒在设计上对监管主体和申请主体的设置、准入条件、监管测试时间、适用对象范围等存在一定差异，但本质上都是在尽可能不影响或不损害创新的前提下，通过一定范围内的真实环境测试，了解金融创新产品或服务的运行模式和风险。

（五）基于监管科技的金融监管发展趋势

1. 加强金融科技和监管科技应用的顶层设计

与此前的金融电子化和互联网化不同，金融科技和监管科技是未来金融发展和金融监管的基础设施，各个国家都对此给予高度重视。例如，2016 年 6 月，美国总统在白宫召开金融科技峰会。2017 年，美国国家经济委员会发布《金融科技框架》白皮书（*A Framwork for FinTech*）①，明确提出金融科技具有从根本上改变金融服务业和其他领域的潜能。美国要通过发展金融科技和监管科技，培育积极的金融服务，促进安全、普惠和公平竞争，优化监管框架，应对金融稳定性风险，同时保持金融科技和监管科技的全球领导者地位。2018 年 3 月，中国证监会印发《中国证监会监管科技总体建设方案》，推进证券监管领域的监管科技顶层设计和全面设施②。

2. 重视和鼓励金融科技和监管科技的创新导向

金融科技和监管科技都是新鲜事物，都仍然处于发展的初级阶段。监管

① National Economic Council, “A Framework for FinTech,” https://obamawhitehouse.archives.gov/sites/obamawhitehouse.archives.gov/files/documents/A%20Framework%20for%20FinTech%20_FINAL.pdf, January 2017.

② http://www.csrc.gov.cn/pub/newsite/zjhxwfb/xwdd/201808/t20180831_343433.html，2018 年 8 月 31 日。

的目标不仅是要防范金融风险，规范金融市场秩序，保护金融消费者，同时还承担着鼓励创新、促进公平竞争的重任。因此，从各国实践来看，都不是“一棒子打死”，而是高度重视创新，在控制好创新风险的前提下，积极鼓励创新，发挥金融科技和监管科技的应用创新示范效应。例如，FCA 设立了专门的创新中心，不仅可以协助企业申请沙盒监管测试，还为企业金融创新提供支付服务；定期举办主题活动“技术之魂”（TechSpirit），探讨监管科技的进展与成果；举办监管科技应用竞赛。美国货币监理办公室（Office of Comptroller of Currency，OCC）分别在华盛顿、纽约和洛杉矶成立创新办公室，用于与金融科技公司或监管科技公司进行沟通交流。甚至有研究认为，由于监管与创新的动态平衡始终是监管机构面临的共同难题，监管沙盒模式本身就是一种监管模式的创新[①]。从英国的实践来看，监管沙盒已经为相当多金融科技企业的创新活动提供了不同类型的服务和支持。

3. 重视微观金融信息的基础工作

金融数据、金融资讯等微观金融信息是监管科技的物质基础。Douglas Arner 认为，在金融科技条件下，对监管机构而言，最重要的就是两点：一是能够监督来自各个渠道的信息；二是将信息数据化，使公司能自动提交信息，监管机构能更好地分析利用信息[②]。安永分析现代银行监管时指出，成功的银行监管必须具备的一点就是掌握准确、可获取、一致、安全且能保持更新的数据，并符合巴塞尔委员会的风险加总和风险报告标准[③]。显然，如果没有金融信息为基础，再好的硬件基础、软件技术和算法都是无米之炊。在监管科技应用实践和发展趋势中，无论是监管部门集中建设数据平台还是与金融部门联合建设，或金融机构自己应用监管科技，都必须把微观金融信息放在工作的首位。

---

① 薛洪言：《从英国 FCA 的沙盒实验看国际金融科技监管的演变趋势》，https：//www.weiyangx.com/217681.html。

② Douglas Arner：《金融科技监管和监管科技：演变及关键趋势》，《清华金融评论》2018 年第 9 期。

③ 安永：《全球监管网络——2018 年银行监管网站》，http：//ey.com/china，2018 年 3 月。

金融科技的发展和应用使金融业越来越数字化，金融监管方法也要从“了解你的客户”（Know Your Customer）转向“了解你的数据”（Know Your Data）。未来监管将更加倚重监管科技。由于人工智能和深度学习等数据科学的发展，大数据应用推进了非结构化数据的结构化处理，使得监管科技支撑的自动合规远比手动合规更准确、成本更低、持续性更强，从而不断提升数据在监管中的作用①。

三　构建金融信息服务监管新模式

（一）完善金融信息服务监管体制

从产业或经济活动属性来看，金融信息服务主体是金融活动的一部分，但并非全部属于金融活动。因此，金融信息服务监管体制既需要依托现有金融监管体制，与其密切相关，还应该有不同的侧重点，有自己的特色。由于金融信息服务涉及众多领域，而当前我国金融监管制都是基于分业监管基础上的有限集中，因此未来金融信息服务的监管应该是一种分散型协同监管体制。

金融信息服务的主体是金融活动。结合我国的金融监管框架，金融信息服务监管体制应该是在金融稳定发展委员会的统筹协调下，成为金融监管的一部分。金融信息大致可以分为侧重金融属性和侧重资讯传媒属性两类，金融信息服务监管相应可以分为侧重金融活动的金融信息服务监管和侧重资讯活动的金融信息服务监管。由于金融信息服务主要是在以互联网为代表的信息通信技术条件下提供服务，在侧重资讯活动的金融信息服务监管中，除国家广播电视总局和新闻出版总署负责与金融信息相关的广播电视节目和新闻出版、传播管理外，其他均由国家互联网信息办公室负责监管，具体由国家互联网信息办公室信息服务管理局负责实施。在侧重金融活动的金融信息服

① 王静：《全球金融科技发展动因及监管科技发展趋势》，《证券市场导报》2018 年第 2 期。

务监管中，基于依托现有金融监管体制的考虑，将分别由央行、证监会和银保监会负责主管业务领域对应的金融信息服务监管，如央行负责征信监管与相关的大数据信用监管，证监会负责证券信息服务监管，银保监会负责银行信息服务和保险信息服务监管。

分散型协同监管框架要求在分散监管和分业监管的基础上，强化对侧重金融活动的金融信息监管与对侧重资讯活动的金融信息服务监管的统筹协调。在我国金融监管体制中，央行具有特殊重要地位。因此，主要由央行和国家互联网信息办公室牵头建立协同监管机制，强化金融信息服务监管的协调，推进分散监管部门之间监管信息共享，推动协同监管走向合作监管，避免监管真空。对于具有共性的具体业务领域，如金融信息服务基础设施、大数据信用服务等，可由央行和国家互联网信息办公室共同监管。此外，央行的特殊地位也决定了数字金融信息服务的新业态创新等工作也由其负责监管，这有利于弥补监管滞后和监管真空的缺陷。

关于金融监管体制，当前学术界讨论比较多的是英国的双峰监管体制，即在原有金融监管体制外，成立独立的金融行为监管局，以保护金融消费者为核心和目标，负责实施金融机构行为监管。考虑到我国金融市场发育不充分，尚不具备在原有金融监管体制外成立独立的金融消费者保护机构的条件。从保护金融消费者的角度，2015 年国务院办公厅印发了《关于加强金融消费者权益保护工作的指导意见》，当前应健全金融监管部门内的消费者保护机构，建立金融消费者权益保护工作机制。由于金融消费者权益保护意识不强，风险识别能力不高，当前金融消费纠纷在相当大程度上与互联网的金融信息服务误导有密切关系，因此通过国家互联网信息办公室信息服务管理部门，与相关金融部门协作，全面加强对各领域金融信息服务的监管，客观上对金融消费者保护也能起到积极作用。

（二）构建完善金融信息服务功能监管模式

1. 推动从机构监管转向功能监管

当前我国对金融信息服务的监管，除国家互联网信息办公室对境外金融信息服务机构的许可管理外，主要是依托相关金融监管部门的分业监管。无论是国家互联网信息办公室对境外金融信息服务的监管，还是金融监管部门对各自领域内金融信息服务的监管，主要还是采用许可（牌照）或备案的方式对持牌机构进行监管。这种机构监管方式结构清晰，针对不同金融机构的主要业务，能较及时识别金融机构日常运行和业务创新的风险，避免不必要的多头监管。但机构监管模式也有很多弊端。在新的技术条件下，金融信息服务监管并不适合采用机构监管模式。

第一，在金融创新的影响下，近年来金融机构创新速度加快，除原有的银行、证券、保险、信托、基金等主要金融业务形态和金融机构形态外，混业经营的金融集团（控股）公司、离岸金融机构、新型基金公司等新型金融机构不断涌现，机构监管模式本身也面临新出现的金融混业经营的新挑战。

第二，虽然当前传统金融机构都在面向信息服务转型，但对传统金融机构的监管主要是采用机构监管模式，且有相对比较成熟规范的监管规范。如果对金融信息服务全部采用机构监管模式，则必然冲击传统金融机构监管，导致监管冲突。如果只对除传统金融机构之外的金融信息服务企业采用机构监管模式，则会产生对监管公平性的疑虑。

第三，在互联网条件下，互联网金融和数字金融等新型金融业态的出现正在改变金融技术经济范式。在新的金融业态中，金融信息服务往往发挥着为金融交易服务的获客、引流作用，金融服务与金融信息服务边界日趋模糊，金融交易服务与金融信息服务走向融合。机构监管模式将不可避免地走向多头监管，如处理不当，很容易导致监管冲突或监管真空。

第四，金融信息服务不同于银行、证券、保险和基金等金融交易服务，本身具有多产业交叉融合的性质。机构监管是分业监管的一种实践模式。由于难以对金融机构和产品（服务）之间的差异给出清晰的区分，金融信息服务监管不像银行监管、证券监管或保险监管那样具有明确的监管目标和监管原则。因此，金融信息服务的性质本身决定其并不适合采用机构监管模式。

第五，以互联网为代表的新一代信息技术应用促进金融信息服务创新仍处于一个活跃的引入期，监管应为金融信息服务的创新和可持续发展营造良好的政策环境。单一监管机构的机构监管模式容易导致监管垄断和滥用权力，需要尽可能地从制度上避免类似现象的产生。

从金融结构演进的角度看，当前我国正处于由银行绝对主导向资本市场主导转变的阶段。在银行主导模式下，金融机构多数是垄断主导或大型企业，大量金融信息是金融机构或金融给中介的“私有信息”，整个金融市场和金融体系的透明度相对较低。因此，采用机构监管模式管住数量相对较少的信息源即可。在市场主导模式下，金融市场投融资和金融交易规模更大，交易更频繁，也更加专业化，同时对金融信息服务提出了更加专业化的要求。对以中小企业为主且涉及多个领域的大量金融信息服务机构，需要根据金融新服务的不同属性和不同领域，由相应监管部门按照功能监管的方式负责监管。

2. 功能监管与机构监管合作协调发展

健全功能监管并非完全排斥机构监管，相反的是要与机构监管相互配合。对重点企业和专业性强或风险高的金融信息服务机构如征信服务机构等，采用许可（牌照）式管理方式实施机构监管。相反，对其他功能类似的和创新型的金融信息服务，全部通过功能监管模式由相应监管部门纳为监管对象，而不以对象是否具有许可（牌照）为标准。

如图 5 所示，以中国银保监会为例，机构监管只适用对持有许可（牌照）的银行类金融机构。在现有监管模式下，通过互联网为金融消费者提供金融产品搜索、匹配和推荐服务的融 360（www. rong360. com），通过互联网提供金融账单管理和信用卡信贷等个人财务服务的 51 信用卡（www. u51. com）等，都处于监管真空。在功能监管模式下，它们提供的都是与银行直接相关的金融服务的一个特定环节，都应该纳入银保监会的监管中。与此类似，与银行服务相似的各种相关信息服务业态都应纳入银保监会的功能监管范围。功能监管的实施，契合了金融服务与金融信息服务融合、两者边界不断模糊的发展趋势。

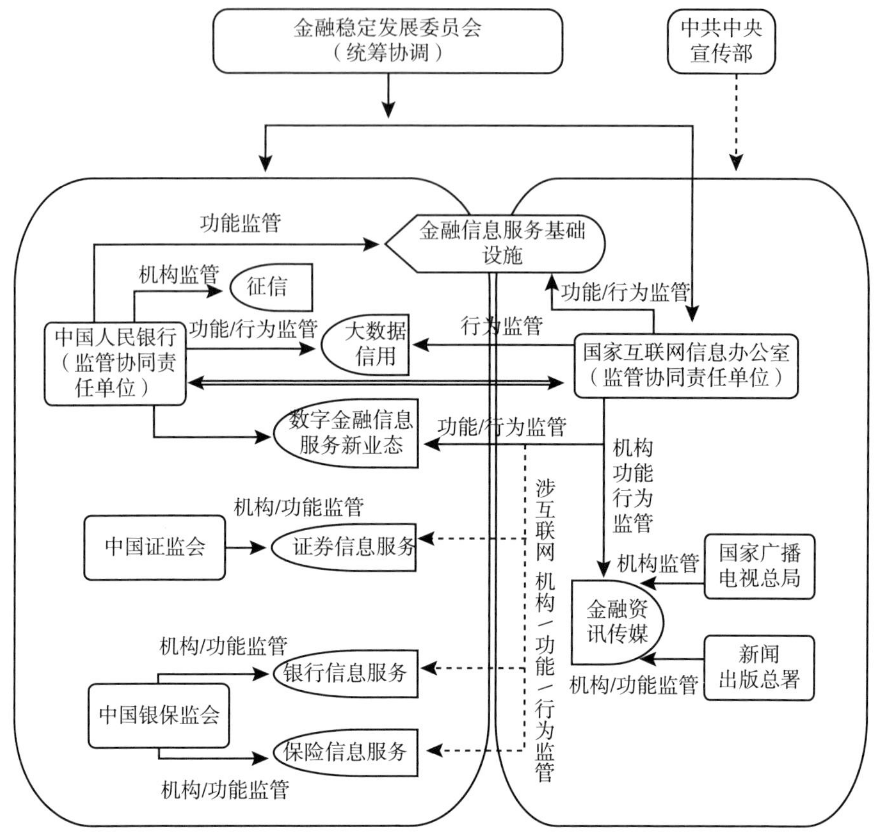

图 5　金融信息服务监管框架

（三）应用监管科技构建金融信息服务行为监管模式

1. 金融信息服务行为监管的主要内容

金融是信息数据驱动的现代服务业，金融运行就是信息数据的流动，因而金融监管最终要落实到对金融信息数据运行轨迹的监管。因此，行为监管是对金融市场所有参与者行为，尤其是金融投资者和金融消费者的直接交易行为和影响交易行为的资讯传播行为、市场运行、交易和运行服务行为等进行全方位监管的重要举措，是微观审慎监管和主动监管的重要内容。

当前我国金融行为监管主要是在 2011 年后分别在“一行三会”内设立

金融消费权益保护局、银行业消费者保护局、保险消费者保护局和证券投资者保护局，从事金融消费者权益保护工作，以及在国家互联网信息办公室内部成立信息服务管理局，负责金融信息服务（包括新闻信息服务）管理工作。金融信息服务的行为监管不同于金融的行为监管，金融消费者权益保护是目标，不是手段，行为监管模式除必要的法规和制度建设，如强制充分信息及时公开披露外，应该更加注重从金融信息采集、传播和金融市场运行等行为的本质和行为本身去实施监管，包括但不限于如下12个领域。

（1）金融资讯传播和金融舆情监管，如影响金融市场运行、投融资决策或金融消费行为的虚假新闻等。英国《金融时报》报道①，虚假新闻已成为监管当局关注的一个重点。在我国，大量自媒体发布的金融新闻资讯对金融市场的影响越来越大，势必成为行为监管的重要内容。

（2）市场主体金融相关行为强制信息披露监管，如上市公司信息披露等。强制信息披露虽然已有相对规范的监管制度和安排，但从实践来看，由于监管部门信息获取能力有限，难以及时发现披露信息中的作假行为，也缺乏对持续披露信息的审查监管，因此必须将其纳入行为监管范围以弥补原有监管制度安排的不足。

（3）微观金融产品宣传推广和风险揭示监管，如宣传内容与产品真实性的比较、互联网理财产品和保险产品风险揭示等。

（4）高风险金融信息发布合规性监管，如对股票、理财、保险产品的投资价值分析、评价，以及发布和推广分析评价信息等。例如，非职业人员违规随意发布证券研究报告，股市“黑嘴”随意荐股，证券分析师在证券投资研究报告中虚构、夸大事实误导投资者等。

（5）银行信贷信息和征信服务监管，包括金融产品超市的信息比价，基于信贷数据的征信服务，如信息非法采集买卖和个人隐私泄露等。

（6）金融信用服务及反欺诈和风险控制应用监管。采集金融消费场景

---

① 克里斯·弗勒德：《虚假新闻侵入金融市场》，《金融时报》2017年5月17日，http://www.ftchinese.com/story/001072613?archive。

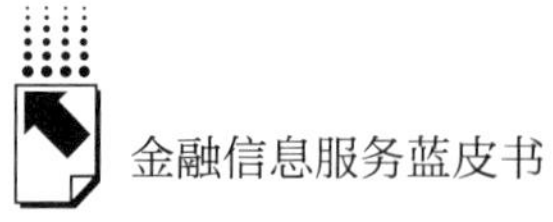

和网络行为的大数据信用服务就是最典型的例子。

（7）证券、期货、货币等金融交易数据采集、传输和加工利用服务监管。如证券不同级别行情数据传输、发布显示，尤其是加工利用后的证券指数服务等。

（8）以预防和打击内幕交易、市场操纵行为等为目的的金融交易过程信息监管。

（9）金融信息服务为金融交易服务提供导流、获客等融合行为监管。显然，从实践来看，金融信息服务与金融交易服务的在线融合是监管重点。

（10）金融信息集成终端服务监管，包括传统金融信息服务终端，如万得终端、彭博终端和路透终端，以及最近颇受欢迎的各种金融 App 等。

（11）金融社区社交行为监管，包括以投融资交流为目的的各种聊天室、股吧，以及 QQ 群和微信群等讨论群组等。

（12）其他金融信息采集、加工处理、发布和隐私保护监管等。

2. 金融信息服务行为监管中的监管科技应用

各国监管部门一直都重视利用现代信息通信技术在金融信息服务监管中的应用，但多数是事后监管，如利用金融交易数据检查异常交易和内幕交易。在互联网环境中，金融信息的生产、传播数量大大增加，但缺乏类似传统信息服务厂商面临的各种行为准则和约束机制，大量信息免费提供，未经任何生产过滤。与其他监管方式不同，实施行为监管模式必须依赖监管科技的应用，需要更加主动，从更高战略角度认识监管科技的作用，利用监管科技提供的技术手段，重塑监管理念、监管流程和监管方式方法，形成技术驱动和技术支撑的监管体系。

（1）监管科技与行为监管标准规范数字化。构建金融信息服务的行为监管模式需要建立行为监管标准，开发行为监管工具，建设行为监管信息平台①。行为监管标准是行为监管模式在操作层面的基本依据，除对应监管部

① 徐云松：《我国金融行为监管体系的构建与发展研究：国际经验与借鉴》，《征信》2016 年第 8 期。

门应按照上述监管方向和内容制定行为监管的基本准则和规范性政策文件外，还需要通过协调机制或协同合作方式建立行为监管的基本流程规范、监管取证后续处置程序规范和争议调查调解规范。从监管科技应用的角度，行为监管标准规范数字化也是将文本形式的监管规则、标准、流程或指引、关键要点，形成机器系统可识别的数字规则。

（2）监管科技与监管工具开发应用。行为监管最大的特色是主动式全程监管和穿透式监管，以实现监管的广覆盖和及时实时监管。因此，行为监管必须和大数据、人工智能、机器学习等监管科技的应用密切结合，针对上述需要监管的对象内容开发不同形式的监管工具。例如，十三资产管理公司（Thirteen Asset Management）建立了涵盖超过1500个消息源的新闻监控平台以应对虚假新闻的冲击，有些机构则在新闻监控的基础上开发新闻语义分析系统，强化对资讯的分析。针对上市公司强制性信息披露的监管，可通过采集所披露信息，将其与其他渠道来源的信息和上市公司自身其他信息等进行交叉验证，辨识所披露信息的真实性和可行性。

实现行为监管的一个重要目的是及时、主动地发现风险隐患和违法违规信息，监管工具需要广泛采集各种来源和渠道的数据，在实时监控金融信息数据运行轨迹时，需要完善工具的算法实现风险信号和违法违规信息的早发现，同时还需要广泛采集和保存必要的音视频、网络文献、数据表等信息，为后续处罚、争议解决提供程序性和维权证据。

当然，监管的目的不仅是对金融信息的运行轨迹进行监控，更重要的是通过对金融行为的监控，能在发现异常或风险因素的同时发出警示、生成报告、上报信息、提供监管措施建议，甚至采取紧急中止等措施避免风险扩大。例如，针对金融社交社区监管，当监管系统识别违规信息发布时，系统自动终止其扩散，上报监管方和金融社交社区服务提供企业，采取其他相应管理措施。

（3）监管科技与监管信息平台建设。如图5所示，金融信息服务的监管体制是分散型协同监管，行为监管的实施分布在不同监管部门，必须建设集中的金融信息行为监管信息管理平台，作为监管部门实施监管和不同部门协同监管的工作载体，以及金融信息服务监管部门间监管信息的共享平台。此外，从消费者保护的角度，借鉴国际上实施行为监管的经验，还应该建设面向公众的信息发布平台，及时发布各监管工具发现的虚假信息、风险信号、预警信息，公告监管部门实施监管处置、处罚的信息，并接受公众投诉和争议处理。

（四）探索建立金融信息服务的监管沙盒模式

监管是产业规制的一种方式。在金融信息服务监管中，防范化解金融风险、维护金融市场稳定健康运行是主要目的，同时也要顺应金融科技发展趋势，鼓励创新，促进金融信息服务行业不断发展壮大。借鉴国际上实施监管沙盒模式的经验，有必要在我国探索实施金融信息服务的监管沙盒模式。根据前文对金融信息服务创新的发展趋势分析，结合当前金融信息服务发展和应用热点，监管沙盒的重点应针对风险高、创新强、对金融消费者影响大的业务，包括如下四个领域。

（1）大数据信用服务，重点验证资料来源和典型金融场景应用对网民和金融消费者的潜在影响，验证分析其科学性，以及与传统金融征信相比的可靠性和互补性。

（2）第三方大数据风控。测试并验证不同风控模式中风控平台或风控工具数据源的合规和对消费者的影响，应用典型领域或者应用场景，风控规则可靠性和应用风险，以及分控数据集共享的可行性等。

（3）金融交易服务与金融信息服务融合发展，测试并验证不同形式的信息服务引流对消费者金融决策的影响及潜在风险。

（4）基于人工智能的金融资讯内容制作和内容分发模式，测试人工智能数据基础对网民和消费者的影响。

除香港和台湾外，目前我国已分别在北京互联网金融安全示范产业园和深圳开展监管沙盒测试，测试对象主要是互联网金融产品和区块链应用。不同于一般金融创新产品相对独立，且主要面对金融消费者，金融创新服务更加强调服务整体的不可分割性，不同服务形式有的主要是面向金融机构，如大数据风控，有的是面对公众和金融消费者，如基于人工智能的金融资讯内容制作和内容分发模式，有的是同时涉及金融机构、一般商业机构和金融消费者，如大数据信用服务等。因此，在实施监管沙盒时需要分类，建立不同的测试机制和测试方案。

从金融信息服务的监管体制来看，当前实施金融信息服务监管沙盒的主要问题仍然是体制问题。现在北京房山区和深圳开展的监管沙盒模式试验主要是地方政府主导下的测试。从金融信息服务行业发展和监管体制来看，应上升到国家层面，由央行和国家互联网信息办公室主导建立专门的测试组织机构，其中央行具体负责组织大数据信用服务、大数据风控、金融交易服务和金融信息服务融合发展的监管沙盒模式试验，国家互联网信息办公室具体负责组织基于人工智能的金融资讯内容制作和内容分发模式试验。关于试验地区，可以在已初步形成金融信息服务创新集聚区的北京、上海、深圳和杭州开展监管沙盒试点。

理　论　篇

Theory Reports

B.3
金融信息服务监管的基本理论分析

彭绪庶

摘　要： 金融监管理论和实践的历史演进表明，金融监管目标日益多元化，监管政策则受特定时空背景、金融发展和经济理论等多种因素的影响。近年来，对金融危机的反思催生了风险管控型的金融监管理论。研究发现，金融自由化和金融创新加剧信息不对称，是金融风险产生的重要原因，而加强金融信息服务监管有利于发挥金融信息的信号显示和信号甄别功能，促进减少信息不对称，避免或减少金融风险的发生。在金融风险传染过程中，金融信息发挥着重要的信号传递作用，既可能加剧信息噪声，引发投资者注意力再分配危机，加速金融风险传播，反过来也可能通过强化监管，规范信息传播，提升信息有效性，降低信息噪声，降低投资者信息采集和处理成本，促进化解金融风险。此外，金融信息服务具有媒体属性和公共价值属性。无论是从传媒的社会责任和公共利益出发，还是将金融信息服务作为一种公共产品看待，都需要对不同类型的金融信息服务实施不同形式的监管。

关键词： 金融监管 金融信息服务 金融信息服务监管

一 金融监管的基本理论

（一）金融监管的基本概念和内涵

1. 金融监管的基本含义

监管属于规制经济学的研究范畴，即政府对某种经济行为或经济活动的管理和约束。金融监管是对金融监督和金融管理的统称，我国通常将其理解为政府对金融机构、金融活动和金融市场的约束与限制。简单从字面上理解，金融监管是指国家或地方金融主管部门对金融机构实施的经常性和全面性的检查、督促，以确保金融机构依法经营和稳健发展。金融管理则是指国家和地方金融主管部门依法对金融机构及其经营活动实施的领导、组织、协调和控制等一系列活动。

对金融监管有狭义和广义两种不同理解。从狭义上理解，金融监管通常是指中央银行或其他金融监管当局依法对金融机构和金融业务实施的监督管理，包括金融机构内部控制和稽核等；广义的金融监管则是在狭义金融监管的基础上，包括对金融机构准入、金融市场运行和金融活动流程，以及同业自律组织、社会中介组织、金融业人员等的广泛管理和监督。由此可以看出，金融监管虽然属于产业规制的一种类型，但远比一般的产业规制要宽泛而细致。本报告中理解的监管即属于广义金融监管的一种。

2. 金融监管的内容和目的

根据金融监管的内容和对象，广义的金融监管通常可以分为金融主体监管、金融市场监管、金融活动监管和金融风险监管等几种类型。金融监管目标则是监管行为所要达到的最终效果或实现的最终目标，是实现金融有效监管的前提和监管行动的根本依据。由于金融在现代经济系统中具有特殊的全局性和公共性，金融机构和金融业风险远比其他企业或产业风险对国民经济运行和社会发展的影响大。因此，防范化解金融风险在金融监管领域显然具有更加重要的特殊位置。第一，要维持金融机构和金融市场健康运行，控制金融风险，避免金融机构将其自身风险向其他产业转移，最大限度地降低系统性金融风险。第二，识别风险，查处违规行为，建立与金融风险相关的约束和惩罚机制，向金融市场传递违约风险信息，建立对金融市场的信心，维持现代经济是信用经济的运行基础。第三，保护存款人、投资人等公众的合法权益和利益。金融市场上的资金并非金融机构所有，而是存款人和投资人所有。只有保护存款人和投资人的合法权益，才能建立对金融市场的信任，才能维护金融的稳定。第四，优化金融资源配置，同时通过金融资源配置优化引导其他生产要素和资源配置，发挥金融在市场配置资源中的积极作用。第五，金融监管是实施国家金融管理、金融货币政策的重要手段。金融监管要确保国家货币储备、货币资金配置能有效传导国家货币金融政策，促进宏观经济的稳健增长，减少通货膨胀带来的不良后果。

当然，上述金融监管目标的达成并非一蹴而就。有研究指出，金融监管目标是金融监管理论和监管实践的核心问题，而金融监管理论和监管实践的经验教训促进金融监管目标的不断完善①。例如，以美国联邦储备体系的建立为代表，早期金融监管的目标主要是提供稳定和弹性货币供给。20 世纪 30 年代经济危机和大萧条后，各国才意识到金融安全和金融稳定在金融监管目标中的重要性，而后严监管造成的金融机构效率下降和宏观经济“滞

① 白宏宇、张荔：《百年来的金融监管：理论演化、实践变迁及前景展望（续）》，《国际金融研究》2000 年第 2 期。

涨”则进一步使得监管和政策制定当局发现金融效率问题的重要性。

事实上，人们对金融监管的认识是一个不断深化的过程。回顾金融监管的历史和研究可以看出，金融监管政策既受特定的时空背景、金融发展及金融在经济发展中作用的影响，也受当时学术界主流经济思想的影响。正是在近百年来的实践探索和理论研究中，金融监管的理论不断丰富，政策和实践不断完善，最终形成了综合性的金融监管目标。回顾金融监管理论的演化过程，综合不同研究，通常可以将金融监管理论的演化分为四个阶段：基于古典自由主义的自律型金融监管理论；基于凯恩斯经济学的管制型金融监管理论；基于金融自由化理论的效率型金融监管理论；基于金融危机的风险管控型金融监管理论①②③。

（二）古典自由主义经济学和自律型金融监管理论

英国是工业革命的发源地，也是现代金融和现代金融监管的源头。有研究认为，17 世纪的英国和瑞典等国家，尚处于自由银行时代。即便如英格兰银行和苏格兰皇家银行，也只是因为承担了构建银行业票据体系的任务，才起着准中央银行的作用，商业银行不受任何监管。在发展过程中，由于特定银行如英格兰银行、瑞典中央银行得到政府支持，受托负责为政府债务进行融资和资金清算，逐渐开始将其发行的货币推广成为国家统一的货币。货币发行的统一，以及由此形成的货币定价权和货币创造数量的控制权，成为中央银行与其他商业银行的重要区别。发钞权统一后，慢慢开始发挥稳定货币币值、抑制通货膨胀等职责，同时货币统一后开始接受其他商业银行存款，成为银行的银行，并在后来创新出储备制度，客观上成了最后贷款人和贷款保险人。因此，发钞权的统一是现代金融监管开始的标志，拥有发钞权的银行形式上发挥着监管

① 白宏宇、张荔：《百年来的金融监管：理论演化、实践变迁及前景展望》，《国际金融研究》2000 年第 1 期。

② 余建强：《金融监管理论发展的文献评述》，《商业经济研究》2012 年第 15 期。

③ 白钦先：《20 世纪金融监管理论与实践的回顾和展望》，《金融论坛》2000 年第 5 期。

者作用。但也有研究认为，18 世纪初英国“南海泡沫”和法国“密西西比泡沫”等狂热证券投机行为，促使英国在 1720 年颁布旨在防止过度证券投机的《泡沫法》，这是世界金融史上政府实施金融监管的开始。考虑到自现代金融制度形成以来，银行体系始终居于核心位置，而且在各国金融监管制度中，中央银行始终是核心，因此中央银行制度的形成和确立是现代金融监管的起点和金融监管理论研究的开端。

从现代银行的产生到现代金融监管制度的诞生，甚至一直到 20 世纪初，推崇并支配经济政策的是以亚当·斯密为代表的古典自由主义，学术界和制定者都相信“看不见的手”的力量，认为市场机制是完美的，不需要干预。即便资本主义主要国家都先后建立了中央银行制度，从古典经济学到新古典经济学，信奉的仍然是自由银行制度，坚持的是金融业的自由经营原则。为了保证“看不见的手”发挥作用，银行之间是自由竞争的。因此，中央银行的监管权相对有限，主要是实行货币发行权和票据结算，并不干预金融机构经营，也不能干预金融市场和金融价格。即便是其统一货币和统一票据结算功能，也是因为在古典自由主义经济学中，货币是“中性的”，只是便于经济活动中的交换，对经济不产生实质影响。无论是监管形式还是监管内容上，金融监管更多的是银行业协会内的一种自律行为。因此这一时期的监管被认为是自律型金融监管。

支撑自律型金融监管的理论基础是古典经济学的自由竞争理论，体现自律型金融监管的理论代表则是有效市场理论和自由银行制度理论。尤其是有效市场理论认为，市场参与者是追求自身效用最大化的理性经济人，即使偶尔出现非理性，也不会产生严重影响。这意味着金融市场具有自我修复功能，只要奉行金融市场的自由竞争，市场调节就可以实现金融监管的目标。因此，即使存在金融监管，也应该是最低限度、最小影响的监管。受其影响或在其理论指导下，自由银行制度强调市场作用，更认为金融监管会导致政府权力滥用，出现货币危机，造成银行体系的低效率，因此以哈耶克为代表的自由银行理论更反对金融监管。这也是为什么说，自律型金融监管是一种弱监管。

（三）凯恩斯经济学和管制型金融监管理论

自由银行制度理论指导下的金融发展充分尊重市场选择，没有市场准入和业务范围选择，自由竞争也导致诸多投机，实践证明缺乏外部强监管的自律并不能克服市场不完全带来的弊端。尤其是20世纪30年代全球大危机的爆发，对奉行自由竞争的资本主义金融体系和经济体系造成巨大冲击。金融危机的事实证明了市场失灵现象的存在和金融体系的脆弱性，其造成大萧条的破坏性影响则从反面证明了金融监管的必要。凯恩斯经济学则在危难之际发挥了理论指导作用。

凯恩斯经济学继承了重商主义的国家干预理论，不单纯强调市场机制中“看不见的手”的作用，主张国家干预主义，认为“看得见的手”政府在经济运行中负有责任，也能发挥重要作用。具体到应对经济危机造成的大萧条，凯恩斯经济学提出要发挥政府财政的作用，扩大财政创造投资，刺激开支，弥补有效需求不足。显然，要扩大财政必然要发挥中央银行的作用，强化中央银行对商业银行的监管和对金融市场、金融活动的监管，弥补金融市场的不完全，维护金融体系和经济体系的安全。管制型金融监管理论开始形成。

这一时期与管制型金融监管理论相关的各种理论和学说甚多，比较有影响的除直接批评自由市场竞争的市场失灵理论外，金融脆弱性理论是另一个重要理论基础。从马克思到凯恩斯，众多研究都或多或少有所涉及，其中最有名的系统性研究则缘起于明斯基（Minsky），他从金融体系自身出发，提出在经济全球化和金融自由化背景下，金融机构不惜借贷，实行高负债经营。债务增加，杠杆比率上升，最终会“引导到资产价值崩溃时刻”，从而导致金融危机爆发，并因为去杠杆化陷入“滞涨”风险。高负债是金融脆弱性的主要原因，金融结构的不稳定导致金融周期性波动，这成为金融监管的理论依据。因此，所谓的管制型金融监管实际上强调了把金融安全作为首要目标，实行利率管制、外汇管制、分业经营管制和金融机构主体管制等，各种金融监管制度相继建立，初步形成了相对完善的现

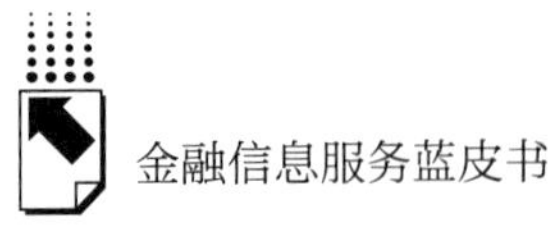

代金融监管体系。

经济危机和大萧条使各国前所未有地重视金融安全问题。在这一时期，美国从颁布《格拉斯－斯蒂格尔法案》开始，陆续颁布《1933年证券法》和《1934年证券交易法》，将银行、证券等分开实施监管，由此开启了金融业分业经营体制和分业监管体制的新纪元，并影响至今。分业经营和分业监管也是管制型监管的一种具体体现。

（四）金融自由化和效率型金融监管理论

到20世纪70年代，经过二战后一段相对长时间的稳定增长，主要资本主义国家先后完成工业化，包括金融业在内的服务业发展成为主导产业。金融产业化蔚然成形，已成为举足轻重的重要产业。与此同时，宏观经济陷入“滞涨”状态，产业金融化开始壮大，迫切需要金融创新提供经济增长动力。在此背景下，从30年代后开始形成的管制型金融监管显然已成为一种约束。以新古典经济学和货币主义、供给学派为代表的自由主义理论复兴，金融自由化理论对此提出挑战，认为过于严格、宽泛的金融监管，降低了金融机构和金融体系的效率，不仅压制了金融的发展，也与金融促进经济增长的目标背道而驰。

金融自由化理论的典型代表是金融压抑和金融深化理论。麦金农和肖[①②]认为，经济发展是金融发展的前提和基础，金融发展是经济发展的动力和手段。金融自由化有利于经济发展，要发挥金融对经济的促进作用，就需要放弃对金融市场和金融体系的干预，放松利率和汇率管制。

与此同时，也有其他很多理论对此前较为严格的管制型金融监管提出了质疑和批评。例如，政治经济学派的政府掠夺理论认为，任何管制和监管都是政府行为，金融监管的目标并非公共利益最大化，而是政治家政治收益和

---

① 麦金农：《经济发展中的货币与资本》，上海三联书店，1988。

② 爱德华．肖：《经济发展中的金融深化》，上海三联书店，1988。

经济收益的最大化[①]。施蒂格勒则认为，管制是财富在不同利益集团之间的转移[②]。因此，金融监管是借助政府的强制力量来向特定个人或集团输送利益。同样道理，金融管制不仅有成本，而且其耗费的资源成本还可能大于监管目标产生的收益。此外，管制还必将导致市场中的寻租行为，导致不公平和不完全的市场竞争[③]。由于政府是金融监管的实施者，通过政府管制来纠正并不现实。

与金融自由化理论一样，所有这些理论事实上都是对当时相对较严的金融管制提出质疑，而最终开出的“药方”就是金融自由化理论提出的放松利率、汇率和对金融机构的限制，允许金融机构创新和自由竞争。当然，金融自由化理论与早期古典自由主义经济学理论不同，它并不是否定金融监管和提倡不要监管，其核心是要通过放松监管，提高监管的有效性和监管效率。“效率优先”在某种程度上成为发达国家20世纪70年代后金融监管的基本原则。

（五）金融危机与风险管控型金融监管理论

金融自由化理论指导的放松监管提高了金融机构的效率，让资产价格发挥市场调节作用的同时也加快了金融市场自由化步伐，金融资本的国际流动性大大增强，负面效应很快显现。从20世纪90年代开始，在新自由主义指导下，国际货币基金组织开出的“华盛顿共识”[④]药方大举金融贸易自由化的旗帜，将拉美经济推向崩溃边缘，从墨西哥（1994）开始到巴西（1999）再到阿根廷（2001），拉美金融危机此起彼伏。拉美金融危机的原因众说纷纭，放松金融监管和监管方式的滞后无疑是其中之一。可惜的是，拉美金融危机虽然宣告了新自由主义理论的破产，但新自由主义理论指导的金融监管

---

① 林欣：《关于金融监管理论演进的文献综述》，《海南金融》2009年第5期。

② Stigler, G. J., "The Theory of Economic Regulation," *The Bell Journal of Economics and Management Science*, 1971, 2 (1): 3-21.

③ Krueger, A., "The Political Economy of the Rent-Seeking Society," *American Economic Review*, 1974, 64 (3): 46-87.

④ 为解决拉美国家接连发生的债务危机，1990年美国国籍经济研究所牵头在华盛顿召开会议，国际货币基金组织（IMF）、世界银行、美国财政部和部分拉美国家代表共商解决之策，最终提出包括金融贸易自由化、放松经济管制、国企私有化、降低公共开支等十点共识，即“华盛顿共识”，成为拉美国家改革的基本指导理论。

理论和实践并未得到及时的反思和修正。

2007年美国次债危机爆发，2008年演变为全球金融危机和经济危机。事实上，在自20世纪70年代开始的金融自由化理论和金融全球化浪潮影响下，放松金融监管的呼声始终没有平息。监管放松并不会自动发生。放松监管，驱使金融机构通过创新来回避金融监管制度。为什么金融创新，尤其是金融衍生品创新开始大行其道，这是一个不可忽视的时代背景和理论背景。相应的，对这次国际金融危机的讨论和研究，逐渐聚焦到金融创新和金融风险上。学界多认为，危机的一个重要原因是，在宽松监管的背景下，金融过度创新引发并加剧了金融风险。从监管的角度看，监管的缺位和不力①，尤其是对大量高风险金融衍生品的监管缺失，美国取消州层面监管，忽略对中小投资者利益的保护，纵容了金融机构的监管套利，包括高风险的资产错配业务导致流动性缺口，功能监管没有落实到位②，都是重要的原因。因此，被认为监管模范的美国爆发次贷危机并引发全球金融和经济危机，表明金融监管的指导思想和金融监管理论面临巨大危机③。对危机的反思和对监管的调整，使得金融监管的当务之急演变为管控金融风险。这不仅是中国，也是当前各国面临的一个重要任务。

二 信息不对称理论和金融信息服务监管

（一）从完全竞争的充分信息到不完全信息和信息不对称

在古典自由主义经济学基础上形成的完全竞争市场理论中，市场上不仅买卖双方数量多，产品同质，且交易双方掌握的信息相同，所有消费者和厂

---

① 易纲：《关于国际金融危机的反思与启示》，《求是》2010年第20期。

② 〔美〕小约翰·科菲、希拉里·塞尔：《重构美国证监会：财政部有更好的主意吗?》摘自吴敬琏《比较》，中信出版社，2009。

③ 耿步健：《“新古典自由主义”思潮与美国的金融危机》，《南京理工大学学报》（社会科学版）2009年第1期。

商都掌握完全信息，双方都知道既定的市场价格，都按照这一既定的市场价格进行交易，这就是充分信息或完全信息。这种理想情况也是传统经典经济学中一般均衡理论的基础，因为消费者和厂商都拥有对等的完全信息，每个消费者都能在给定价格下提供自己所拥有的生产要素，根据其预算限制购买产品以实现消费效用最大化，厂商则在给定价格下决定产量和生产要素需求，达到利润最大化。因此，均衡价格就是总供给等于总需求时的价格。

"理想很丰满"，然而"现实很骨感"。在现实中完全信息的情形不常有，而不完全信息的情形却比比皆是。由于信息是分散且市场是动态的，无论是生产者还是消费者，都不能拥有完全的信息。不仅如此，生产者和消费者之间，或交易双方之间的信息还是不对称的。例如，二手车市场卖主通常比买主对车况掌握更多信息，劳动力市场上招聘单位和应聘者之间也存在类似情形。信息不对称就是交易双方所掌握的信息不对等，其中一方比另一方掌握更多的信息。

显然，不完全信息和不对称信息比完全信息和对称信息更具有经济现实性。由于不对称信息的存在，交易中具有较多信息的一方很容易隐藏信息，蓄意利用信息优势损害对方利益而增加己方利益，产生所谓"道德风险"问题。相应的，拥有较少信息的一方因为信息劣势而难以做出交易决策，产生所谓的"逆向选择"问题，导致价格扭曲和市场供求关系的失衡，并降低市场效率。

（二）信息不对称与金融市场和金融风险

金融市场中信息不对称是常态。例如，在证券发行市场上，发行证券的公司与证券服务机构之间，公司与购买证券的投资者之间，以及证券服务机构和投资者之间，甚至不同投资者之间，都存在不同程度的信息不对称。在股票市场上，业绩差的公司隐瞒其真实业绩，财务造假或不及时公开公司信息的例了更为常见，证券价格不能反映公司的内在投资价值，从而导致资本市场的扭曲。不仅投资者如股民与被投资主体如上市公司之间存在信息不对

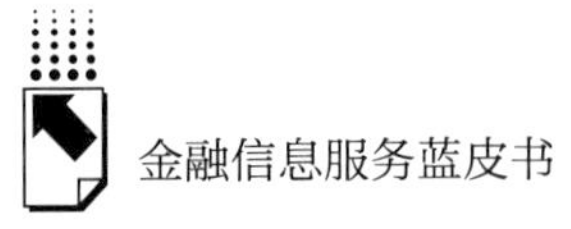

称，监管部门与被监管者之间也存在信息不对称的情况。

显然，金融市场的信息不对称是诱发金融机构道德风险行为的重要原因，而金融自由化和金融创新则加剧了市场的信息不对称，也激发了金融机构产生更多道德风险行为，最终导致金融风险的产生。以 2007 年美国次贷危机为例，追逐高额收益的大量高风险金融衍生品如 CDO 被出售给投资者。由于 CDO 类型多样、层层嵌套、设计复杂，投资者无从全面了解投资标的的全面信息和真实风险，而大量信用评估机构未能发挥应有的信用评估功能，给予高风险投资品以较高信用评级，投资者“不明就里”地购买，最终违约风险爆发，形成连锁反应，导致次贷危机。

（三）信息不对称和金融信息服务的监管

与商品市场相比，金融市场的资产交易更多是基于未来和预期的信用交易，因此金融市场天然具有信息不对称特征。金融交易中的买卖双方必然一方拥有信息优势，而另一方处于信息劣势。信息不对称理论的提出揭示了市场体系的缺陷和金融信息在金融市场中的重要作用。由于金融市场存在缺陷，完全靠金融市场主体的自律不能解决市场失灵和市场低效等固有缺陷，因此存在加强监管减少信息不对称现象的需要。

在金融市场上，金融信息是投资者最需要了解和掌握的信息，可以减少投资主体的决策风险和失误，提高预期收益。信息的采集和传播需要成本，信息市场上的信息传播存在局限性，再加上虚假信息的干扰，不仅市场参与者不能获得所需要的全部真实信息，而且还会加剧参与者之间的信息不对称。对金融信息的监管就是通过制度设计降低交易双方之间的信息不对称，减少道德风险和逆向选择，传递正确的市场信息信号，维护市场价格机制的基本功能。以证券市场的强制信息公开为例，法律要求掌握较多信息的一方，比如上市公司通过公开方式及时在指定媒体上公开信息，保障处于信息劣势的乙方获得信息，或使所有存在信息需求的利益相关者同步获得相同的信息。最典型的例子就是强制要求上市公司定期发布财务报告。此外，监管规定上市公司以及上市公司董监事和高管人员，不得买卖自己公司的股票，或需要提前公示可能的买卖行为。通过监管约束拥有信息优势一方的行为，向拥有信息劣势的乙方公开信息，最大限度地解决信息不对称情况下的市场失灵和社会资源配置低效率的问题。至于立法打击发布虚假信息恶意炒作之风，打击“庄家”利用业绩大幅增长或大幅下降、资产重组等内幕信息增加信息优势以操纵市场等行为，都是因信息不对称导致的金融信息服务监管要求。

除此之外，金融信息服务监管还发挥着信号甄别功能。对金融信息服务实施监管就是要使其提供一种信号显示功能，使生产者无法提供虚假信息，或加大其提供虚假信息的成本，降低其成本比较优势。例如，在市场的初级阶段，由于上市公司发布信息缺乏具有品牌效应和声誉效应的渠道，由监管机关确定上市公司发布信息的媒体，赋予其作为权威渠道的信号甄别功能。再例如，为减少“乌鸦嘴”和“黑嘴”等非法推荐股票扰乱市场秩序，国家要对证券分析师实行资格准入制管理，其目的就是给市场提供一种明确的甄别信号。

由于2008年国际金融危机的爆发部分与金融信息服务的监管不到位有关，因此危机后的监管改革也体现了强化金融信息服务监管的要求。以近年较为流行的宏观审慎监管框架为例，为实施宏观审慎监管，即要求负责监管金融机构的微观金融监管部门如证监会、银保监会等充分掌握各金融机构的相关经营信息。为确保及时预警、发现和处置风险，直接监管部门之间、直接监管部门与中央银行之间必须保持信息传递的畅通和信息共享。最典型的例子是在美国，危机后奥巴马政府时期制定的《金融监管改革框架》和通过的《2010年华尔街改革和消费者保护法》[①] 就明确纳入了强化金融信息服务监管要求[②]。例如，加强对信用评价机构的监管，包括在联邦层面成立信用评级征信委员会，专职负责对金融市场上信用评级机构的监督管理，并

① 即《金融监管改革方案》，2010年7月21日获美国总统奥巴马签署通过。因该方案由多德-弗兰克首先提出，故通常也被称为《多德-弗兰克法案》。

② 丁德圣：《次贷危机后国内外金融监管思路和模式研究》，辽宁大学博士学位论文，2013。

向市场推荐具有较强公信力和公正的信用评级机构。加强对信用评级市场的监督，对违法或重大过失信用评级机构取消评级资格；同时要求金融机构内部设立信用评级部门。证券交易委员会要研究提高证券市场的透明度和标准化水平，解决信息不对称问题。在对金融衍生品的监管中，也明确要求用交易所的规则进行约束，提高金融衍生品的信息透明度，同时加强商品期货交易委员会对金融衍生品信息披露的监管。

三 金融风险理论和金融信息服务监管

（一）金融风险传染及其路径

金融风险传染只是借鉴流行病学的“传染”概念，概括是指一个国家（地区）或一个金融市场受到巨大负面冲击或形成危机后向其他国家（地区）或其他金融市场的传导过程。在更广泛的意义上，金融风险传染也被认为是指由冲击引发的单个或多个金融市场风险通过金融市场间的实质性关联渠道或非实质性关联渠道，导致其他金融市场出现风险的现象①。尽管缺乏严格而有共识的定义，但从 20 世纪 90 年代以来的拉美金融危机、亚洲金融危机和美国次贷危机可以看出，金融风险传染现象的存在不仅是不争的事实，也得到了大量文献研究的支持。例如，Cha 和 Sekyung②、Bae 等③分别证实了美国股灾（1987）对新兴市场国家股市、拉美金融危机后拉美各国金融市场间都存在显著的溢出效应。许凯、潘攀、曹雅晴④也证实了我国内

① 王献东、何建敏：《金融市场间的风险传染研究文献综述》，《上海金融》2016 年第 7 期。

② Baekin Cha , Sekyung Oh, “The Relationship Between Developed Equity Markets and the Pacific Basin's Emerging Equity Markets,” *International Review of Economics & Finance*, 1999, 9 (4): 299 - 322.

③ Bae, K. H. , Karolyi, G. A. and Stulz, R. M. , “A New Approach to Measuring Financial Contagion,” *The Review of Financial Studies*, 2003, 16 (3): 717 - 763.

④ 许凯、潘攀、曹雅晴：《基于时变混合 Copula 的金融市场传染效应研究》，《软科学》2015 年第 7 期。

地股票市场与香港股票市场之间存在相互风险传染的较大可能性。

与此同时，很多学者从不同角度研究了金融风险传染路径。吴炳辉、何建敏对开放条件下金融风险国际传染研究有一个比较全面的综述①。概括起来，主要包括国际贸易联系、贸易途径、金融联系、国际资本流动渠道、国际债务渠道、经济基本面、投资者行为渠道和投资者心理预期等。

上述研究都是基于跨国（境）的金融风险传染。事实上，不仅国际金融市场间存在金融风险的传染效应，同一国家（地区）内不同金融市场之间，甚至同一金融市场的不同主题投资品或不同投资标的之间，甚至金融市场的外围经济环境与金融市场之间，都存在类似的金融风险传染现象。从风险防范的角度看，厘清国内不同金融市场之间的风险传染，以及风险事件扩大演化为金融风险的传染机制，显得更为重要。

影响金融风险传染的因素和路径可能有主要原因和主要方式，但必然不是单一要素和单一途径。金融系统是社会经济系统的一个子系统。防范金融风险更需要全面考虑所有可能引起风险或加速风险传染的要素，尤其是从金融风险传染机制入手，采取对应的政策措施。

（二）金融信息与金融风险传染机制

一个国家或地区发生金融风险为什么会传染到其他国家或地区？许多学者对金融风险传染机制进行了研究。例如，Allen 和 Galle 将其归结为金融机构的跨区域经营和交叉持股②。King 和 Wadhwani③ 比较早地发现了金融信息在金融风险传染中的作用。他们认为，金融信息和资源能够在不同金融市场间进行传递和配置。投资者可以根据不同金融市场间的价格变化情况和信息

① 吴炳辉、何建敏：《开放经济条件下金融风险国际传染的研究综述》，《经济社会体制比较》2014 年第 2 期。

② Allen, F., Galle, D., "Financial Contagion," *Journal of Political Economy*, 2000, 108 (1): 1 -33.

③ King, M., Wadhwani, S., "Transmission of Volatility Between Stock Market," *Review of Financial Studies*, 1990, Vol. 3.

传播，预测其关注的金融市场价格变化，采取相应行动，导致不同市场产生相似的价格波动特征，形成传染效应。在股票市场上，类似的例子和情形经常会发生。例如，美国某主要科技公司业绩下滑或增长，不仅带动市场上相关科技公司股票价格的下跌或上升，甚至带动欧洲和中国相关科技股的下跌或上涨。反过来，中国和欧洲的特定事件也会引起全球股票市场的价格波动。

至于不同金融市场之间的风险传染，或者是风险事件演化为金融风险的传染机制，近年来学术界越来越多地从投资者行为的角度去解释，这也进一步凸显了金融信息在风险传染中的特殊作用。例如，Calvo 和 Mendoza① 发现，在不对称信息环境下，由于投资者面临不完全信息的约束，同时很多投资者无法支付信息采集和处理成本，只能采取跟随知情者或其他投资者的交易行为，从而形成“羊群效应”，导致市场过度反应，加剧风险和危机扩大化。对于为什么会出现这种情况，除了信息成本的因素外，Mondria 等②还提出信息处理能力也是一个不可忽视的约束。投资者通常是根据自己掌握的信息和信息处理能力形成个人信号，包括结合价格信息形成关于未来资产收益的预期。在投资者被其他地区发生的风险因素吸引注意力时，未来预期的改变将增加不确定性，导致投资者风险容忍度的下降，促使其清算风险资产头寸，加大价格波动性，从而将风险和危机传染到其他市场。Jordi 和 Climent③ 进一步以 1997 年的亚洲金融危机为例，分析提出了“投资者注意力再分配”的危机传播机制。

在互联网环境下，云计算与金融科技的发展虽然大大提高了计算能力，但由于信息量越大，信息搜集成本越高，信息噪声的干扰也越强，投资者始终处于不完全信息和不对称信息的条件下，信息处理能力约束的假设仍然成

---

① Calvo, G. A., Mendoza, E. G., “Rational Contagion and the Globalization of Securities Markets,” *Journal of Internal Economics*, 2000, Vol. 51, No. 1.

② Mondria, J., Quintana-Doneque C., “Financial Conation and Attention Allocation,” *The Economic Journal*, 2012, Vol. 63, No. 2.

③ Jordi, M. and Climent, D., “Financial Contagion and Attention Allocation,” *The Economic Journal*, 2012, 123 (5): 429 -454.

立。Yuan[①] 指出，当资产价格受负面消息冲击下降时，资产价格中的信息噪声越多，价格本身的信息有效性就越低。在这种情况下，知情投资者对风险资产的需求信息也不是有效信息。因为不知情投资者不知道知情投资者的卖出究竟是基于流动性需要还是基于信息的卖出，通常只会跟随知情投资者选择卖出资产。最终这种反馈效应将推动资产价格急剧下跌，引爆危机。危机的传染程度不仅与共同的宏观经济因素影响程度正相关，还与信息不对称的程度正相关。

显然，无论是将金融信息视为金融风险传染中的传播介质，还是信息采集和成本约束导致“羊群效应”，抑或是信息噪声导致投资者的注意力再分配，都反映了金融信息的价值和金融信息在金融风险传递中的作用。只不过多数研究是从不完全信息或不对称信息的角度入手，没有直接意识到在金融风险传播过程，造成冲击的金融信息本身发挥着一种信号传递作用，加剧了投资者的信息选择困难，而被迫选择以资产出清的方式应对负面信息的冲击。

（三）金融风险防范与金融信息服务：监管的视角

金融风险传染理论表明，不完全信息和不对称信息是客观存在的事实，体现了金融信息的价值和金融信息在风险传染中的特殊作用。金融信息服务的产业化也是金融信息服务的专业化，有助于降低投资者的信息采集和处理成本，降低信息不完全程度或信息不对称程度。从监管的角度，需要通过法律和行政规制的力量，确保金融信息能尽可能为投资者及时获取，同时要尽可能减少虚假信息，降低信息噪声。以最常见的负面资讯为例，Mondria 研究发现，当发生危机时，关于危机的新闻报道会大量涌现，自然会吸引大量投资者的注意力，投资者的有限注意力进行重新分配后向发生危机的金融市场倾斜，相应导致其他市场股票价格的波动和下降[②]。显然，如果加强对金融信息服务的监管，规范金融资讯的传播，加强正面和正确信息的引导，自

① Yuan, K., “Asymmetric Price Movements and Borrowing Constraints: A Rational Expectations Equilibrium Model of Cris, Contagion, and Confusion,” *Journal of Finance*, 2005, Vol. 60, No. 1.

② Mondria, J., “Financial Contagion and Attention Allocation,” Working Paper, Princeton University.

然有助于风险的化解。相反，如果放任监管，没有科学的监管，金融市场很容易出现暴涨暴跌的情形。一有负面消息冲击，即造成恐慌，发生踩踏效应；一有利好消息，即造成大量跟风投机，助长炒作之风。虚假信息的泛滥，微观上增加了投资者获得金融信息的信息噪声，增加其信息搜集和处理成本；宏观上则可能扰乱金融市场秩序，使金融市场的波动违背金融市场的基本运行规律，损害金融市场的投资和融资功能。

以我国互联网金融风险专项治理为例，中国互联网金融协会会长、原中国人民银行副行长李东荣①在接受记者访问时就指出，部分网贷平台“暴雷”后，一些自媒体对行业负面新闻的集中式报道和不实解读，催生投资者的恐慌情绪，进一步加剧了网贷平台的市场风险和经营风险。互联网金融的监管，既需要在短期内正确开展舆论宣传，释放正确理性的信号，避免过度渲染和错误解读导致影响市场正常秩序，也需要建立信息发布机制，提高全过程透明度，同时还需要发挥统计监测、登记披露、信息共享、资金存管等基础设施的作用，有效开展风险预警，促进提高行业信息透明度，为实施监管提供有效支撑，促进行政监管和自律管理有机结合，推动行业规范健康发展。显然，这些都是从金融信息服务监管的角度出发推进风险防范化解工作。

从金融风险传染机制入手，从加强金融信息服务监管的角度防范化解金融风险，也是2008年国际金融危机后各国监管改革的重要内容之一。前文提到的美国奥巴马政府通过的《金融监管改革方案》就是典型例子。除此之外，国际金融危机后，各国不仅意识到金融创新和高杠杆加剧了金融体系的脆弱性，也意识到微观领域中的部分金融机构，尤其是一些具有系统重要性的金融机构的经营破产风险，很可能通过风险传递和积累，演变为宏观层面的系统性风险。因此，从单一的专业化监管到多元的综合性监管，成为国际监管模式改革的一个重要趋势。同样以美国为例，根据《金融监管改革方案》要求，美国储蓄机构监理署被取消，同时不仅强化了美联储作为最

① 李东荣：《金融风险形势复杂，防范风险传染是当务之急》，http://finance.ifeng.com/a/20180808/16435013_0.shtml。

高监管机构的职责和监管权，更是在联邦层面成立金融稳定监督委员会，把不同金融监管机构进行整合，形成监管力量的协调和联动。虽然各国没有对金融信息服务监管的明确表述，但从具体内容来看，毫无疑问都不约而同地将金融信息服务监管纳入了统一的金融监管框架，并强化了金融信息服务监管的内容。

四　金融信息服务的属性和监管需求

由于金融信息具有形式多样、来源多元和价值多样等特点，从不同视角看，金融信息服务具有不同属性。在某种意义上，这也是需要对不同类型金融信息服务实施不同形式监管的重要依据。

（一）金融信息服务的媒体属性和基于公共利益理论的监管需求

1. 传媒社会责任理论和金融信息服务监管

1947 年，以罗伯特·哈钦斯为主席的新闻自由委员会发表报告《一个自由而负责任的新闻界》，提出传媒自由主义理论本身存在缺陷，传媒滥用自由将带来负面社会影响，传媒社会责任理论由此形成，并成为对传媒业进行规制监管的重要理论基础[①]。社会责任理论认为自由并不是无条件的自然权利，强调自由必须以责任为前提。媒体要就新闻事件给出真实和全面的报道，准确无误，并尽可能地区分事实和观点，同时承担类似教育者的对社会和公众的义务与责任。媒体要保持经济上的独立和自立，不受特殊利益集团所左右。

信息技术的新发展，促进了传媒发展和信息获取，媒体的影响力有增无减，但利益集团控制传媒工具或滥用传媒工具的成本更低，新媒体的主体行为更为隐蔽，对传媒社会责任的认定和追责更为困难。自由竞争和落实新闻自由并没能制止新闻传媒寡头的出现，传统社会责任理论指导的自律约束显

① 朱辉宇：《传媒社会责任理论再思考》，《传媒》2011 年第 11 期。

得无能为力，显然需要更加明确而强化的监管约束。

从实践来看，针对互联网条件下媒体传播环境和传播方式的变化，各国都在调整监管思路和监管方式。以日本①为例，对互联网上各种信息传播形态的“开放式媒介内容”，如自媒体传播的信息内容等，鉴于其社会影响力远没有达到媒介服务的程度，应采取不同的监管思路和方式。既需要坚持媒介法中“信息自由流通”的基本理念，对其表达自由给予最大限度的保护，但同时也应针对违法信息和有害信息设立最低限度的规制，尤其是对违反法律或侵害他人受法律保护的权利的信息，即违法信息，要采取积极的规制政策，包括立法和建立非行政干预、非直接干预的司法规制框架。对于集内容分配、市场交易、公共服务等功能于一体的互联网平台，如互联网信息集成服务平台，考虑到市场尚未进入饱和期，目前仍以《反垄断法》的有关条款进行规则，但也提出了未来的规制构想，即对具有极高社会性和公共性的网络信息平台，应从保护使用权益的角度对其进行法律规制。

新闻等资讯服务始终在金融信息服务中占有重要地位。金融新闻资讯等内容由于能对金融市场运行产生直接或间接影响，为特定利益群体带来经济收益，与一般的新闻媒体相比，金融资讯传播更容易被传媒利用，也更容易被商业阶层所控制。选择性的金融新闻资讯发布和指向性的传播，违背新闻客观真实性的要求，也可能严重影响金融市场的公正。因此，金融信息服务的媒体属性自然衍生了对其的监管需求。

2. 公共利益理论和金融信息服务监管

从社会责任的角度讨论对传媒的规制，有点类似于道德层面的伦理劝说。在新技术环境下，单纯强调社会责任不能从根本上改变传媒不负责任的状况。从经济学的视角出发，公共利益理论提供了一个不同的思考方式。

公共利益理论认为，通常情况下，由于存在自然垄断、人为垄断、信息

---

① 张志：《日本的新媒体规制共享》，《中国记者》2008 年第 11 期。

不对称、明显的外部经济或不经济等现象，会出现市场失灵，自由竞争并不能实现社会资源的最优配置。因此，需要政府以公共利益为出发点，运用“看得见的手”对产业运行和厂商行为进行必要规制（监管），从而达到优化社会资源配置的目标。换一个角度看，规制也是为了弥补市场失灵带来的效率损失，增加公众的福利。在新自由主义影响下，尽管对公共利益理论存在诸多批评，甚至产生了立场和观点鲜明不同的规制俘获理论和反规制俘获理论，但多数研究承认，金融市场存在市场失灵，无法自动实现金融资源配置的“帕累托最优”。因此，公共利益理论至少是现代金融监管的基本理论支撑之一。

从金融信息服务监管的角度看，媒介的社会责任理论要求媒介的独立和自立，企业化不仅成为趋势而且是普遍的实践。显然，媒体企业化是利己主义的，媒介的社会责任理论并不能保证传媒站在公众立场上维护公共利益。如果金融资讯传播都是从传媒本身的利润最大化出发，必然会出现媒体企业利益与公众利益冲突的情形，以及特殊商业集团利益与公众利益冲突的情形。在此情况下，出现监管者自在情理之中。监管者是全体投资者利益和社会公众利益的代表，可以维护金融市场的公正和效率。对规制俘获或监管的批评虽然并非毫无道理，但焦点应该在于监管制度、监管行为和监管程序如何实现社会公共利益的最大化，而不应预先否定公共利益的存在以及政府监管目的的公正性。

（二）金融信息的公共价值属性与基于公共产品理论的监管分析

在公共经济学中，社会产品包括公共产品和私人产品。按照萨缪尔森的理解，公共产品是社会所有成员可以集体享有或使用的产品。公共产品具有三个典型特征：首先是非排他性，即产品消费不能被独占，且所有人均以同样数量和质量进行消费；其次是非竞争性，即每个人对该产品的消费不会影响其他社会成员对该产品的消费，这也意味着新增消费的边际成本为零，同时不会减少其他任何消费者的效用；最后是效用的不可分割性，产品效用向全社会提供，为全体成员共享，不能将效用分割，限定对象消费。

根据信息在市场中的公开程度，金融信息服务中提供的信息产品可以分为公共信息和内部信息，前者是市场中各金融主体都了解或需要了解的信息，后者则是部分主体了解的信息。对于公共信息，如国民经济增长与投资、物价与通货膨胀情况、就业变化等宏观经济运行信息、金融货币政策变化信息等，由于涉及公共利益，实际上是一种公共产品，应当强制公开为全社会和全体投资者所了解。内部信息则是相对而言的。就上市公司的财务报告而言，企业财务统计属于商业秘密，在公开前属于内部信息，如被不当利用，很容易出现操纵市场的现象或因为信息不对称导致非法获利。企业财务报告公开后即成为公开信息。在从内部信息到公开信息的过程中，需要规范其公开的方式，确保这一转换过程不被滥用。

在金融市场上，投资者根据其获得的金融信息进行投资决策，信息优势往往会产生额外的投资价值。要保证金融市场的总体效率，必须确保所有投资者对一次信息的公平获取。金融信息服务不仅可以使信息传递更为便捷和高效，同时也是投资者实现信息平等的基本保障。从宏观的角度看，金融是现代经济必不可少的要素，金融运行对资源配置和经济运行调解的影响，不仅是影响金融市场主体，同时也影响社会经济发展的几乎每一个环节、企业和个人。因此，金融信息具有公共价值属性，金融信息服务具有公共产品特征。

公共产品如果完全依赖市场或以竞争性的方式提供，则很可能导致市场失灵。这在证券市场上最为典型。例如，重要经济运行数据或上市公司财务信息以收费的方式提供给需要的投资者，资本规模决定服务可获得性，虽然效率可能提高了，但收入和财富将进一步向资本集中，最终导致全社会的收入和财富分配不公，损害金融市场和经济整体的健康，社会经济整体效用不能实现最优。公开、公平和公正是证券监管的基本和核心原则，与之相关的金融信息的公开和公平获取是一个基本前提。这也是需要对金融信息服务进行适当监管的重要理论依据。

当然，金融信息包括多种不同形式，并非所有信息都是公共信息。投资者的需求差异决定了对差异化需求的满足就是市场化金融信息服务的发展空间。同时，信息收集、加工处理，服务本身也是价值增值过程。对投资者而言，金融信息服务收集原始的资料和数据等，加工生成信息，再经过提炼生产知识，增加生产者的智力判断提供给用户成为创造价值的情报。在信息加工过程中，信息产品生产者主观知识、智慧增加得越多，其价值越高。因此，金融信息服务提供经过加工处理的信息产品实际上是一种知识产品。金融信息服务也是一种知识服务，具有重要的经济价值。

B.4

金融资讯服务影响金融市场的作用机制：基于行为金融理论

刘枝悦　彭绪庶

摘　要： 随着移动互联网环境下金融资讯的不断数字化和移动化，金融信息资讯服务的媒体属性越来越强。媒体通过新闻报道为市场中的投资者提供大量的金融资讯，这些丰富多样的金融资讯作为投资者的重要信息源，会对投资者的投资行为产生影响。本报告从行为金融的角度，分析在放松“理性经济人”假设下金融资讯对资产价格的影响，选取证券市场为对象，分析构建了金融资讯→投资者情绪→投资者行为→证券价格的作用机制，讨论了金融信息资讯可以通过影响投资者心理，进而影响投资者的行为决策，最终对证券价格产生影响。

关键词： 金融资讯　行为金融　投资者情绪　投资者行为　金融市场

金融资讯服务是金融信息服务中的重要组成部分，它将金融、新闻传媒以及信息服务三个产业领域联系起来。从狭义的角度来看，金融资讯即指金融投资新闻资讯，是为相关用户提供的与金融相关的投资新闻，投资者可以借此判断市场行情，做出恰当的投资决策。从广义的角度看，除了各种形式的财经新闻资讯，金融资讯还包括一系列可以影响金融市场的有关市场主体、财政政策、社会环境等的动态信息，其本质上属于一种特殊的新闻资讯。因此，金融资讯的信息来源不限于国内外金融市场直接的金融活动，也包括政府政策、企业经营以及重要人物的动态等，如某上市公司在经营领域的研究成果，或是公司管理层的变动等，这些事件经过报道以后，会影响投资者对该公司股票收益的预期，都属于一种广泛意义上的金融资讯。在此意义上，金融资讯服务实际上是一种侧重于媒体属性的金融信息服务。

随着互联网信息技术在金融信息领域应用的不断深化，各类移动信息平台正强势而深刻地对人们的信息渠道进行渗透和改变，金融资讯服务的生产、信息组织结构和商业化模式都在发生变化，其媒体属性也变得越来越强。正如美国经济学家罗伯特·希勒（Robert Shiller）在《非理性繁荣》一书中提到的："金融市场很自然地吸引了新闻媒体，因为至少股市可以以每日价格变化的形式持续提供新闻。"① 金融市场与新闻媒体的关系一直是密不可分的。在传统媒体时代，金融资讯主要通过以报纸、广播和电视为主要载体的财经节目或内容板块来进行报道。在移动互联网时代，金融资讯的传播主要包括两种形式：其一为传统财经媒体和不断数字化与移动化的传统媒体的衍生，如各类财经网站、App 和客户端；其二为具有一定影响力的社交媒体，这些社交媒体已经成为某些公司高层、社会组织甚至国家机构的发言平台之一。

资本市场的发展推动了金融资讯服务的繁荣壮大，新闻资讯对市场的反作用也日渐凸显。一方面，金融资讯服务丰富了投资者的信息来源渠道，在提高了信息收集、筛选和传播效率的同时，也降低了投资者搜索和处理信息的成本，使得投资者能够更加便捷、低成本地获取相关的金融资讯；另一方面，现实经济社会的一些投资者往往会囿于自身的有限认知，而被市场中的各种信息所左右，做出非最优的投资决策，这些噪声交易者的行为又会对理性交易者的信息结构产生影响。此外，媒体作为金融资讯的传播途径，其在市场中起到的作用远不仅是一种信息媒介，媒体通过对原始信息进行加工、渲染和重新包装等操作，使得传递给大众的相关资讯带有一定的媒体特征，从而影响投资者的判断与行

① 罗伯特·希勒：《非理性繁荣》，中国人民大学出版社，2016。

为，造成金融市场的波动。因此，金融资讯对资本市场的影响是广泛而深刻的。本报告将总结相关的理论和经验，具体研究金融资讯在金融市场上所起的作用及其途径，并分析其可能导致的结果。在以下论述中，使用广义的概念来定义金融资讯，即认为金融资讯不止包括与投资相关的新闻资讯，还包括其他具有影响金融市场的潜在可能性的所有经济领域的新闻资讯。

一 金融资讯对金融市场的影响：经验证据

在现代金融市场的发展历程中，众多的理论和实践经验都已证明，金融资讯的确会对金融市场产生影响。媒体发布的大量资讯直接或间接地引致市场波动，影响市场运行效率，这种影响最先且最直接的表现便是金融资讯对上市公司股票价格的影响，包括对股票定价的影响。媒体所发布的所有相关金融资讯都可能会引起上市公司股价或大或小的波动，下面用几个简单的案例来说明其具体表现。

第一个案例是 Dina ElBoghdady 记录的有关奥巴马受伤的假新闻对股价指数的影响①。2013 年 4 月 23 日下午，美联社在 Twitter 上发布了一篇帖子，帖子中称白宫发生爆炸，奥巴马受伤。几乎是在新闻发出的一瞬间，美国股市产生了急剧的下跌，市场数据显示道琼斯工业平均指数（DJIA）在 13 点 8 分至 13 点 10 分的短短 2 分钟内下跌了 100 多点。然而，当美联社和白宫在 13 点 10 分表示该消息为黑客入侵所发布的假消息时，道琼斯工业平均指数又以几乎相同的速度反弹，并在 13 点 13 分恢复正常，具体变化如图 1 所示。

股价对新闻报道的这种戏剧性反应展现了信息资讯对金融市场的破坏性影响。在这一案例中，股票市场的大跌立即传导到国债市场和期货市场，

① Dina ElBoghdady, "Market Quavers After Fake ap Tweet Says Obama was Hurt in White House Explosions," April 2013. [Online]. Available: http://wpo.st/bhzO2.

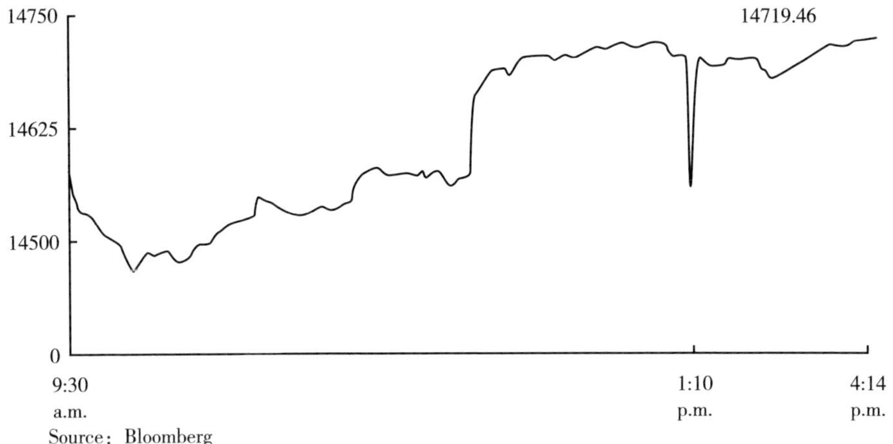

图 1　信息资讯的变化对道琼斯工业指数的影响

资料来源：http：//wpo. st/bhzO2。

美国国债价格快速上涨，油价则快速下跌。仅在股市，两分钟暴跌中标准普尔 500 指数市值蒸发 1360 亿美元。显然，这一极端案例很好地体现了社交媒体作为金融资讯的一种特殊传递渠道对市场投资者的影响力，因为在此次事件的采访中，许多投资者都表示，他们在整个交易日内都会密切关注 Twitter 上所发布的新闻，以了解任何市场中的潜在动向，基于此，在他们浏览到与所持有的资产相关的金融资讯时，就会立即采取相应的买入或卖出的行动。

另一个例子是基于 Huberman 和 Regev① 的一个案例研究，此案例是反映上市公司股价随着媒体报道表现出阶段性变化的一个经典案例。Entremed（ENMD）是美国一家小型制药公司，《纽约时报》在 1998 年 5 月 3 日（周日）的报纸中，报道了这家公司研究团体在研发治疗癌症药物技术上的重大突破。如图 2 所示，在报纸发行后，ENMD 公司的股价急剧上涨，从 5 月 1 日（周五）收盘时的 12. 063 美元涨为 5 月 4 日（周一）收盘时的 52 美

① Huberman，G.，Regev，T.，"Contagious Speculation and a Cure for Cancer：A Nonevent that Made Stock Prices Soar，" *The Journal of Finance*，2001，56（1）：387 – 396.

元。在接下来的三周内，该公司的股价保持在30美元以上，并在之后的时间里仍然维持在较高水平，截至1998年底，ENMD公司的股价相比报道之前上涨近一倍，可以认为，《纽约时报》对该公司研究成果的报道使得公司股价得到了永久性的上涨。公众的这股投资热情也涉及其他生物技术类型股，这些股票价格在一段时间内也表现出了程度不同的上涨。

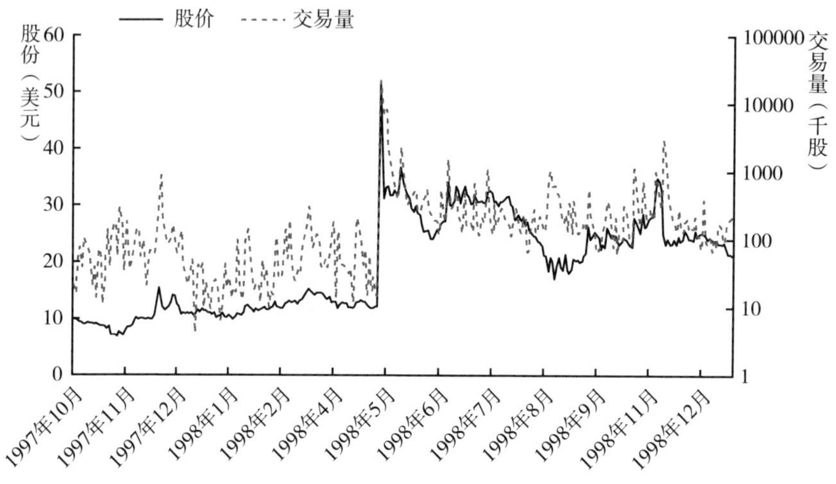

图2　ENMD公司股价和交易量（1997年10月1日至1998年12月30日）

此外，这一案例中还有一个非常值得关注的点：1997年11月28日，即在《纽约时报》对该新闻进行报道的5个多月前，《自然》杂志以及包括《泰晤士报》在内的各种流行报纸都报道了该公司在癌症研究领域的潜在突破，当时ENMD公司的股价也出现了小幅度的上升，但是其上涨幅度远远不及5个月之后的变动。在这一案例中，时隔5个多月的旧新闻仍能对投资者行为以及股价产生巨大的影响，且影响远大于原始信息的作用，这看似反常的现象却恰恰有力地说明了媒体资讯对股价的重要影响。市场中金融资讯传递的渠道、报道的风格以及受众类型的不同，可能会影响投资者对未来收益的预期，影响其投资行为，并最终作用于金融市场。

在国内金融市场，类似案例也不在少数，一个最近的例子是有关京东创始人刘强东性侵丑闻的报道对京东公司股价的影响。2018年9月2日，网传京东 CEO 刘强东在美国明尼苏达州因涉嫌性侵女大学生被捕，这一消息经过新浪、网易等多家媒体网站的传播，在各大社交平台上引起了巨大的舆论关注，并引发京东股价的骤跌。其后，京东官方对此进行回应，称刘强东虽然被警方调查，但随后即被释放，且没有任何指控。但就在 9 月 4 日，美国当地警方公布了一份包含刘强东遭到逮捕当晚警察执法记录的一般罪案公共信息报告。9 月 6 日，京东在公司英文网站承认刘强东涉嫌性侵，并称京东日常运作不受影响。如图 3 所示，“老虎证券”的实时数据显示，京东公司股价在这一系列的新闻报道中持续下跌，在 9 月 5 日由丑闻发生前的 31.30 美元降至 26.30 美元，并在之后一直保持较低水平。近 4 个月之后，12 月 22 日凌晨，美国警方公布刘强东事件的调查结果，决定不予起诉，即刘强东无罪，京东官方以及各大社会媒体也广泛报道了这一结果，京东股价在这天得到小幅上涨，并在此之后逐渐回暖，股价趋向平稳。

图 3　京东公司股价（2018 年 8 月 8 日至 2019 年 1 月 18 日）

资料来源：老虎证券。

这一案例表现了上市公司主要管理层的个人名誉对公司股价不容忽视的作用，在当今社交媒体的巨大影响力下，此类报道往往会引发社会群体的广泛关注，使持有该股票的投资者对公司未来收益持悲观或不确定态度，从而卖出相关股票，引起股价波动。值得注意的是，京东公司的股价自丑闻报道之后，虽然在案件调查结果公布后得到了一定的回升，但总体来说与此前相比仍呈持续下跌的趋势，除了京东公司本身的经营状况及外部环境的影响外，这一现象也是证券市场中“价格惯性”的一种表现，在后文会进行具体分析。

二　金融资讯对金融市场的影响：文献综述

在证券市场，鉴于经验证据日益增多，越来越多的学者开始研究新闻资讯与金融市场之间的关系，这类研究大部分是从媒体报道的角度切入，分析金融资讯通过媒体传递以后，对证券价格，包括股价波动、资产定价及其效率的影响。综合文献研究可以发现，类似研究主要基于三个视角：一是从公司治理的角度，研究金融媒体对公司治理的外部舆论监督作用；二是从信息不对称的角度，集中分析媒体报道通过改变外部信息环境对金融市场效率的促进作用；三是从行为金融的角度，关注在投资者非完全理性的假设下，媒体报道是如何影响投资者心理认知和行为，进而影响金融市场波动的。基于前文对金融资讯的定义，金融资讯可以广泛地包括可能对金融市场产生影响的所有信息，因此，金融资讯作为一种特殊的新闻报道，其对金融市场的作用也可以用类似的方法进行分析。

（一）公司治理角度

学术界对媒体新闻促进公司治理的研究由来已久，Dyck 等①认为新闻报道能够提高公司的信息披露程度，管理层为了维护自身和公司的声誉，会减少舞弊行为，从而提高公司治理水平。李培功和沈艺峰②认为，媒体报道降

① Dyck, A., Volchkova, N., Zingales, L., “The Corporate Governance Role of the Media: Evidence from Russia,” *Journal of Finance*, 2008, 63 (3): 1093 - 1135.

② 李培功、沈艺峰：《媒体的公司治理作用：中国的经验证据》，《经济研究》2010 年第 4 期。

低了公司与监管部门之间的信息不对称，通过行政干预机制，促使公司改正其违规行为。这种作用也能够进一步作用于金融市场。例如，Joe 等[①]发现，被媒体曝光后的董事会会在之后采取措施来提高公司治理效率，从而在新闻曝光后的一段时间后反而能使公司股价得到上涨。权小锋和吴世农[②]发现，媒体报道能提高公司的会计信息质量，且使投资者对盈余信息的解读更加透彻，从而提高资产定价效率。

新闻媒体被称为“第四权力”。从公司治理的角度看，这也是对金融资讯服务可以发挥外部监管作用的形象描述。虽然金融市场存在上市公司利用媒体效应来操纵股价的现象，但是总体来说，公开发布和广泛传播的金融资讯对公司治理的监督作用依然是正面的，媒体报道能通过提高管理层的经营效率来提高金融市场效率及其稳定性。这是因为，媒体资讯报道能帮助社会大众和投资者揭示和监督金融市场主体的薪酬乱象，识别和揭露管理层的舞弊行为和信息欺诈行为，减少委托－代理冲突，降低代理成本，补充强制信息公开的不足，提高信息披露质量，并促使董事会和管理层提升效率和治理水平。

（二）信息不对称角度

早期有关新闻报道对资本市场影响的研究大多是建立在有效市场假说的基础上，认为投资者是完全理性的，新闻资讯主要通过改变外部信息环境来作用于资本市场。投资者的信息来源、处理信息能力的差异，使得现实中资本市场的信息并不是完美的，最直接的证据就是机构交易者与个人交易者之间的信息不对称。相对于个人投资者来说，机构往往拥有更广泛的信息获取渠道和更高效的信息处理技术，且市场上的大型投资公司通常与投资银行、上市公司和管理部门保持紧密的关系，这也使机构掌握了更多的内幕消息，因此，个人投资者在市场上是处于信息

① Joe, J. R., Louis, H., Robinson, D., “Managers’ and Investors’ Responses to Media Exposure of Board Ineffectiveness,” *Social Science Electronic Publishing*, 2009, 44 (3): 579 –605.

② 权小锋、吴世农：《媒体关注的治理效应及其治理机制研究》，《财贸经济》2012 年第 5 期。

弱势的①。

基于此，金融媒体可以通过向公众注入大量的金融资讯，来缓解市场上的这种信息不对称，提高资本市场效率和稳定性。Frankel 和 Li② 认为，新闻报道能够降低市场中内幕消息的作用，削弱知情者的信息优势；Bushee 等③认为，媒体可以通过降低投资者的信息处理成本，使得个人投资者更加便捷和低成本地获取相关资讯；黄俊和郭照蕊④考察了媒体报道与股价之间的同步性，实证研究发现，随着媒体报道的增多，公司股价同步性降低，资本市场定价效率得到了提高。显然，媒体报道通过挖掘、整理、加工和传播信息，使得市场上的信息更丰富、更容易被理解，一方面可以降低信息弱势方的信息弱势，另一方面则有助于降低信息优势方的信息优势，从而减轻信息优势方与信息弱势方之间的信息不对称程度⑤，使得基于媒体资讯所确定的资本价格更加接近于其真实价格，且减弱了市场的波动程度，提高了金融市场的运行效率。

（三）行为金融学角度

传统的资产定价理论假设投资者是完全理性的，然而自 20 世纪 80 年代起，资本市场上日益增加的市场异象已经无法用传统的金融理论做出很好的解释，因此学者们开始考虑投资者认知心理的影响，从行为金融的角度来分析投资者的经济行为对市场的作用。现实经济社会噪声信息与真实信息交互混杂，投资者可能会受到心态、情感、社会群体行为的影响，只能呈现出有

① Hendershott，T.，Livdan，D.，Schürhoff，Norman，"Are Institutions Informed About News?" *Journal of Financial Economics*，2015，117（2）：249－287.

② Frankel，R. and Li，X. "Characteristics of a Firm's Information Environment and the Information Asymmetry Between Outsiders and Insiders，" *Journal of Accounting and Economics*，2004，37（2）：229－259.

③ Bushee，B. J.，Core，J. E.，Guay，W.，et al.，"The Role of the Business Press as an Information Intermediary，" *Journal of Accounting Research*，2010，48（1）：1－19.

④ 黄俊、郭照蕊：《新闻媒体报道与资本市场定价效率——基于股价同步性的分析》，《管理世界》2014 年第 5 期。

⑤ 陈泽艺、李常青：《媒体报道与资产定价：研究综述》，《外国经济与管理》2017 年第 3 期。

限理性。新闻媒体通过报道的内容、形式以及传递出的媒体情绪影响投资者行为，并最终对金融市场产生影响。

20 世纪 90 年代初，De Long 等[①]就通过构建 DSSW 模型，刻画了金融市场上的噪声交易者和理性套利者在市场中的博弈过程，噪声交易者的情绪性行为和理性交易者的套利行为共同导致了股价的波动；游家兴和吴静[②]借用传播学媒介效果研究中“沉默的螺旋”理论，通过构建衡量媒体情绪指数的综合评价指标体系，发现当新闻报道所传递出的媒体情绪越高涨或越低落时，股票价格越有可能偏离基本价值水平；梅立兴[③]运用网络爬虫技术，实证检验网络新闻对股价泡沫的影响，并发现上市公司的网络新闻与综合股票泡沫指数之间呈显著负相关关系，网络新闻在这个过程中是通过强化投资者的异质信念，而不是通过增加投资者对股票的认知、降低信息不对称程度从而减弱对股价泡沫的影响。

从影响途径来看，目前关于媒体新闻与资本市场的关系在行为金融领域的研究也可以分为两个角度：一是认为媒体报道可以通过影响投资者情绪来影响股价波动，影响资产定价效率；二是考虑媒体通过大量具有煽动性的新闻报道吸引了公众的注意力，推动投资者情绪高涨，并推动股价的变动。Tetlock[④] 基于《华尔街日报》中《与市场同步》专栏的报道内容，通过主成分分析方法构建了衡量媒体报道悲观程度的指标，结果发现悲观的媒体情绪对股票大盘指数构成了强烈的下跌压力，而异常高或异常低的媒体悲观情绪则会伴随着更加活跃的市场交易行为；Chen 和 De[⑤] 通过对社交媒体平台“寻找阿尔法”中用户发表评论及投资者投资行为的分析，发现市场中基于

---

① De Long, J. B., Shleifer, A., Summers, L. H., et al., “Noise Trader Risk in Financial Markets,” *Journal of Political Economy*, 1990, 98 (4): 703 - 738.

② 游家兴、吴静：《沉默的螺旋：媒体情绪与资产误定价》，《经济研究》2012 年第 7 期。

③ 梅立兴：《网络新闻对股价泡沫的影响研究》，《南方金融》2018 年第 8 期。

④ Tetlock, P. C., “Giving Content to Investor Sentiment: The Role of Media in the Stock Market,” *The Journal of Finance*, 2007, 62 (3): 30.

⑤ Chen, H., De, P., Hwang, B. H., “Sentiment Revealed in Social Media and Its Effect on the Stock Market,” Statistical Signal Processing Workshop. IEEE, 2011.

情绪的投资者的行为确实会导致股票价格的波动；熊艳等[①]考虑信息不对称与行为金融的双重视角，由于IPO市场中二级市场的投资者理性程度远低于一级市场，因此媒体报道在提供信息增量、提高一级市场定价效率的同时，也会加剧二级市场投资者的非理性程度，降低二级市场定价效率；杨继东[②]认为，媒体报道通过影响非理性投资者的情绪和关注影响了投资者行为，进而对资产价格产生影响；陈泽艺和李常青[③]认为，在行为金融视角下，媒体报道的旧新闻会通过引起投资者关注，引发认知偏差和激发投资者情绪来影响资产定价；杨娜[④]通过中介效应检验程序检验了投资者情绪在股价波动中的中介效应，分析了媒体报道通过投资者情绪影响股票收益的具体路径。

由此可见，金融媒体的资讯报道在提高公司治理效率、缓解市场信息不对称以及投资者非理性行为的领域都能对资本市场产生作用。其中，信息不对称和行为金融的分析都是从新闻媒体为市场提供信息资源的角度出发，以投资者行为作为中介，考虑基于这些市场信息的投资者行为是如何影响金融市场的。这两个视角的主要差异在于对投资者理性程度的假设不同：信息不对称视角站在传统金融的分析框架上，认为金融资讯服务的主要作用在于缓解信息优势方与弱势方的信息不对称，其对于稳定金融市场和提高市场效率有着重要的正面作用；行为金融视角则主要是分析考察投资者情绪和心理等因素对投资者行为的影响。非理性投资者的行为是难以预测的，金融资讯在为投资者提供信息增量的同时，投资者会加入自身的情绪性考虑而使得对信息的理解偏离其本源信息，加之媒体新闻中常见的情绪性报道以及投资者对市场资讯真实性的不确定，反而会使得金融市场

① 熊艳、李常青、魏志华：《媒体报道与IPO定价效率：基于信息不对称与行为金融视角》，《世界经济》2014年第5期。

② 杨继东：《媒体影响了投资者行为吗？——基于文献的一个思考》，《金融研究》2007年第11期。

③ 陈泽艺、李常青：《媒体报道与资产定价：研究综述》，《外国经济与管理》2017年第3期。

④ 杨娜：《媒体报道通过投资者情绪影响股票收益的传导效应研究》，哈尔滨工业大学博士学位论文，2014。

产生异常波动。当然，即便是非理性的投资者，市场上丰富的信息也会在一定程度上纠正其错误认知，改善其外部信息环境。因此，从行为金融的角度看，金融资讯的影响是复杂多变的，会受到信息质量、投资者非理性程度以及投资对象的变化而变化。从公司治理层面看，金融资讯的作用与前两者相比有较大差异，信息不对称和行为金融主要是考虑信息对投资者的影响，而公司治理的分析考虑媒体报道对公司管理层的舆论监管作用，是从上市公司的角度出发的。

综合现有文献研究可以发现，目前学术界在公司治理和信息不对称领域的研究已经较为充分，而在行为金融学领域，直至 20 世纪 90 年代才开始有较为完整的理论和实证研究。金融市场是复杂而多变的，现实世界中的“蝴蝶效应”也表明了不同事件之间存在复杂却必然的联系。正如绝大部分金融研究者都没有预料到次级贷款会引致全球性的金融风暴，金融媒体所发布的一条不起眼的信息也很有可能对金融运行产生显著的影响。从诸如奥巴马受伤等假新闻的极端例子，到 Entremed 制药公司股价的持续上涨，显然并非信息不对称或公司治理能够解释。传统有效市场假说的前提条件在金融市场的实际运行中是很难被满足的。因此，放开理性经济人假设的行为金融理论提出了更贴近现实的解释。相反，在互联网条件下，信息爆炸导致信息泛滥和信息超载，加大了投资者的信息处理成本，投资者的理性受到严重挑战。显然，通过分析金融市场主体在市场行为中的偏差和反常，来寻求不同市场主体在不同环境下的经营理念及决策行为特征，尤其是研究金融市场上不同信息对投资者认知、情绪的影响，由情绪引致的相关行为决策，以及最终投资者行为的模式和特征对整个金融市场产生的影响是非常重要的。基于上述讨论和已有的研究结果，本报告将主要从行为金融理论出发，以股票市场为例，为金融资讯对资本市场的作用找到一个较为合理的解释，进一步在金融资讯与资本市场之间构建一座桥梁，分析非完全理性的投资者面对新闻媒体所发布的金融资讯时会采取怎样的投资行为，这些投资行为又会如何引起股价的变动，并影响整个宏观金融市场的运行效率。

三　金融资讯通过投资者情绪影响资产价格的机制

通过已有的文献研究可知，投资者心理与行为对证券市场的价格决定及其变动具有重大影响。金融资讯对资本市场的影响是复杂且多变的，并不能用单一的因素来进行解释，目前基于行为金融理论分析这种影响的研究，主要是从媒体新闻报道影响投资者心理认知、情绪以及引起投资者关注的角度展开。其中，投资者认知的分析与心理学类似，其过程较为复杂，且难以度量投资者认知的准确性及其程度。投资者关注的层面注重考察新闻报道的媒体效应，媒体通过对信息的整理、推广和加工，使得金融资讯带有一定的煽动性，更能吸引投资者的关注，激发其投资热情。对投资者情绪的研究认为金融资讯影响了投资者面对相关金融资产的情绪，乐观或悲观的投资者情绪会驱动相应的投资者行为。

事实上，投资者关注与投资者情绪是紧密相关的，金融资讯在引起投资者关注以后，主要也是通过改变投资者对未来收益的预期，影响其情绪从而作用于金融市场。而投资者认知同样也会激发投资者情绪，基于投资者认知分析过程的复杂性，现有研究一般是直接从投资者情绪的层面展开。目前，越来越多的文献开始关注投资者情绪在行为金融领域的应用，从这一角度入手能为大多数投资者非理性行为提供较为完整的解释，且随着相关研究的完善，学术界已经构建了多种投资者情绪的衡量指标，使得这一领域在实证中的研究也具有重要意义。由于在一个金融市场上，资产价格的变动往往是最容易被观察到的，因此下文首先对金融资讯对资产价格的影响机制进行分析，以投资者情绪作为中间桥梁，构建金融资讯→投资者情绪→投资者行为→资产价格的影响机制（见图4），并对这一机制中每个过程的具体作用途径进行分析。

（一）金融资讯对投资者情绪的作用机制

投资者情绪，或投资者感情，指的是投资者由于受认知结构影响，形成

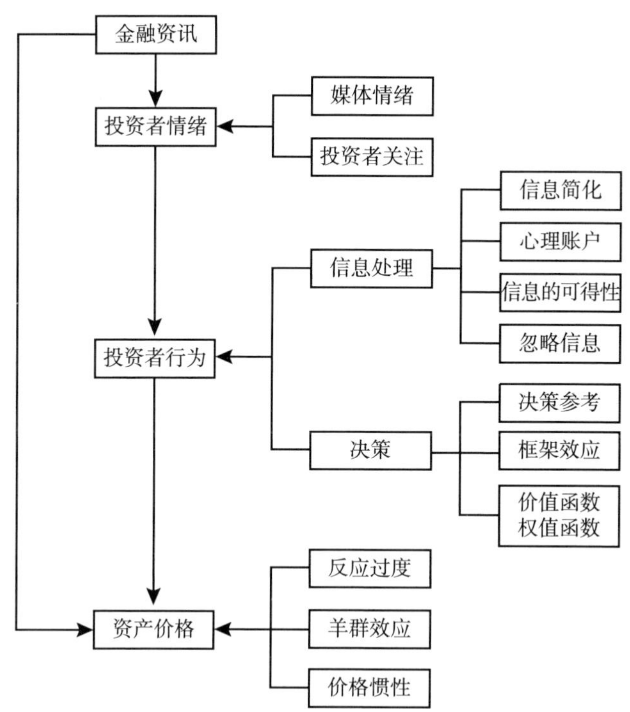

图 4　金融资讯通过投资者情绪对资产价格的传导机制

的具有系统性偏差的投资信念。现代认知心理学认为，在决策过程中，人们会经历知觉、注意、记忆、抽象、推理与判断等复杂的认知过程。但在实际决策中，人们在认知过程中会尽力寻找捷径，通常会依据自己的直觉或常识、经验做出决策。这种决策过程虽然可能得出合理的结果，但也可能导致出现系统性偏差，且这种认知偏差在金融投资决策过程中是普遍存在的[①]。这是因为，在这种具有系统性偏差的投资信念影响下，投资者的投资决策通常是基于自身感情或者情绪而不是综合市场、投资对象标的等多种因素理性思考的结果。

基于对投资者情绪的分析，将金融资讯与投资者情绪联系起来，媒体新

① 陈泽艺、李常青：《媒体报道与资产定价：研究综述》，《外国经济与管理》2017 年第 3 期。

闻报道和资讯分析将会在很大程度上影响投资者的认知过程，煽动投资者情绪，使得投资者情绪在市场金融信息的作用下产生大小不同的波动幅度。金融媒体对投资者情绪的作用可以从两个方面来进行考虑：一是通过媒体情绪引发投资者情绪；二是通过引起投资者关注来激发投资者的投资热情。

1. 金融资讯通过媒体情绪影响投资者情绪

媒体情绪，即媒体所发布的金融资讯中所传递出的对公司经营现状、未来发展、盈余预期以及股票投资建议的乐观或悲观的观点。在复杂多变的金融市场，投资者情绪会受到多方面因素的影响，包括投资收益、资产价格变动、政治环境变化、重要比赛结果甚至是天气的影响。而金融资讯对投资者情绪的影响显然是显著的，对于不完全理性的投资者，其看法会被新闻媒体所左右，因此，社会媒体在金融市场上所起的作用远不限于信息中介，社会媒体传递的特定信息会引起投资者情绪的变化。可以认为，消极的金融资讯会使市场投资者滋生悲观情绪，而乐观的金融资讯会也会使投资者情绪乐观，甚至导致投资者过度自信。其中，正面报道，如公司股价上升、产业升级、技术创新、盈余超出预期、市场有盈利机遇等，往往会使投资者对未来产生乐观期望，从而使投资者情绪趋向乐观；而负面报道，如行业政策变化、政治环境恶化、公司负面新闻、股价暴跌等，会使得投资者对市场情况产生怀疑甚至对市场产生悲观情绪；而中立报道，即非正面或负面的报道，陈述与市场主体变动不相关或相关性不大的新闻，会使得投资者持观望或保守的态度。

2. 金融资讯通过引起投资者关注影响投资者情绪

在现有的相关研究中，有部分文献将投资者关注与投资者情绪对资本市场的作用分开考虑，独立分析新闻报道对投资者关注的影响。事实上，金融资讯同样可以通过引起投资者关注，从而影响投资者情绪，使得资本市场产生波动。对于现实中的投资者来说，他们会受到搜寻成本和信息处理能力的约束，对市场中的信息表现出有限的认知，而倾向于购买能够吸引自己注意力的股票。金融媒体的作用正是通过发布与传播相应的金融资讯来引起市场上投资者的注意，使投资者对该资产的情绪趋向过度乐观或过度悲观，形成一种价格变动的期望，而对这只股票形成买入或卖出的压力①。在前面提到的有关 EMND 公司股价变化的案例中，ENMD 公司股价在《纽约时报》的报道后急剧上涨，一种可能的解释是，相比《自然》杂志，《纽约时报》吸引了更多的公众注意力，从而引发投资者对未来的乐观情绪以及对未来收益的正向期望，乐观投资者的一系列投资行为推动了股价的不断上涨。基于此，上市公司往往会认识到金融资讯对投资者的影响力，从而利用金融媒体的媒体效应来对公司资产进行宣传，增加该公司对投资者的吸引力，使得更多的投资者参与到相关的投资活动中，这种现象又可能引发证券市场上的羊群效应，进一步推动上市公司股价的上涨。

（二）基于信息的投资者情绪对投资者行为的作用机制

金融市场有效性受到投资者行为理论的较大挑战，现实经济社会中的投资者易受到外部环境以及自身情绪的影响，而改变其决策行为。根据薛斐②的相关研究，将基于情绪的投资者决策过程分为两个过程：第一，接受外部信息，并对这些信息进行处理，形成自身的判断和期望，在这个过程中，市场上大量的金融资讯会对投资者的情绪产生影响，并在某种程度上影响投资者对未来的期望；第二，基于这些信息对未来产生预期，并采取相应的投资行为。

1. 投资者对信息的处理过程

现代金融学假设，投资者从市场获取信息后，都通过贝叶斯推断对先验概率进行调整，形成后验概率，这个过程得到的分布应该是无偏的，从而投资者的决策也是无偏的。但是当面临复杂局面进行决策时，人在处理信息方面的能力是有限的，决策者不会通过大量计算将信息集进行贝叶斯推断，而是采用启发式思维将复杂性降低，以便进行处理，这个过程包括信息简化、心理账户以及信息的可得性。

① 杨继东：《媒体影响了投资者行为吗？——基于文献的一个思考》，《金融研究》2007 年第 11 期。

② 薛斐：《基于情绪的投资者行为研究》，复旦大学博士学位论文，2005。

信息简化。去除信息集中一些看起来无关紧要的信息，或者忽略不同选项之间的微小差别。当市场上的投资者面对复杂的金融资讯时，对信息进行简化可以大大减轻决策者的决策计算强度，有利于认知控制。一个简单的例子，在一条金融报道中介绍两种金融资产，一种是在到期后获得固定的10%的收益，另一种是以49%的概率获得21%的收益，浏览到这条资讯的投资者往往会将第二种资产简化为以50%的概率获得20%的收益。但是，这种简化也经常会出现违反理性公理化假设的情况，即经过简化的认知有时并不是理性的。

心理账户。投资者常常根据自己对事物的看法和事物自身的特征而将不同的事件分到各个心理账户，通过心理账户的方式来进行处理，以便简化事件之间错综复杂的联系。“沉没成本效应”便是心理账户具有代表性的一个表现，人们在消费行为中之所以受到“沉没成本”的影响，一个可能的解释就是人们在消费决策中将金钱在心理上进行分门别类的管理和预算，从而把过去的投入和现在的付出加在一起作为总成本，来衡量决策的后果。按照心理账户的方法对市场上的金融信息进行处理，通常会忽略某些特定资产之间的联系，在决策时往往会违背一些简单的经济常识，导致做出非理性投资和交易决策。

信息的可得性。面对市场上大量的金融资讯，投资者在进行信息处理的时候，会根据相关资讯的可得性，或是对某些资讯的不同掌握程度，对不同的资讯给予不同的心理权重。对于一个特定的投资者来说，其对于某类事件得到的例证越多，他在心理认知上对该事件的概率估计就越高。例如，一个没有经历过股市崩盘的投资者，对这类事件的回忆就较少，他对金融市场的风险估计就没有经历过崩盘的人那么高。这种现象就称为“策略的可得性”。

忽略信息。投资者在浏览金融资讯时，会选择性忽略一部分信息，而主动观察另一部分信息。对于投资者不愿意看到的资讯，其会在潜意识里忽略，而对于和自身投资有关的信息，投资者会希望自身的决策是正确的，从而进行选择性观察。例如，某一投资者购买了苹果公司的股票，那么他在之后的盯盘中就只会关注有关苹果公司股价变化以及市场政策的相关资讯，从而忽略其他公司在股市中的表现。

2. 投资者的决策过程

投资者在对接收到的信息进行处理时，会根据这些信息进行启发式判断，进行决策，并采取相应的投资行为。根据古典经济学假设，理性人的决策目标是效用最大化，然而，受自身情绪驱动的投资者会受到其他心理因素的影响，为了满足心理上的需要而宁愿损失货币上的收益，在这个过程中，人们决策的两个重要动机是：避免认知失调和满足控制欲。其中，为了避免认知失调，决策者会在事前进行选择性感知，事后进行选择性决策，体现在决策规范上就是损失规避和后悔规避；为了满足控制欲，决策者事前会实施控制，产生控制幻觉，满足后产生过度自信，不满足时会产生失控现象，体现在决策规范上则是风险规避。

从理论上看，人的决策过程是一个复杂的行为，因此这里采用Kahneman 和 Tversky 提出的展望理论（Prospect Theory）来对投资者的决策过程进行简化解释。展望理论是行为金融学的核心理论之一，它承认经典金融理论中关于投资者追求成本收益基础上的效用最大化原则，但该理论认为，由于存在有限理性、有限自制力和有限自利，投资者的心理特质和行为特征等非理性心理因素对其投资决策行为有着不可忽视的重要影响，导致经典理论假设下的投资者无法在各种真实情况下始终准确地计算损益和风险，而往往受到个人偏好、社会规范、观念习惯的影响，因而决策存在不确定性[①]。展望理论将投资者的风险决策过程分为编辑和评价两个阶段[②]。在编辑阶段，个体凭借“框架”、参照点等采集和处理信息，对各种可能性进行事前分析，得出是否存在正收益的感受结果和简化表述；在评价阶段，依赖价值函数和主观概率的权重函数对信息予以判断，选出其中最高选项。按照展望理论，投资决策过程主要包括以下步骤。

① 司震寰：《信息对股票价格波动影响的行为金融研究》，天津大学博士学位论文，2012。

② 范迪军：《展望理论的创新与缺陷——兼论现代金融学与行为金融学之争》，《金融时报》2004 年 10 月 19 日。

决策参考点。投资者做出行为决策时是以自己的位置作为参考点来判断投资行为的损益，也就是说，人们更重视预期与结果的差距而不是结果本身。所以投资者所选定的参考点对于其决策行为来说是至关重要，决策参考点的不确定也使得预期具有不确定性和不稳定性，所以投资者的行为在很多时候会偏离传统金融模型。

框架效应。人们在进行决策时，在考虑预期效用的同时，还会受到问题框架方式的影响，即问题以何种方式呈现，会在一定程度上影响人们的决策。如面对预期效用相同的确定性收益和风险性收益，投资者会选择确定性收益，表现出风险厌恶的特征；而面对预期效用相同的确定性损失和风险损失，投资者会选择风险损失，表现出风险爱好的特征。

价值函数和权值函数。期望理论用价值函数来表示效用，它与标准效用函数的区别在于它不再是财富的函数，而是盈利和损失的函数。该价值函数是经验型的，它有三个特征：一是大多数人在面临获得时是风险规避的；二是大多数人在面临损失时是风险偏爱的；三是人们对损失比对获得更敏感。此外，对于每一可能的决策所赋予的权值是经过对不同的选择结果的比较和多次重复选择，并根据其概率来确定的。例如，按各种效用值对应事件发生的实际概率值划分为极可能、很可能、很不可能、极不可能几种情况，并对“极不可能”赋权值为0，“极可能”赋权值为1。

（三）基于情绪的投资者行为对资产价格的影响

许多经验能够证明市场投资者行为对资产价格的影响，可以说，投资者的买入和卖出行为会直接引起资产价格的上涨和下跌，而非完全理性的投资者行为会引致金融市场的异常波动。随着现代金融市场的发展和壮大，出现了许多无法用有效市场假说和现有的资产定价模型来进行解释的“异常”现象，如证券市场上的价格惯性、反应过度和羊群效应等现象，基于情绪的投资者行为正是造成金融市场中某些收益异常现象的重要原因。以下将结合第一部分介绍的几个案例来分析市场中的投资者行为是如何受到外部信息和心理因素的影响，采取基于情绪的非理性投资行为，从而使市场股价出现异常的变动。

尽管在行为金融的视角下，投资者的行为会因为其心理认知的复杂性而难以预测，但是市场的经验告诉我们，即便是异常的股价波动，其作用途径依然是有规律可循的。通常来说，金融信息发布以后，投资者的情绪性行为会包括三个阶段：第一，对市场上最新发布的媒体资讯表现出过度重视，引起股价的过度反应；第二，在股价的这种变化中，参照市场上其他投资者的行为，而表现出羊群效应，进一步加剧股价的异常波动；第三，根据眼前资产价格的波动趋势对其未来收益进行相应的预期，采取买卖行为，使市场价格变化以惯性效应维持较长的时间。

1. 反应过度

当市场中出现新发布的、未预期到的新闻资讯时，投资者往往倾向于过度重视眼前的信息并轻视以往的信息，从而引起股价的超涨或超跌，等到投资者认识到事件的真实情况，股价的超涨超跌就会反转，最终恢复到理性的内在价值区间。造成投资者的这种非理性心理的主要原因是上市公司自身价值的不确定性，众多投资者共同的非理性投机也在一定程度上形成了市场的暴涨和崩盘现象。美国经济学家罗伯特·希勒在《非理性繁荣》一书中将当时一路涨升的股票市场称作“一场非理性的、自我驱动的、自我膨胀的泡沫”。验证这一断言的一个直接证据是，在此书出版的一个月后，即 2000 年 4 月，代表所谓美国新经济的纳斯达克股票指数由最高峰的 5000 多点跌至 3000 多点，又经过近两年的下跌，最低跌至 1100 多点。这一现象可以总结为：市场总是会出现过度反应。

在奥巴马受伤的假新闻案例中，市场的这种过度反应得到了非常明显的体现：在新闻发布的一瞬间，道琼斯工业平均指数在短短 2 分钟内下跌了 100 多点，而在假新闻得到澄清之后，股价指数又以同样的速度回到原来的水平。在这一过程中，公众显然由于该信息而对未来产生了严重的不确定性，投资者在短时间内会更加倾向于选择抛售股票来使自己不遭受亏损，而当投资者认识到事件的真实性时，又会纠正错误行为，使资产价格回到正常水平。在 ENMD 公司的案例中，《纽约时报》对该公司研发技术的报道大大激发了投资者的投资热情，使得公司股价体现出了反应过度，在短短几天内由12.063美元涨到了52美元。类似的，在京东的案例中，公司主要创始人的丑闻滋生了投资者对未来收益的悲观情绪，使京东的股价在新闻发布之后出现了异常的下跌。

2. 羊群效应

资本市场上的羊群效应通常被认为是投资者跟风其他投资者的投资行为而导致的一种群体效应，这种群体效应会加大资产价格和资本市场的波动。羊群效应的产生有很多原因和解释。从金融信息服务的角度看，在资本市场上，投资者虽然会受到其他投资者的影响，但由于不同投资者的投资决策是孤立的，相互之间难以观察并根据其他投资行为而采取跟风行为。相反，在存在金融信息服务的条件下，不同投资者可以接收到相同的市场信息，从而导致其采取相同或相似的投资策略。这种信息相似性导致的羊群效应表明，在金融市场上，金融资讯发挥了“头羊”的信号作用，投资者更容易受到金融市场上信息环境和投资者情绪的双重影响，采取相似的买入卖出行为，从而形成趋同性的羊群效应。从奥巴马受伤、ENMD和京东的案例中，无论是市场的短期大幅波动，还是标的资产持续的涨跌，都是因不同投资者根据相同金融资讯而采取相似的卖出或买入行为而导致的。

3. 价格惯性

市场中大量投资者某些特定的情绪性行为会导致证券价格持续性地上涨或下跌，即表现出证券市场价格惯性，价格惯性是经过媒体报道之后的公司股价得到永久上涨或下跌的一个重要原因。由于投资者在做出投资决策时会重视近期信息，因此当近期证券价格上涨时，投资者预计会继续上涨从而采取买入证券策略，从而推动证券价格继续上涨；当近期证券价格下跌时，投资者预计会继续下跌而采取卖出证券策略，从而推动证券价格继续下跌。这样的决策被群体采纳后，证券价格在相对短期内表现出惯性，使得证券市场形成“时间序列报酬可预测性”。ENMD公司股价在新闻发布半年之后的股价相比报道之前仍上涨近一倍便很明显地体现了市场对新闻资讯展现出的价格惯性，京东公司股价的持续低迷也说明了这种价格变化并不是暂时性的。

在资本市场的价格惯性现象中，金融资讯在其中的作用可以理解为两个方面：一方面，金融媒体对某个公司的相关新闻报道会引起前面所说的投资者关注，激发投资者的投资热情；另一方面，有关某些证券盈利或亏损的金融资讯被反复传递给投资者时，投资者会由于价格惯性而采取买入或卖出的投资决策，从而推动证券价格的进一步变动，因此，这一过程也是动态的。但是值得注意的是，这种价格惯性也是资本市场泡沫的成因之一，证券价格的上涨或下跌到一定的水平时势必会产生一定的反转。

四　进一步的简要讨论：金融资讯对金融市场波动和效率的影响

在前述讨论中，通过案例、文献和理论分析了金融资讯对资产价格的影响机制与过程。事实上，金融资讯对金融资产价格的影响仅是其对金融市场影响的一种微观体现。从宏观的角度，对金融资产价格的影响最终要反映到对金融市场波动和金融市场效率的影响上。例如，在奥巴马受伤假新闻的例子中，金融资讯几乎对所有金融资产价格都有显著影响，直接促成了从证券市场到期货市场、国债市场等的大幅波动；在 ENMD 制药公司的例子中，首先影响的是该公司的股票价格，其次是所有生物技术类公司的股票价格，显然最终对金融市场波动和金融市场效率也将产生显著的影响。

与对资产价格的影响相比，金融资讯对金融市场波动、效率等的宏观影响更加重要，其内在机制和经济机理也更加复杂。以金融市场波动为例，根据信息不对称理论，金融资讯可以增加投资者的信息渠道。一方面，投资者对市场信息掌握得越全面，越有利于其在自身认知水平上做出最理性的投资决策，避免因为缺乏对内幕消息的了解而摇摆不定或做出错误的决策，这种效果使得市场的反常波动减弱，对市场起到稳定作用。另一方面，由于投资者心理认知水平具有不可测性，通过媒体报道传递给公众的金融资讯，在使投资者注意到市场变化而采取相应投资行为的同时，也可能激发投资者的非理性情绪，导致诸如过度反应、羊群效应和价格惯性等资本市场的异常波动，具体表现为股价在短时间内超涨超跌，在长时间内维持异常收益或导致异常损失等，这种效果又会使得市场稳定性下降。类似的，金融资讯同样会对市场运行效率产生影响，包括定价效率、交易效率等。一方面，金融资讯服务为市场投资者提供了更为完整的资讯，使得市场效率得到提高；另一方面，投资者也可能对新报道的重大消息过度反应，使短期内资产价格波动超出其应有水平，降低市场效率。

值得注意的是，在考虑金融资讯的客观性和真实性等因素后，这种影响会变得更为复杂。首先，市场上真实和虚假的消息往往是同时存在的，有限理性的投资者并不能够准确地辨别其真假，市场效率在虚假消息的驱动下会显著降低。奥巴马受伤这一假消息就是一个很好的例子：被这个消息所影响的投资者会在第一时间卖出大量股票，然而当他们发现这一消息是假的时，又会重新将这些股票买入。虽然最后股价回到了与之前一致的水平，但显然，市场波动性增加，影响了金融市场效率。其次，金融资讯不都是中立的，投资机构或新闻媒体在为公众提供投资建议时，很有可能存在信息泄露或与利益相关方勾结的现象，使得市场中出现非法得利的行为，影响市场有效性[①]。最后，随着金融资讯服务体现出越来越强的媒体属性，新闻媒体偏离真实水平的过于乐观、过于悲观，或者仅仅是金融媒体基于猜测的报道，都会干扰投资者决策，影响市场效率。这既反映出金融资讯对金融市场发展的重要性日益增加，也为金融信息服务市场的供给和未来监管方向提出了新的课题。

① 徐永新、陈婵：《媒体荐股市场反应的动因分析》，《管理世界》2009年第11期。

产 业 篇

Industry Reports

B.5
基于保险 App 视角的保险信息服务发展现状与趋势

吴 威 李文军

摘 要： 随着信息技术的进步和移动终端的飞速发展，整合了保险生态圈链条上各类群体共同需求的保险 App 得到快速开发和使用，为保险公司开拓互联网业务提供了基础。本报告以保险 App 为切入点，分析保险信息服务业的发展现状和演进趋势，剖析存在的问题，提出改进的建议。

关键词： 保险业 保险信息服务 保险 App

保险作为一种风险管理手段，为社会大众提供多样化的风险保障。在保险公司、保险客户以及保险服务机构之间进行着大量的信息交换，也就存在着信息不对称带来的成本高、效率低、体验差等问题。对保险客户来说，保险专业性强、成本高、手续烦琐、需求不匹配、体验差；对保险公司来说，产品同质化严重、研发周期长、销售成本高、理赔欺诈风险高。这些保险行业的痛点一直困扰着业内人士和保险客户，也给基于新科技的保险信息服务的发展提供了很多创新空间。保险信息服务是指对与保险信息相关的内容和资源进行生产和收集、加工处理、存储利用，提供给保险从业机构、保险客户或者社会公共机构，以促进保险业务，直接或者间接影响保险市场发展的服务①。从传统的线下营业网点保险服务，到线上互联网保险服务，再到使用智能移动设备的保险 App，保险信息服务进入了移动互联时代，新科技不断迭代，服务不断升级，并从产品、流程、管理等方面不断扩展保险的边界，重塑保险行业。本报告将以保险 App 为切入点，分析保险信息服务业的发展状况，找出问题，提出建议。

一　保险 App 概述

保险 App，是安装在智能移动设备上的保险应用程序。保险 App 的开发和使用，满足了保险客户获得即时保险服务的需求，使保险服务更加便捷。保险 App 为保险公司开拓互联网业务提供了基础，是移动互联时代保险业创新发展的一个载体。保险 App 的产生与发展，得益于保险科技的进步，也促进了保险科技的创新应用。可以说，保险 App 整合了保险生态圈链条上各类群体的共同需求。

（一）背景分析

国际经验表明，当人均国民收入达到 8000 美元以后，居民的保险需求将得到极大的释放。当前，中国的保险业正处于这一发展机遇期，面临着粗放发展向高质量发展的转型挑战。而随着移动互联网的发展，人们的社交习惯和消费方式正在发生深刻变革，保险业需要不断地进行科技创新，以适应

① 梁立华、李平主编《中国金融信息服务发展报告（2018）》，社会科学文献出版社，2018。

这些转变，在竞争中立于不败之地。

1. 保险业规模不断扩张，同时发展质量亟待提升

改革开放 40 年以来，中国保险业快速发展壮大，在中国金融领域占据重要一席。1980 年国内保险复业，当年保费收入仅 4.6 亿元，2017 年保费规模达到 3.1 万亿元，为 1980 年的 6739 倍。到目前为止，财产保险、人寿保险、养老保险、再保险公司、保险资产管理公司等各类保险机构超过 200 家。保险已经成为社会风险管理的一个重要手段，为社会提供的保险金额达到 6463.31 万亿元，承保保单件数达 265.64 亿件①。保险业总资产为 18 万亿元，成为债券、股票、基础设施、养老、健康管理等领域的重要机构投资者。中国经济的发展和居民财富的迅速增长，带来了巨大的保险需求。2017 年，中国的保险深度、保险密度分别为 4.42%、383.6 美元（按 1 美元兑 6.86 元人民币计算），分别为全球平均水平的 68% 和 54%。与发达国家保险业相比，保险渗透率明显偏低，中国的保险深度、保险密度分别为发达国家平均水平的 53% 和 9.9%，保险市场的增长空间很大。

2. 移动互联网迅速发展，移动应用迅速成为新的信息交互方式

如图 1 所示，我国手机网民规模为 7.88 亿，网民中使用手机上网的人群占比为 98.3%②，网民使用智能手机等移动终端上网已经成为主要上网方式，而使用台式电脑、笔记本电脑上网的网民比例不断下降。中国居民人均拥有移动设备量将近一台③，移动上网更加便利，突破了时间和地点的限制，为移动应用的发展提供了基础条件。截至 2018 年 5 月，我国市场上监测到的移动应用程序在架数量为 450 万个。

3. 居民保险需求急剧增长，客户结构变迁，移动互联保险服务增长迅速

保险业是一个竞争激烈的行业，中国保险市场上有 200 多家保险机构，其中财产险保险公司 88 家，寿险（含健康险、养老险）公司 98 家。提供的保险产品上百万种，保险业务本身有一定的专业性，筛选适合自己的保险

---

① 摘自 http：//circ. gov. com. cn，2018 年 1～11 月统计数据。

② 中国互联网络信息中心：《第 42 次中国互联网络发展状况统计报告》。

③ 中国互联网络信息中心：《第 42 次中国互联网络发展状况统计报告》。

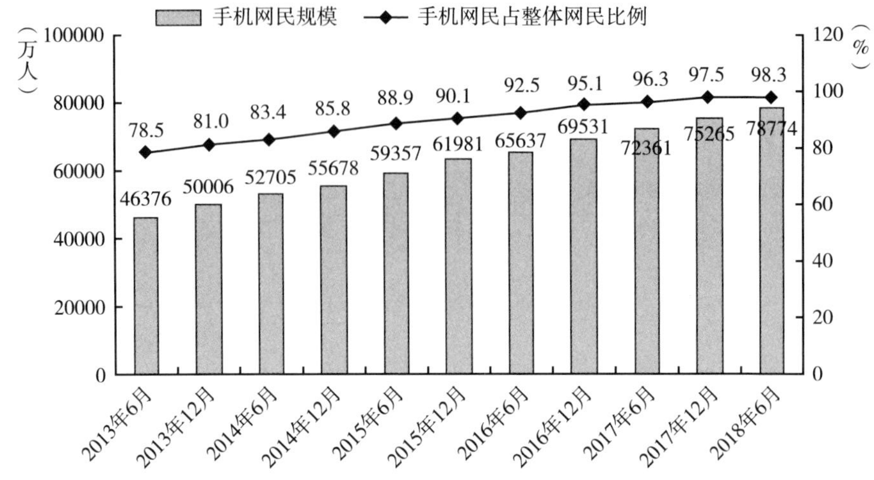

图1　中国手机网民规模及其占整体网民比例

资料来源：中国互联网络发展状况统计调查。

服务，对客户来说存在一定难度。互联网的发展，促使了线下业务向线上转移，人们越来越习惯于线上的保险服务。前些年，保险在IT建设方面进行了巨额投资，将服务与管理电子化、互联网化。通过设立网站，将线下业务向线上迁移，提供O2O的保险服务。目前，随着保险客户消费方式和习惯的改变，客户不再满足于简单的互联网保险服务，而是想做到拿起手机，随时随地就能够享受到贴心的保险服务。特别是以“80后”“90后”为主的互联网核心用户，也是保险服务消费的核心用户，他们的消费需求成为决定保险服务发展方向的主要因素。保险公司需要加紧建设移动互联的服务提供能力，满足即时、便捷、简单的保险服务要求。保险App作为移动终端的保险信息服务提供者，能够有效对接保险产品和客户需求，减少信息不对称，降低保险成本，提升客户体验。

（二）分类与应用场景

保险的经营链条较长，相比于银行、证券公司等其他金融机构，保险App提供的服务内容更加丰富，涵盖了获客、承保、客户管理、理赔、信用管理、财富管理等整条保险生态价值链，并不断扩大保险服务的外延，深化保险服务的内涵，也使保险信息服务得到较快发展。

表 1　保险 App 的主要类型

类型	服务对象	App 名称
2A(经纪人展业工具)	保险公司为本公司代理人提供的签单工具	神行太保、人保 E 通
	为保险代理人提供咨询、培训、制定保险计划书、推荐产品、同业交流等工具	保险师、超级圆桌、最惠保
2B(为保险公司提供上下游服务)	为保险公司提供保险垂直场景服务	淘宝、京东金融、携程、OK 车险
	为保险公司提供智能风控服务、理赔服务等	平安一账通
2C(为保险客户提供投保、理赔、保单管理等服务)	保险自助服务	保险公司的官方 App
	综合销售、比价平台	慧择、小雨伞保险
	保单管理	保单盒子、保单管家、保险屋
	智能投保	智能保、蜗牛保险医院

按照服务内容划分，保险 App 涵盖了保险咨询、方案设计、产品比价、投保、保单管理、保险理赔、健康管理、客户服务、医疗、养老等全链条保险信息服务内容。按照服务对象划分，保险 App 包括为保险经纪人（2A）、保险公司（2B）、保险客户（2C）提供保险信息服务的各类 App（见表 1）。从开发主体看，保险公司（包括传统保险企业、互联网保险企业）、保险中介机构、提供保险场景的互联网企业、新兴保险科技企业，都通过开发、运营保险 App，从不同角度在保险业的发展壮大中获得收益。

二　保险 App 的运营状况

中国的保险市场孕育着巨大的潜力，保险行业是一个高度竞争的行业。

谁拥有优质客户，谁具备强大的风控和定价能力，谁能对客户需求进行敏捷反应，谁能提供便捷、低成本的保险服务，谁就能在竞争中获得优势。在保险科技重塑保险价值链的大背景下，保险 App 成为销售产品、提供服务的前沿，是移动互联时代保险服务的一种提供形式和手段。保险公司是保险 App 开发运营的主力军，此外，互联网巨头以及不断崛起的新兴科技公司，都对保险的未来发展表现出极大的兴趣，将保险的科技创新通过 App 的形式进行商业化应用。

（一）保险公司 App 运营情况

我们对市场份额排名靠前的财产险、寿险的移动互联网端入口情况进行调查，整理了其 App、微信公众号的基本情况（见表 2）。

表 2 主要保险公司 App 情况

公司名称	App	微信公众号
平安人寿	平安金管家、平安保	平安直通财富、平安保
平安产险	平安保险商城、平安好车主	平安车险
平安健康	平安好医生	平安健康生活
平安养老	好福利	平安养老险
中国人寿	国寿掌上保险	中国人寿保险
中国人寿财险	国寿掌上保险	中国人寿保险
中国人寿养老险	无	无
人保财险	中国人保、掌上人保	中国人保、人保车险、人保财险理赔服务、人保 V 盟
人保寿险	掌中宝	人保寿险在线
人保健康	无	picc 健康生活
太保寿险	中国太保	中国太保
太保财险	中国太保	中国太保
新华人寿	掌上新华、新华保险 WAP 网上商城	新华保险、新华保险网上商城、新华保险微店、新华保险新圆福
泰康人寿		
太平人寿	太平吉象保	中国太平 95589、中国太平、太平金服、太平网通、太平保宝

续表

公司名称	App	微信公众号
太平财险	无	中国太平95589、中国太平、太平财险、太平电商
大地保险	大地零花钱、大地通保	中国大地保险微服务、中国大地保险微商城
中华财险	无	中华财险、共享保
安邦人寿	安邦金融	安邦人寿、安邦保险
阳光人寿	阳光健康生活、我家阳光、掌中阳光	阳光人寿、阳光保险、阳光健康生活
阳光产险	阳光产险微门店、阳光车生活、掌中阳光	阳光保险
华泰财险	无	华泰电商
天安财险	创盈平台	天安直通车险
合众人寿	财保街	合众人寿

1. 保险公司App的开发情况

大型保险公司基本上开发了App，且大多是多个App入口并存。平安保险集团各业务板块的App开发配置比较齐全。目前，中国人寿的寿险、财产险保险公司使用同一个App“国寿掌上保险”，太平洋保险集团业务整合为一个统一的App入口“中国太保”。所有列表保险公司，都在使用微信公众号，一些中型财产保险公司，如太平、中华、华泰财险等，没有开发App。由于缺乏应用场景，客户更容易在提供互联网线上场景的App中完成保险交易。一些中小保险公司，更倾向于选择挂靠在流量比较大的App上实现客户引流与业务拓展。根据《南方都市报》的调查结果，113家在广东展业的产寿险公司，只有28家公司在官网首页提供了明显的App接入口，而85家公司在官网上没有App接入口①。

2. 保险公司App活跃程度

如表3所示，从用户下载量排名前10的保险App情况看，保险App在各大手机应用商店排名靠后，与银行类App相比有不小的差距，即使排名第1的平安金管家，在苹果应用商店的下载量也仅排在免费应用程序第12

① 《南都记者亲测：85家保险公司找不到App入口》，《南方都市报》。

位，其他保险 App 均排名较后。平安健康排在第 82 位，国寿 e 宝排在第 92 位，太平洋保险则排在第 97 位，中国人保排在第 154 位[①]。

表 3　保险 App 下载量情况

排名	名称	所属公司	主要功能	免费应用下载排名
1	平安金管家	中国平安	保单、财富、生活、健康、活动	12
2	平安健康	平安/健康险	报费测算、在线投保、在线理赔、就医服务、健康管理	82
3	国寿 e 宝	国寿股份	借贷、保单服务、生活服务	92
4	太平洋保险	太平洋集团统一官方 App	子公司业务一站式服务、私人保单管理、智能保险顾问、生活服务	97
5	中国人保	人保集团	保单管家、保险商城、财富管理、健康管理、理赔服务、直升机救援、道路救援	154
6	掌上国寿	中国人寿	保险理财商城、保单服务、自助理赔、会员管理	167
7	陆金所		理财、基金、保险	197

活跃用户数量高的 App 主要仍为保险产品销售类的 App。平安集团拥有排名前 10 的 App 3 个，其互联网用户量同比增长 20.6% 至 4.86 亿人，App 用户量同比增长 46.2% 至 4.21 亿人，移动端用户占比达到 86.7%[②]。

综上可见，由于保险业务发生频率低，且缺乏应用场景，安装与使用保险 App 的客户比例较低，使用频率也不高。而且由于 App 的开发与维护成本较高，中小保险公司开发 App 的积极性受到限制，保险中介公司使用 App 更少，更倾向于选择使用微信公众号，或者嫁接在流量较大的垂直场景中开展业务。

① 2019 年 1 月 6 日苹果应用商店免费 App－财务类排名。

② 摘自中国平安集团 2018 年中报。

（二）保险 App 的服务内容与经营情况

保险是一种特殊的金融服务，先缴费，后获得服务。保险需求因人而异，因时而异，如何进行保险公司的产品、服务与客户需求的有效匹配，是保险行业一直着力解决的问题，也是互联网科技创新所关注的重点。来自行业内外的竞争，促使保险企业更加重视信息技术建设，利用新科技为客户提供便捷、简单、低成本的保险服务，同时提升运营效率，降低运用成本。随着科技进步和投入增加，保险 App 的功能不断完善，从前端的承保向中后端的在线理赔、风险控制扩展，在 2A、2B、2C 几方面都较前几年有较大进步。目前，保险 App 的功能主要集中在销售、理赔、客户服务、保单管理、营销员支持服务等方面。

1. 保险咨询与销售

开发互联网渠道，积聚客户流量，销售保险产品，是目前 2C 保险 App 的主要功能，也是互联网企业和保险科技企业切入保险业务、分享保险行业增长红利的落脚点。通过互联网销售的保险产品，寿险业务主要是人寿保险和年金保险，财产险业务主要为车险和意外险，意外健康险由于需求旺盛，中高端医疗产品的销售成为热点。健康保险依然为互联网保险的热点，规模保费同比增长 85.9%，体现出互联网保险和 App 应用的新趋势，即业务结构逐渐变化为以寿险、健康险为主。

从渠道看，目前互联网保险仍呈现以第三方平台为主、官网为辅的发展格局。保险公司自营互联网业务不足 50%，第三方网络平台的代理保费收入超过一半。根据中国保险行业协会披露的数据①，2018 年上半年，通过移动终端（App、WAP 和微信等方式）实现保费收入 118.00 亿元，其中，通过移动 App 实现保费 66.07 亿元，占总额的 20.24%（见表 4）。

① 李梦溪：《2018 年上半年互联网财险业绩发布：意健险“叫好又叫座”》，中国保险报网，2018 年 8 月 28 日。

表 4 2018 年上半年保险公司移动终端保费收入对比情况

移动终端渠道	保费收入(亿元)	占比(%)	同比变动
App	66.07	20.24	下降 5.89 个百分点
WAP	2.08	0.64	下降 1.75 个百分点
微信公众号	49.85	15.27	增长 9.71 个百分点

简单的网络保险咨询、询价、优选和销售，属于保险信息服务的 1.0 时代。从产品看，各保险公司都专门开发了适合网上销售的简单、便捷的产品。值得关注的是，4 家专业互联网保险公司的业务快速增长，众安保险、泰康在线、安心保险、易安保险 4 家专业互联网保险公司实现累计保费收入 78.13 亿元，同比增长 94.91%。此外，拥有较大客户群的网上保险中介平台在与保险公司合作中拥有更大的主动权，与保险公司合作开发专属定制产品，如淘宝平台销售的退货运费险，以及慧择保险平台的守卫者 1 号等多次赔付的重疾险。

2. 理赔服务

保险容易理赔难，手续烦琐、流程冗长的理赔服务一直备受诟病，也是保险客户对服务体验最在意之处。对保险公司来说，理赔风险管控、理赔费用居高不下也是保险行业的痛点。目前保险 App 都设有线上理赔界面，处理简单的小额赔案，以车险、意外险、家财险等小额险种为主，其他的赔案仍需要通过客服电话报案，由人工进行处理。如人保财险的拇指理赔，可以线上处理的车险事故要求为单车事故、不涉及第三方人伤物伤、车辆可以继续行驶的简单赔案，可以在 App 中上传事故照片、查询理赔进度，将 70% 小额赔案的理赔时间由 30～50 分钟缩短为 5～8 分钟。

人工智能、云计算等新科技在线上理赔中得到很好的应用，在切实降低保险成本的同时提升运营效率，给消费者提供更快、更便捷的理赔体验。例如，2017 年平安旗下的金融科技公司金融壹账通推出“智能闪赔”，2017 年上半年平安产险处理车险理赔案件超过 499 万件，客户净推荐值（NPS）高达 82%。蚂蚁金服针对车险行业定制上线“定损宝”，通过拍照、算法识别及与保险公司的后台连接，几秒内就能确认受损部件、维修方案及维修价格。“定损宝”已为太平、大地、阳光、安盛天平等多家保险公司提供定损、定价调用服务超过千万次，共计节省定损人员工作量超75万个小时。将过去由人工肉眼判定车损的环节，升级为用人工智能做标准化统一定损，时间更短、准确率更高。保险公司的定损员只需拿着手机，就能精确判断车辆损伤情况。2018年，定损宝2.0版上线，让普通用户也能远程轻松定损，第一时间得到维修的方案和价格。

3. 代理人服务

传统的保险业务经营，往往依靠铺设网点和扩展营销员队伍的方式来迅速扩张业务规模，尤其是个人保险业务的开拓，基本依靠营销员队伍。因此，营销员代理人专用的App，即2A的保险App，应运而生。保险公司开发的2A类App，如太平洋保险的“神行太保”App、中国人寿的“国寿e店”App、人保财险的“人保微店宝”App，能够帮助代理人提升专业能力，提高业务收入，并做到快速出单，快速结算代理手续费。这有助于保险公司将代理业务从线下迁移到线上，稳定代理人队伍。利用第三方开发的为保险代理人提供服务的App，如“保险师”App、“向日葵保险”App等营销员展业工具，保险代理人可以快速制作保险计划书，寻找并筛选海量保险产品，同时可以参加专业培训，或者与同行进行交流。

4. 保单管理与客户服务

一个保险客户会购买多种类型的保单，包括自己和家庭成员的，管理保单，是一件颇费精力的事情，犹如管理多个银行账户。保险公司的App基本上都提供保单管理服务，以电子保单为主要形式，并提供以家庭为单位，或者以车为中心的电子化保单管理。第三方平台开发的专门进行保单管理的App，可对保单进行解析分类，提供续保提醒和建议。

利用App，保险公司提供在线客户服务，一般客户服务问题基本可以解决，不能解决的问题，可以转交客户服务专线来解决。为了降低客户服务成本，保险公司纷纷引入新科技，利用智能机器人来解决大部分普通问题，机器人不能解答的才由人工在线解答。

5. 医疗与健康管理

寿险、健康保险公司的 App 提供健康管理、医疗、保险服务，如泰康在线、平安健康、平安好医生、人保健康等。医疗服务包括在线医疗咨询、智能问诊、购药、挂号、费用直结、推荐医院等一条龙服务。健康管理除了在线健康咨询，还会记录每天完成的健康任务，并将客户的健康和体能数据引入保费定价因子，实行差异化的健康险保费定价。

6. 增值服务

随着客户需求的变化和保险科技的创新，以人为中心、以财产为中心的保险生态圈不断向上下游扩张延伸。综合性保险集团公司一般会在 App 中提供保险、基金、银行理财等财富管理一站式金融服务。其他保险增值服务，还包括针对车险用户提供车辆保养、维修、洗车等。

由上可见，App 是移动互联时代保险信息服务的载体，逐渐成为保险公司与保险客户接触的主要界面，极大地提升了客户的服务体验，降低了信息不对称成本，提升了保险效率。保险 App 开发维护成本大，中小保险企业不能承担，更愿意使用互联网电子商务的线上场景资源，进行互联网保险的对接。保险信息服务的提升有赖于保险科技的不断创新与迭代，App 是保险科技创新的直接体现，通过保险 App 能够将保险科技创新尽快进行商业应用，并推广到市场。从目前保险 App 的科技应用情况看，主要集中在第一阶段的保险销售阶段，正在向保险科技应用阶段过渡，总体科技含量不高。

三 保险信息服务的发展趋势

对于保险这样一个先缴费、后享受服务的金融服务业，保险机构与客户之间的信息交换尤为重要。长期以来困扰保险业发展、影响保险服务质量的许多问题，大多是由保险公司与客户之间的信息不对称造成的。通过引入新科技，将传统的线下营业网点保险服务，转变为线上互联网保险服务，使用智能移动设备的保险 App，正在改变信息服务不到位带来的行业痛点，并从产品、流程、管理等方面不断扩展保险的边界，重塑保险行业。通过观察分析保险 App 的开发使用情况，及其对保险科技创新的推动作用，我们可以说，保险信息服务正受到保险行业内外的高度关注，吸引了大量的投资，保险信息服务呈现快速发展趋势。

（一）保险公司聚焦数字化转型，加大科技投入，以客户为中心进行流程再造和业务创新

保险公司由于业务规模大、客户相对稳定，加上经营习惯等因素，数字化转型动力不足。但是，由于业务竞争越发激烈，成本压力急剧增加，特别是互联网带来的消费模式的改变，使保险企业感受到了互联网和新科技的冲击，纷纷开始推进数字化转型。平安、中国人寿、人保、太平洋保险等大型保险公司高调宣布推出数字化战略。在数字化转型中，平安集团引领了保险行业的转型进程。平安集团持续推进“金融 + 科技”“金融 + 生态”战略，逐步形成了清晰的“个人业务 + 公司业务 + 科技业务”三大事业群及架构。中国人寿提出“两步走”战略，提高科技创新能力。中国人保建设“3411”工程，将数字化、创新作为战略方向。太平洋保险统一了 App 入口，提出了全新的数字化战略。

保险公司的数字化转型落脚在实现以客户为中心的服务模式和流程再造，体现客户全生命周期管理的思路，更加注重对单一客户价值的反复挖掘，将客户“流量”变为“留量”，增加客户黏性，提高客户活跃度。通过提升客户体验，以客户服务为导向，如平安集团的“一个客户、一个账户、多种产品、一站式服务”的综合金融经营模式。保险企业还加强与外部科技公司和研究机构的合作，将新技术引入保险服务流程，通过数字化的方式为客户提供更便捷的客户服务，使得投保、理赔的效率大大提升。太平洋保险运用大数据和人工智能技术，为用户家庭的资产配置提供建议，而灵犀系列智能机器人，应用了视觉识别、语言交互、知识图谱等 AI 技术，从理赔报案到收到赔款最快仅用 12 分钟。数字化

转型亦能使保险公司实现敏捷反应、柔性制造，如德国安联设立数字创新部门——全球数字工厂，通过专家与客户的深入交流推出定制化保险模板并进行推广。

保险企业重视科技赋能，加大科技投入，强化科技赋能保险，促进商业模式转型，抢占保险科技高地。2018 年 11 月中国平安宣布未来 10 年的科研投入将达人民币 1000 亿元（150 亿美元），用以巩固其在金融服务行业的领先优势。2018 年上半年平安申请科技专利 6100 多项，比 2017 年底的申请数量翻了一番。保险企业借助强大的资本优势，投资保险科技，进行自主投资、合作投资，或者设立加速器。平安孵化育成多家创新科技公司，如平安好医生、金融壹账通等。平安通过“开放平台 + 开放市场”完成融资，融资合计 69 亿美元，总估值近 700 亿美元，主要投资方来自欧美、中东及亚洲著名的投资者。瑞士再保险公司设立加速器项目，2016 年和 2017 年分别支持了 5 家和 6 家初创公司①。

（二）大型互联网企业争抢保险牌照，凭借数据、人才和技术优势，抢滩保险信息服务领域

2018 年 7 月，银保监会批准安联财险增资，京东通过下属子公司注资获得其 30% 的股份，成为安联财险第二大股东，并更改公司名称为京东安联。互联网企业获得保险经营资质，可以基于自身的业务场景设计专属的保险产品，可以进行资源再开发，可以利用自身的技术、人才和资本优势，深度挖掘保险信息服务市场。目前，互联网保费收入的半壁江山来自互联网销售场景，高于保险公司自身官网和移动端渠道的收入。

保险和互联网企业的强强联合，有利于促进科技进步和保险创新。2013 年，平安、阿里、腾讯共同投资众安在线财产保险股份有限公司，为中国首家互联网保险公司。众安在线于 2017 年 9 月在香港联合交易所主板上市。

① 清华大学五道口金融学院中国保险与养老金研究中心：《2018 全球保险科技报告》，清华大学出版社，2018 年 12 月，第 31 页。

2018年上半年，众安在线拥有客户超过3亿人，人均拥有保单数为8.4张，占互联网财产险保费收入市场份额的15.73%。众安在线运用大数据、云计算、区块链、人工智能、物联网等前沿技术深度应用改造保险价值链，2016年成立全资子公司众安科技，致力于输出自身技术，推动保险业信息化升级，成为内外部创新的孵化器。

（三）保险科技投资踊跃，新科技应用进展迅速，投资热点从保险销售向数据型科技公司转移

依托互联网保险业务的开展，人工智能、大数据与云计算、区块链等保险科技在保险业务各个环节的应用不断深化，提升了运营效率和风险控制水平，不仅如此，还拓展了保险业务边界，催生了新的商业模式，创造了全新的保险业态。2018年，人工智能、大数据、区块链技术在保险行业的商业应用取得很大进步。

2018年被认为是“AI商业化的元年”，越来越多的行业场景都开始引入AI技术，在提升效率的同时也降低了成本支出。AI在保险业的应用包括智能顾问、智能客服、智能理赔、智能销售、智能风控等方面。太平洋寿险的“核动力”人工智能核保项目，与人工操作比对一致率达95%，人工作业替代率达15%。“太好保”已在团车客户中安装1.4万多台设备，实时监控驾驶员行为，并在驾驶员出现打哈欠、吸烟或边开车边打电话等不当行为时提供警告，同时提供前车预警以防止碰撞，有效降低了事故发生率、出险率，并降低保险公司赔付率。蚂蚁金服的定损宝，利用图像识别和视频识别技术，车险事故损失识别率达到86%，“可以让一个没有经验的小白，用几十秒的时间，把车的损失计算出来”。平安、人保等公司使用智能机器人进行客户服务，大大节省了人工成本。根据复旦大学保险科技实验室、中国保险学会发布的《人工智能保险行业运用路线图（2018）》，在政策红利的影响之下，人工智能在保险业将飞速发展，预计在2020年，保险行业将进入中智能时代。

大数据技术基于对海量数据的分析、整理和清洗，形成客户画像，进行精准营销、精准定价和反欺诈。云计算技术使得大数据的应用更加广泛方

便，信息服务从软件、数据到平台不断进化。金融壹账通的“智能保险云”项目，以线上线下的交互为特色，为保险公司提供“灵活接入、快速升级、自主开发、全程响应”的智能化服务和极致化体验，全面提升保险行业的科技运用水平。2017 年第 4 季度已经与 30 多家中小保险公司合作，提供全流程的保险科技服务。

区块链技术对保险业务的最大价值在于提供去中心化、完整的、不可篡改的分布式账本，通过对事件和交易记录的追溯，进行交易验证和信息核实，可以用于核保核赔、风险控制；而通过区块链上预先设定的智能合约，可以基于真实准确的数据进行判断，进行保险理赔，可用于航班延误险、天气指数保险、健康险、再保险等领域。

保险科技投资促进了保险信息服务行业的创新和发展。2016～2017 年，欧美保险科技投资的热点为健康险领域和数据行科技公司①。国内保险科技投资仍集中在保险销售平台领域。2012～2017 年中国保险科技行业融资情况见图 2。

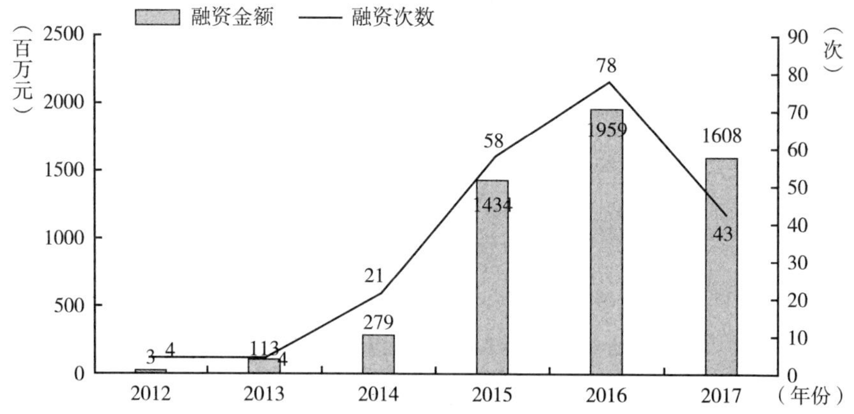

图 2　2012～2017 年中国保险科技行业融资情况

资料来源：前瞻产业研究院。

① 清华大学五道口金融学院中国保险与养老金研究中心：《2018 全球保险科技报告》，清华大学出版社，2018，第 5 页。

（四）保险信息服务行业处于起步阶段，科技领先公司开始输出信息服务

保险企业聚焦信息服务这片蓝海，加大投入与整合，开拓新的市场。由于拥有巨大的数据量，保险企业认识到自身数据和资本的优势，引进外部科技力量，投资信息服务领域，设立保险信息服务的子公司。平安旗下金融壹账通、平安好医生、平安金管家等多家机构都从事保险信息服务业务，人保、国寿等老牌国企也投资设立了保险/金融信息服务公司。人保金服联合58 集团、易车集团、美国 Solera 集团共同发起设立“爱保科技”，定位于“保险 + 科技 + 服务”，围绕出行领域和生活领域开展车险和健康险业务。保险系的信息服务公司，将保险公司的经营逻辑与新科技完美融合，携带保险企业的资本优势和数据优势，发展潜力很大。

同时，行业领先公司从立足于集团内信息服务的 1.0 时代向行业信息服务的 2.0 时代转型过渡。保险企业按照“保险 + 科技 + 生态”的信息服务理念，扩展生态圈，连接上下游产业，整合保险生态价值链的资源，在产业互联网时代获得了机会。保险信息服务的输出，以保险业务为基础的智能风控和信用管理的出现，也使得其他金融子行业获益。阿里的定损宝、平安的“保险智能风控实验室”，已经为十几家中小保险公司提供服务。

（五）监管趋严趋紧，外资中介进场，将促进保险信息服务业的发展

根据《国务院机构改革方案》，银保监会合并，金融监管进入“一行两会”时代，预计保险监管将较以前更加严格。2018 年 3 月，商业车险 3 期费率改革试点启动，7 月车险产品、费率“报行合一”政策实施，对整治商业车险行业价格竞争乱象重拳出击。消费者的关注重心将回归到服务和用户体验上，对各保险公司的核保能力、精准定价能力提出更高要求，给保险信息服务的投资布局提供了更多机会。2018 年保险对外开放加速，外资保险经纪公司、保险公估公司在华经营业务放开，外资公司拥有先进的保险科技技术和

经营理念，可能给中国市场带来世界先进的保险科技和信息服务技术，将进一步推动中国保险信息服务业的投资布局。监管架构和方式的变革，将促进保险行业从外延式发展转变为以商业模式和新技术革命为基础的内涵式发展。

四　问题与建议

由于保险业务具有特殊性质（发生频率不高），保险 App 的使用频率较低，特别是微信公众号嫁接在微信这一日常社交工具上，使 App 的使用受到挤压，无论是下载量还是后期的活跃客户量，都比较有限。从保险 App 的开发使用透视保险信息服务，可见中国保险企业的经营管理粗放，信息服务落后，数字化转型较慢，保险科技研究和应用落后，投入不足，保险服务效率低下，精细化程度低，影响了行业的盈利能力和创新发展。针对保险 App 以及保险信息服务中存在的问题，提出如下建议。

第一，保险行业应加大科技投入，与先进科技深度融合，加快数字化转型，通过科技赋能重塑业务流程和管理手段，提升保险信息服务整体水平。

第二，保险公司应重视 App 的功能完善和维护升级，增加 App 的科技含量，为客户提供更加便捷的服务体验。

第三，鼓励保险科技投资，设立保险科技投资基金，放宽保险科技股权投资的比例限制，设立保险科技投资加速器，鼓励并购成熟的保险科技企业，为符合条件的保险信息服务企业发放个人征信牌照或保险中介牌照。

第四，保险信息服务的风险隐患较多，存在泄漏客户信息和隐私的问题，客户投诉较多。保险监管部门应加强金融风险监管，加强行业自律，杜绝利用保险信息服务平台从事非法集资，防止金融欺诈。出台保险信息服务行业标准，保护客户信息安全。

第五，加强知识产权保护，形成良性的保险科技投入和竞争环境，保护保险科技创新的积极性。

B.6

2018年证券移动服务类 App发展状况分析

田　杰　彭绪庶

摘　要： 证券移动服务类应用（App）是证券业顺应移动互联网冲击，提供信息增值服务和便捷操作服务、提高用户体验、提升竞争力的重要举措，也是证券公司提供证券信息服务的最重要载体。当前证券投资者基本上从 PC 端向移动端迁移，从 2017 年开始证券移动服务类 App 的用户规模增长开始趋于稳定，2018 年开始呈现小幅增长，但活跃用户量呈现明显的波动性特征。与此同时，为避免同质化竞争，证券公司加快技术创新，通过 App 提供更加丰富的信息和更加多样化的产品，证券类 App 的发展开始进一步走向多元化和差异化。第三方企业因具有技术优势，App 的发展速度明显更快。总体来看，以用户规模和人均单日使用时长计算，不同类型证券 App 开始呈现发展差距，表明金融信息服务内容已成为影响证券 App 竞争力的关键因素。

关键词： 证券移动服务类应用　证券 App　移动证券

一　证券移动服务类 App 发展背景

在由银行业、保险业、证券业和期货业等构成的金融体系中，除期货业外，证券业总资产规模是最小的。例如，据银保监会统计，截至

2018 年末，我国银行业金融机构总资产达 261 万亿元，保险业总资产达 18 万亿元（2018 年 1 ~ 11 月），但证券公司由于只有 131 家，总资产只有 6.26 万亿元。我国证券市场是一个以个人投资者为主的市场。根据中国证券登记结算有限责任公司统计，截至 2018 年 12 月底，我国证券市场期末自然人投资账户达 14549.66 万人，而非自然人投资账户仅为 35.33 万人，非自然人占证券市场投资者比例不足 0.5%。因此，投资者数量巨大的散户市场导致市场交易极其活跃，交易规模巨大。仅 2018 年 12 月，沪深两市证券过户超过 9.4 亿笔，结算金额超过 88.8 万亿元。

在移动互联网冲击下，证券公司的传统业务向移动互联网转型。近年来，证券市场波动加剧，熊市行情压缩了证券公司的传统通道业务，其盈利模式由传统单一模式向多元化模式转型的需求进一步加速证券公司要落实以客户为中心的服务理念，顺应股民向移动互联网迁移的趋势，创新多元化、差异化的服务，提供更加便利的移动互联网渠道、更加丰富的信息增值服务和更加便捷的操作服务，优化业务流程，改善用户体验，提升对用户的吸引力和行业竞争力。

2012 年，证监会发布《证券账户非现场开户实施暂行办法》。2014 年，证监会批准中信证券、国泰君安证券、银河证券等 6 家证券公司成为首批网络券商业务试点，从政策上为其全面转向互联网提供了更加宽松的环境。与此同时，诸如智能投顾、量化投资等一些基于大数据、人工智能等互联网技术手段的业务模式逐步为投资者所接受，这可以降低交易费用，也进一步推动了证券公司强化移动端服务的动力。目前据不完全估计，证券交易中网上交易占交易量的比重超过 95%，超过 80% 的经纪业务通过移动端完成。较早转向互联网的华泰证券，其移动 App 累计下载量超过 3000 万次，移动端新开户占比接近 92%，通过 App 完成的交易规模占比超过 85%。目前全部证券公司都发布了不同形式的 App，App 已成为证券公司提供证券信息服务最重要的载体。

二 证券移动服务类 App 的使用呈现缓慢增长和波动特征

根据对近年来证券类移动服务 App 使用情况的统计，大约在 2017 年初证券移动服务类 App 活跃用户规模趋于稳定，基本上维持在 1 亿人左右，其活跃性走势与新增投资者趋同，表明证券投资者基本上实现了从 PC 端向移动端的迁移。移动端交易规模占证券交易规模的比重也说明了这一点。

由于投资者已实现向移动端的迁移，而新增证券投资者规模主要受证券市场行情影响，因此证券类移动服务 App 的使用活跃度主要受证券市场行情影响。根据易观察监测，2018 年，随着新增投资者数量的小幅增长，全年证券类 App 应用月活跃用户规模保持在 1.1 亿人左右，整体活跃度比 2017 年有一定幅度增长（见图 1）。全年月活跃度最高的是 5 月，月活跃用户规模超过 1.15 亿人，且为历年最高。

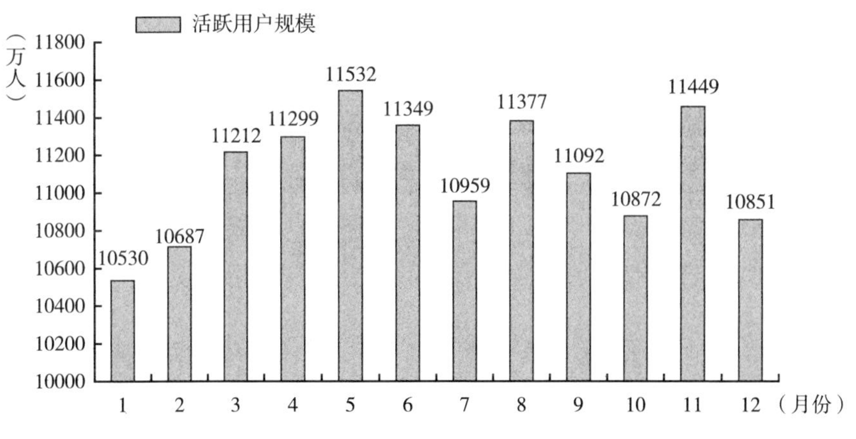

图 1 2018 年证券类 App 活跃用户规模变化

资料来源：易观千帆对 6.04 亿活跃用户行为监测，下同。

具体到不同时期，虽然年初月活跃度稳步增长，但是全年证券市场受金融监管去杠杆、股权质押存爆仓风险、外围市场大幅度回调等多因素叠加影响，证券市场行情波动较大，影响了投资者的入市热情，因此证券类 App 应用呈波动大且整体小幅下跌态势。例如，受春节假期因素影响，1 月和 2 月活跃用户规模是全年最小。除此之外，12 月活跃用户规模数也较小。这表明证券类 App 的使用活跃度受到证券市场行情的显著影响。

在宏观政策方面，受国内经济转型和国际贸易争端影响，宏观经济增速进一步下滑，社会融资规模增量降幅较大。央行多次在《货币政策执行报告》中强调未来经济增长的不稳定性，金融市场面临一定的波动性风险，证券市场仍存在进一步下跌的可能。为了保持经济稳定发展，央行分别在 2018 年 1 月、4 月、7 月和 10 月累计降准 4 次，一直保持着相对宽松的货币政策。与此同时，国家宏观决策部门延续避免经济进一步“脱实向虚”的政策方针，加强对金融风险的防范，严格监控宽松货币政策资金流向“股市”和“房市”，也影响到证券市场的“做多”行情。因此，从市场表现来看，2018 年 A 股市场整体是一个单方面下跌的行情，2015 年中金公司救市资金逐步离场进一步降低投资者信心，叠加外围市场震荡，投资者市场进场速度减缓，2018 新增投资者数量为 1252 万人，同比减少 21%。与 2017 年相比，证券类 App 月活跃用户规模的增长率是近年最低。

三　证券移动服务类 App 的发展走向多元化和差异化竞争

目前几乎所有证券公司都为投资者提供了不同形式的证券 App。为了避免同质化竞争，证券公司开始深化信息服务，通过创新提供多元化和差异化服务以提升吸引力和竞争力。例如，基于沪深股市 Level－2 行情数据提供更加丰富多样的移动端增值数据行情服务；针对证券市场资信息变化快速的特点，及时提供证券市场动态资讯，包括重点宏观、金融和产业资讯以及上市公司的重要动态信息。尤其是在金融科技发展的大背景下，证券公司在移动 App 中加强了对金融科技的技术开发和应用，如深度挖掘证券市场行情数据，通过人工智能技术，为投资者提供证券盘中异动监控、交易动向分析、趋势研判、交易预警、智能盯盘等服务，为投资者提供更个性化和智能化的服务，也实现了证券 App 的多元化发展格局和差异化竞争态势。

从证券公司角度来看，证券类 App 现已成为券商面向个人投资者的主要服务窗口，承载了公司体系内的所有服务和业务，在传统证券业务谋求财富管理转型的同时，证券类 App 也在探索服务深度和服务边界。总体来看，早期证券 App 主要是服务于交易功能，即在移动端满足投资者的交易目的，完成交易从 PC 向移动端的转移。顺应证券公司的定位和业务转型，在金融科技的支撑和差异化竞争的激励下，证券 App 开始向多功能化的方向发展。从目前证券类 App 来看，主要体现在数字化运营和赋能用户两个发展方向。

在数字化运营方面，各券商推出了不同的产品。例如，华泰证券涨乐财富通升级超级账户，能够达到实时净值估算和收益估算，实现了理财、基金等的实时收益刷新，开了账户数字化运营的先河；安信证券上线“问问小安”和“聚安一站通”，整合内部服务资源，通过线上数字运营提高服务效率，通过数字化实现运作模式和服务模式的创新；国泰君安从客户洞察、产品生产、用户触达到价值循环都贯彻了数字化，以数字化推动财富管理转型。

在赋能用户方面，涨乐财富通在 5.0 版本中推出全景行情、超级账户、严选理财等创新应用，以科技赋予用户更强的投资能力和账户管理能力；平安证券推出了基本面选股、主题选股、量化组合选股等多个选股工具，赋能用户移动端投研能力；国泰君安君弘落地 30 多款智能应用，从股票筛选到基金投资，从买点入场到清仓结算，帮助投资者详细了解每一个试点每一笔投资的市场表现，为投资者及时调整投资决策提供重要参考。

四　第三方证券移动服务类 App 异军突起

证券公司的移动服务 App 部分是由公司自主开发，部分是与第三方合作开发，部分则主要是依赖第三方开发并提供基础技术服务。在这一过程中，原来提供技术服务的第三方企业获得了独立提供证券移动服务的学习机会，反过来迅速成为提供证券移动服务类 App 的重要力量。这是因为，第三方证券服务 App 不仅有技术优势，更因为与不同证券公司合作，并通过直接为投资者提供服务，更加了解个体投资者在移动端的行为模式，因此在互联网化和数字化方面具有先发的优势。例如，从 2018 年第 4 季度活跃用户规模来看，同花顺以 4164 万名的活跃用户规模遥遥领先，其次是东方财富网和大智慧，活跃用户规模分别达 1463.9 万人和 890.5 万人。通过图 2 和图 3 的比较可以看出，证券 App 用户规模最大的是华泰证券的涨乐财付通，月活跃用户规模为 810.8 万人，其次是平安证券和国泰君安君弘，其各自证券 App 月活跃规模分别达 642.2 万人和 539.9 万人。同花顺 App 和东方财富 App 用户规模远超任何一家证券公司证券 App 用户规模。从 2018 年度用户规模增长情况来看，钠镁股票上线以来一直维持着高速增长，为格局已经稳定多年的证券行业带来不同的发展视角，但其第 4 季度用户规模有所回落。

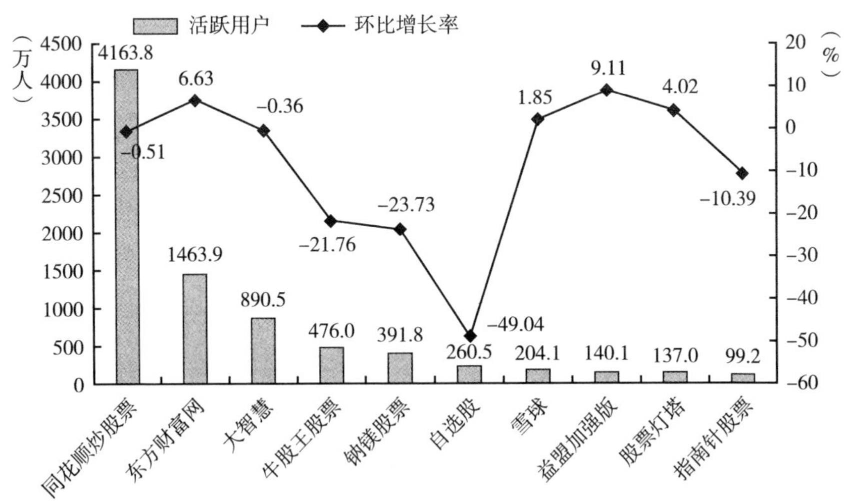

图 2　2018 年第 4 季度第三方证券 App 活跃用户规模

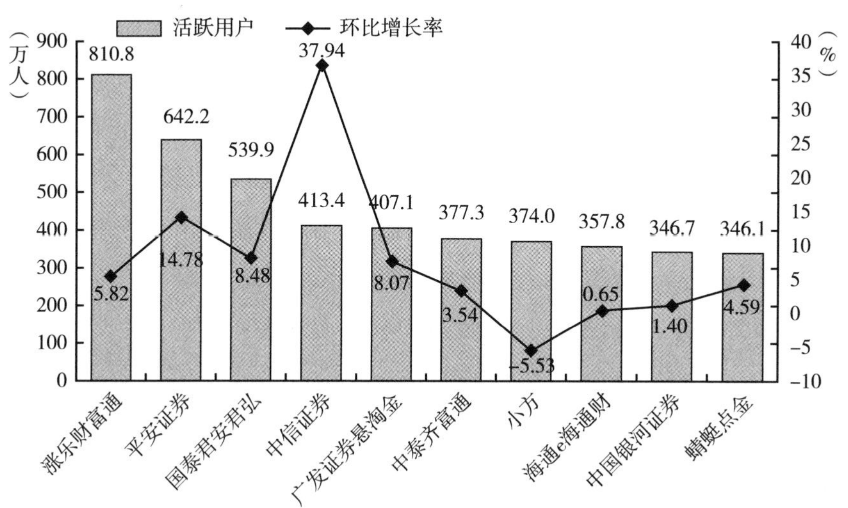

图 3　2018 年第 4 季度证券公司证券 App 活跃用户规模

第三方证券移动服务应用发展的弯道超车表明，数字应用已成为第三方金融信息机构的主要发展方向。例如，同花顺 App 从行情陈列到选股决策都在用数字化赋能投资者，数据中心实时展示了高管增减持、减持计划、融资融券余额、国家队最新动态、一周内解禁额等多项数据，在移动端数字运用方面已经做到极致；钠镁股票在重视行情陈列数字化的同时，强化了数字选股功能，推出了操盘选股、涨停选股、K 线选股和新闻选股 4 种选股方式。此外，由于证券经纪业务属于持牌证券公司的许可业务，第三方没有证券经纪牌照，通常与多家不同证券公司提供交易通道。这也是第三方证券 App 月活跃用户规模较大的原因。与证券公司拥有经纪牌照、侧重交易服务不同，第三方为了提高竞争力，不得不额外在其他服务功能上下功夫。这也是第三方服务更吸引投资者的重要原因。

五　金融信息服务决定证券移动服务类 App 的竞争力

月活跃用户规模是证券 App 竞争力的一个重要指标，另一个重要指标则是人均单日使用时长。在存量用户运营时代，各券商的主要重心还是在于如何挖掘用户的剩余价值，人均单日使用时长越高，券商与用户互动的时间就越多，用户所产生的消费行为就越多。因此，人均单日使用时长越长，表明投资者对其的依赖度和黏性越高。

根据易观监测统计发现，在人均单日使用时长方面，2018 年第 4 季度，在排名前 10 证券 App 中，海通 e 海通财以人均单日使用 32. 3 分钟名列行业第一，其次是国泰君安君弘和涨乐财富通，人均单日使用时长分别为 29. 9 分钟和 26. 2 分钟（见图 4）。排名第 1 和排名第 10 的使用时长相差 20. 9 分钟。

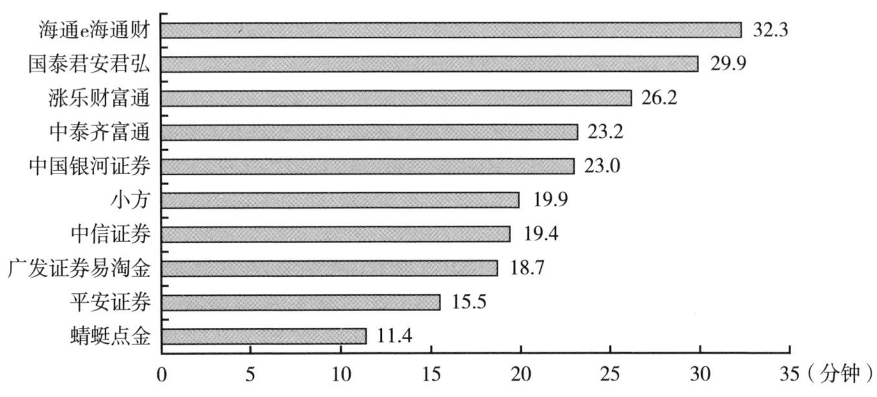

图 4　2018 年第 4 季度证券公司证券 App 人均单日使用时长 TOP 10

与证券公司证券 App 人均单日使用时长相对较为平均不同，第三方证券 App 的人均单日使用时长则出现明显差异化特征。如图 5 所示，人均单日使用时长 TOP 10 证券类 App 中，雪球 App 为 43. 6 分钟，东方财富网和同花顺炒股票分别居第 2 和第 3 位，时长分别为 40. 9 分钟和 33. 7 分钟，均超过证券公司证券类 App 使用时长。TOP 10 中，排名第 1 的雪球人均单日使用时长与排名第 10 的牛股王股票人均单日使用时长相差 27. 1 分钟。

导致不同证券 App 人均单日使用时长差异固然有很多因素，但信息服务毫无疑问是其中最重要的因素。在证券公司提供的证券 App 中，国泰君安君弘的人均单日使用时长长期居于前列，其主要战略是围绕移动应用以服务产品化、平台智能化、渠道闭环化、价值显性化为“四轮”驱动，分别

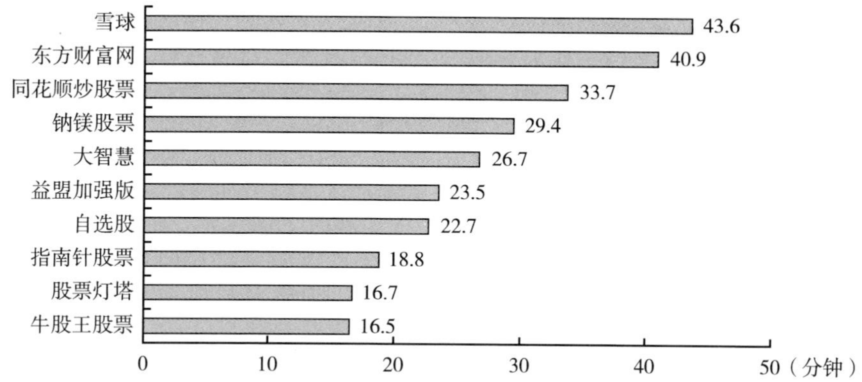

图 5　2018 年第 4 季度第三方证券 App 人均单日使用时长 TOP 10

在数字化客户洞察、数字化产品生产、数字化触达能力、数字化评价反馈 4 个领域重点展开创新升级，大大提高了应用端上股票投资、投顾、购买理财以及资讯信息的闭环效应。事实上，当证券交易转向移动端后，经纪业务作为证券公司传统主营业务的差异化在减小，低佣金率成为行业发展常态。依托证券 App，提供行业、个股资讯等高黏度金融信息服务，已成为证券公司获取大量高黏度客户的必要手段。

在第三方证券 App 中，尽管其在发展初期都有不同的定位，但由于不拥有证券经纪牌照，提供行情资讯、证券分析报告、投资策略等通常是其主打的产品服务。定位不同仅仅是金融信息生产方式和内容的区别，这直接决定了它们更加注重金融信息服务的差异化。例如，多数第三方证券 App 以新闻聚合服务和网络爬虫服务获取为主，雪球独树一帜，其定位为社区交流平台，采用用户生产内容模式（User Generated Content，UGC），通过打通投资者之间的信息壁垒，分享投资逻辑，增长投资知识，在优质社区服务的作用下，雪球的用户使用时长长期居于榜首。

钠镁股票的例子更加典型，与其他多数证券 App 不同，钠镁股票目前还不支持证券交易，其主要就是提供金融资讯服务。借助今日头条信息优势，在资讯端和用户数据端推出多款创新产品，如“头条热股”，其中包含 48 小时内头条用户加入自选股的热门股票、近期大量用户高度关注的个股以及相关新闻浏览量快速增长的个股，钠镁股票在数据运用方面无疑开了大数据在证券市场运用的先河，这也使得其用户黏性增长极快，短短一个季度，人均使用时长从 13 分钟增长至 29.4 分钟。雪球的例子表明，优质金融信息内容成为决定证券 App 竞争力的关键要素，而钠镁股票的例子则表明，“金融科技 + 金融信息”将成为未来证券 App 竞争的关键发力点。

B.7

大数据金融信息服务业发展趋势与挑战

陈 静 左鹏飞

摘 要： 大数据是金融信息服务的起飞之翼，金融信息服务是大数据的落地之足，大数据金融信息服务是大数据与金融服务交叉融合的最佳应用场景。大数据金融信息服务业是当前金融科技3.0的代表性业态，是大数据与金融服务业高层次的深度融合，是金融数据指数级增长态势下形成的必然产业。金融业具备拥抱大数据的天然基础，相较于其他行业，大数据对海量金融数据的挖掘与分析，更容易创造出高价值的产品和服务。

本报告以大数据金融信息服务业发展趋势与挑战为主线，全文包括六个部分：第一，介绍了大数据金融信息服务业的定义，并阐述了行业四个方面的特征：高度交互性、高度创新性、高附加值性以及高度容错性；第二，概述了大数据金融信息服务业的兴起，并论述了行业典型应用场景——客户细分、精准服务、风险管控、合规管理以及欺诈识别；第三，从资源配置、防范金融风险和提升我国金融行业竞争力三个方面分析了大数据金融信息服务业对经济发展的重要作用；第四，从信息技术和金融发展视角出发，提出2019年我国大数据金融信息服务业的发展趋势；第五，从行业发展现状出发，提出大数据金融信息服务业面临的挑战；第六，结合行业发展趋势，针对面临的挑战，提出加快发展大数据金融信息服务业的对策建议。

关键词： 大数据 金融信息 发展趋势

一　大数据金融信息服务业的定义与特征

大数据金融信息服务是一种将海量金融数据通过大数据、云计算、人工智能等技术进行挖掘和处理，得到相关有价值的金融分析数据和金融市场信息，提供给从事金融分析、金融交易、金融决策等活动的用户的新型金融信息服务模式。大数据金融信息服务是金融业、现代服务业和大数据产业的融合与重塑，比传统的金融信息服务透明度更高、参与度更广、体验度更强、便捷度更好。大数据金融信息服务业的特征集中体现在以下几方面。

（一）高度交互性

高度交互性（Highly Interactive）是指高强度的交流互动，在不同语境下有不同含义，而高度交互性行业通常是指行业供给方与需求方之间有高密度的交流互动行为。信息服务行业发展至今，服务供给者与需求者已经高度配合，大部分服务和产品的都是由双方合作生产，即信息服务企业与客户充分交流沟通以满足客户的高度个性化需求。金融信息服务业是以金融信息和金融数据为主要内容，定向提供给特定的客户，虽然服务或产品的提供过程是单向的，但是这些产品和服务是高度交互状态下产生的。在大数据技术的支持下，客户导向性和客户参与性不断提高，客户提出的各种需求能够更快速准确地反映给企业。

（二）高度创新性

高度创新性（Highly Innovative）是指以新的思路、方法或者工具突破现状。具体到行业，则表明该行业的技术创新轨道变化性极强，企业服务的核心竞争力就是创新能力。伴随知识经济的大爆发，技术和市场处于不断“加速”的状态，信息服务业的创新速度和创新质量成为企业赢得竞争优势的关键。由于金融业和信息技术产业高速发展，金融信息服务业实现了快速发展，而其发展的关键也是依赖于行业自身的创新性。借助大数据，一方面，金融信息服务业能够推动很多服务环节的“数字化”，从庞大的数据中揭示关联、挖掘创新价值。从发展现状来看，我国金融领域的创新多集中于风险控制方面，如由中国支付清算协会金融科技专业委员会、中国信息通信研究院云计算与大数据研究所联合评选的 2018 年 12 项金融大数据创新应用优秀成果中有 8 项都与风控相关（见表 1）。另一方面，工具带来工作效率的提升，释放出更多的创新活力，让从业者更有时间和精力去思考新的创新路径。同时，在互联网、大数据等平台的帮助下，金融信息服务企业与客户保持高度互动，让企业与客户在交流过程中容易碰撞产生新的思路。

表 1　2018 年金融大数据创新应用优秀成果

序号	获奖成果	单位
1	反洗钱智能分析产品	支付宝（中国）网络技术有限公司
2	腾讯云“天御”大数据反欺诈平台	腾讯
3	艾达大数据风控	中国银行股份有限公司
4	百度磐石金融科技产品	北京百度网讯科技有限公司
5	微表情面审辅助系统	上海壹账通金融科技有限公司（平安）
6	基于大数据和设备指纹技术的风险决策和用户行为分析系统	江苏通付盾科技有限公司
7	大数据风控智能化数据产品：滤镜	中国光大银行股份有限公司
8	平安壹钱包智能风控系统	平安壹钱包电子商务有限公司
9	信贷风险态势感知平台	上海壹账通金融科技有限公司（平安）
10	银杏大数据服务平台	银联商务股份有限公司
11	投资者适当性管理体系	上海陆家嘴国际金融资产交易市场股份有限公司
12	基于大数据的行为分析系统	京东金融

资料来源：摘自中国支付清算协会金融科技专业委员会、中国信息通信研究院云计算与大数据研究所 2018 年 4 月联合发布白皮书《大数据在金融领域的典型应用》。

（三）高附加值性

高附加值性（Highly Value-added）是指在产品基本价值基础上，企业通过新增生产过程或者市场策略创造新的价值，附加值通常是通过增值业务获得的。金融信息服务业的高附加值性体现在两方面。一方面，企业供给的产品具有高附加值性。金融信息服务业是知识密集度较高的产业，企业在向客户提供基本服务的基础上，大部分产品和服务是按需定制，产品异质性程度较高，增值业务给企业带来更高的附加值。另一方面，行业具有较高的正向外部性。金融信息服务企业的产品是以有价值信息的形式进行传播，在大数据技术的支持下，资料来源得到拓宽，产品的传播范围得到扩大，且产品在传输过程中不会被消耗掉，可以让更多接触者受益。

（四）高度容错性

高度容错性（Highly Fault-tolerant）通常是指系统在一定范围内对错误情况的包容性。金融信息服务业是新兴服务业态，企业的营销模式、运营模式、商业模式以及服务模式等均处于探索过程中，企业供给的产品也在不断接受市场的改进，这就需要一个充分的容错空间。在大数据技术的支持下，金融信息服务业的涉众性和快捷性显著提高，企业业务的“试验范围”增大，不适宜的产品或服务会快速反馈给企业，直接提升了企业的容错能力。同时，金融信息服务具有高度创新性，创新成果的获得也离不开容错空间。

二　大数据金融信息服务业的兴起与应用

近年来，大数据行业一直保持着30%左右的复合增长速率。大数据正快速推动各行各业的数字化转型，而在金融领域，大数据不断引领金融行业革新升级。大数据金融信息服务业兴起于2011年，经过几年的探索与实践，日趋成熟，是当前金融科技3.0的代表性业态。2011年开始，伴随大数据技术的不断进步，大数据在金融领域的应用日益深入。大数据金融信息服务业是金融领域新一代信息技术和现代服务业深度结合形成的新业态，通过对规模庞大、来源丰富、时效显著的金融数据进行采集、存储和分析，从中挖掘和创造新的价值，提高金融信息服务的效率和质量。当前大数据已经覆盖了以金融业务流程为主线的资产获取、资产生成、资金对接、场景深入等业务链条，带来了传统金融业务的变革与升级，开辟了金融信息服务新范式。在客户细分、精准服务、风险管控、合规管理、欺诈识别等领域的应用将更加深入。

（一）客户细分

客户细分（Customer Segmentation）是指通过对客户个人信息如年龄、性别、地理位置、学历等进行分析，寻找客户群体中的共性与差异性，进而对客户进行贴标与归类，识别出高价值用户和潜在高价值用户，细分出不同标签或类型的客户群体。由于电信、金融、电商等行业掌握的用户数据较为丰富，更容易通过客户细分挖掘用户需求，创造更大的商业价值，所以这些行业对客户细分更重视。金融信息服务行业专注于根据用户的性别、年龄、职业、学历、社会阶层、居住城市以及消费习惯等来分析判断用户的消费偏好，从而推荐适合的金融产品。借助大数据分析技术，金融信息服务企业可以根据用户的个人画像数据快速且较为准确地分析生成用户个人消费报告，对用户在金融领域进行深度细分，从而定制出高度个性化的金融服务和产品组合，最大限度地满足用户的异质性需求。

（二）精准服务

精准服务（Precision Service）是指通过深度剖析客户数据，实现对客户需求的精准定位，做到在恰当的场景下，通过适当的方式，以适当的价格，满足“比用户还更了解自己的需求”，精准地向用户提供其所需的产品与服务。精准服务的本质是依据目标客户的需求而预先制定供给计划。金融信息服务业拥有庞大的客户数据资源，借助大数据技术对海量多维数据进行分析，能更有效地实现这种以客户为中心的服务模式（见图1）。当前，在很多产品和服务消费领域，提供精准的定制化服务已经成为一种趋势，而大数据则助推趋势的形成与发展。金融信息服务企业通过大数据来改善服务并精确地提供更多个性化的产品组合，为客户创造更高的价值和更良好的体验。

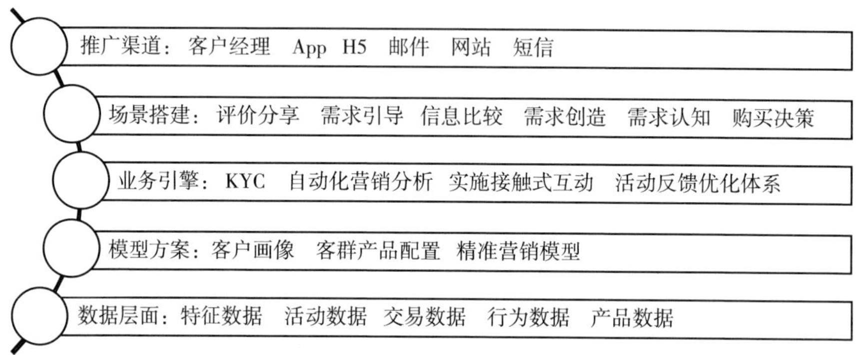

图1 基于海量多维数据构建全渠道智能化经营体系

资料来源：百度金融2018年3月发布的《2018年中国大数据风控调研报告》。

（三）风险管控

风险管控（Risk Control）是指通过多种手段或措施尽可能地降低风险发生的可能性，或者降低风险所带来的损失。风险对多数企业来是说难以预测的，且风险给企业带来的损失难以估计，甚至可能引发企业的破产或倒闭，因此风险管控成为所有行业高度关注的焦点。从2008年全球金融海啸以来，风险管控一直以来被视为重中之重。普华永道发布的《2018年中国金融科技调查报告》显示，有58%的被采访对象认为大数据风控是未来我国最有望引领全球的金融科技创新（见图2）。借助大数据技术来分析海量的金融相关数据，可以预先扫描市场风险、警惕不良投资、预判金融市场波动，有效化解和防范金融风险的发生。但是，由于金融风险具有高度不确定性，且影响风险形成的因素众多，即使有大数据技术也无法完全防范风险的发生。大数据在风险管控方面的重要作用主要体现在向客户提前示警、计量风险并提供防范风险的计划和策略，尽可能以最小成本获得最大的安全保障。

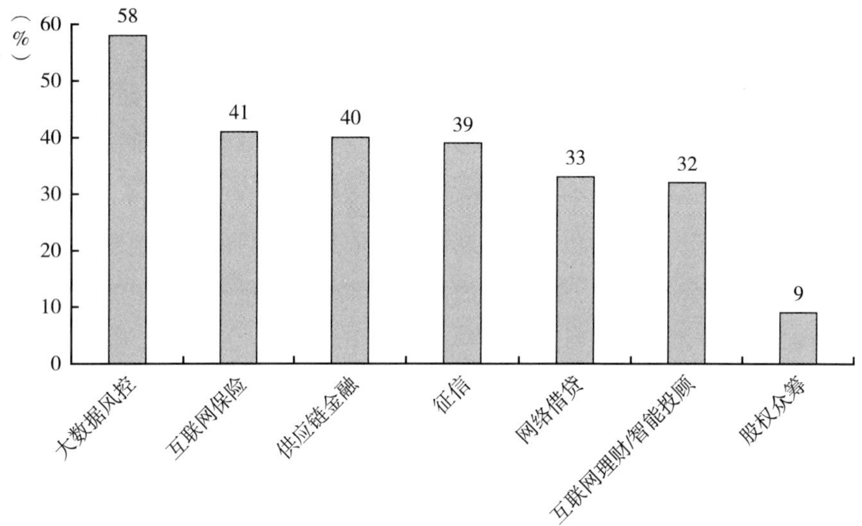

图 2　中国有望引领全球的金融科技调查

资料来源：2018 年 9 月普华永道发布的《2018 年中国金融科技调查报告》。

（四）合规管理

合规管理（Compliance Management）是指企业通过制定和执行相关管理制度、建立管理机制，以合乎规范的制度设计来防范风险的发生。在金融领域，合规管理具有非常重要的作用，可以有效帮助企业应对不确定性风险，降低非预期损失，增强对客户价值的保护。金融信息服务企业通常需要严格的合规管理，既要求金融信息服务领域从业者“自律”，也要求监管机构严格监管。传统的合规管理主要依靠人力进行筛查和监管，但由于金融信息服务领域的数据和系统都非常庞杂，单纯靠人力推动难以保证合规管理的效率和质量。借助大数据技术，将分散多源的数据进行标准和整合，再结合具体的监管要求、合规专家的建议、行业专家的洞察，能有效提高合规管理的自动化和智能化水平，推动动态合规的发展，实现相关业务从表外向表内的有序转移。

（五）欺诈识别

欺诈识别（Fraud Detection）是指对故意诈骗行为的定性与判定。伴随金融市场的快速发展和金融服务人群的扩大，个人和金融企业都面临严峻的金融诈骗风险（见图3）。防范金融诈骗成为很多金融企业的重头戏，然而，即使反诈骗手段不断扩充和升级，欺诈行为依然会以新的面孔出现。伴随网络交易和网上银行的兴起，网络上的交易量和数据量呈指数级上升，只有借助大数据技术，才能更好地预防金融欺诈行为的发生。金融信息服务的主要内容是金融信息和数据方面的业务服务，企业在信息提供过程中容易发生金融欺诈行为。大数据帮助金融信息服务企业360度全面感知客户行为，更好地掌握每个客户的消费习惯，因此，更容易发现客户的异常行为，并能够即时追踪和发现可疑信息，有效应用于客户安全、身份和欺诈管理。

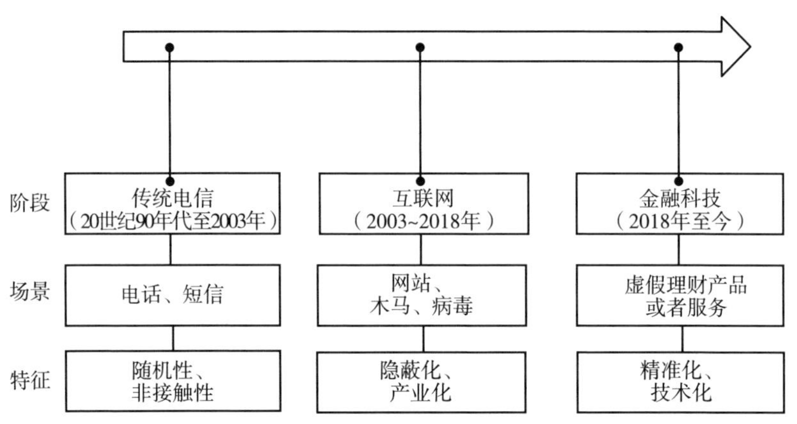

图3 金融科技诈骗的演变

三 大数据金融信息服务业对经济发展的重要作用

当前，我们已经迈入了数据化时代，大数据在各行各业的应用不断深入，在金融领域的应用更是十分广泛，并推动金融信息服务业快速发展。大数据从海量的金融微观数据中挖掘到有价值的信息，并且从中分析出与其他行业运行指标之间的关联，既可以为微观客户个体提供所需信息，也可以为宏观经济发展提供相关分析指标。大数据金融信息服务业作为一种科技服务新业态，对经济发展具有重要的作用。

（一）有利于金融业提高资源配置能力

在资源配置过程中，金融业发挥着重要作用。伴随大数据技术与金融业融合程度的不断加深，相关应用普及范围不断扩大，金融信息服务覆盖大量不被传统金融覆盖的人群，金融行业获得数据的数量和质量都得到提升，金融业配置资源的能力也随之显著提升。大数据可以优化金融资源的分配体系，扩充资源配置范围，提高金融信息服务效率。优化资源配置是推动我国经济高质量发展的关键，大数据金融信息服务业可以有力推动金融资源向经济社会发展的重点领域和薄弱环节流动，对于促进我国经济高质量发展具有重要作用。

（二）有利于防范化解金融风险

防范化解金融风险是我国实现高质量发展必须跨越的重大关口。近年来，大数据、云计算、人工智能等新一代信息技术迅速发展，进一步促进了支付结算、风险防控、风险检测等金融功能的进步。与此同时，伴随互联网金融的野蛮生长，网络金融成为风险高发领域，P2P 行业“爆雷”频发，金融风险防控形势日趋严峻。金融信息服务业运用大数据手段严格管理数据报送工作，积极开展风险防控，通过对数据进行分析，实现对客户金融行为的实时监控。借助大数据技术，金融信息服务业可以更加全面、系统、综合地分析可能爆发的各类金融风险，增强风险感知力，提高风险路径判别力，及时有效防范和化解重大风险，更好地维护客户利益，保障金融市场的稳定。

（三）有利于提高我国金融业的国际竞争力

通过充分运用新一代信息技术特别是大数据技术，我国在金融领域有望实现弯道超车。大数据有力地推动金融业创新升级，既包括金融业及其行业生态的发展创新，也包括围绕金融业相关的监管、审计、法律等相关机构的变革转型。金融信息服务在整个金融行业中的地位不断上升，借助大数据技术，我国金融信息服务业将加快转型升级步伐，成为提高我国金融竞争力、增强金融创新力的重要支点。同时，要把我国在移动支付、网络金融、消费金融等领域的成功经验与金融信息服务业发展充分结合起来，抓住全球科技金融发展的重大机遇，全面提升我国金融竞争力和在全球金融体系中的地位。

四　大数据金融信息服务业的发展趋势

大数据技术进一步发展、金融基础设施迭代升级、人工智能应用的落地、5G 商用的开始、物联网的逐步普及，这些都将推动我国数据总量极速扩张，也推动大数据隐含价值的显现。2018 年 9 月，普华永道发布了《2018 年中国金融科技调查报告》，大数据、移动科技、人工智能三项技术仍是金融领域最受追捧的新兴科技，大数据金融信息服务会获得更大的发展机遇。展望 2019 年，大数据金融信息服务业将呈现如下五大趋势。

（一）大数据分析成为金融信息服务行业的基础能力

随着金融基础设施建设的不断完善，大数据分析和商业智能工具在金融信息服务业的应用程度将不断加深。金融领域拥有海量数据资源，且金融相关服务对数据的依赖性较强。金融行业是大数据技术落地应用最早的行业之一，也是应用大数据应用最快、使用范围最广的行业之一，金融信息服务的发展与大数据技术应用紧密相关。从发展现状来看，大数据在金融信息服务行业的应用取得了较为显著的成果，如数据资产化、深度数据挖掘、客户画像等，既推动了行业的创新发展，也深受客户喜爱，因此，大数据分析将会成为金融信息服务行业的基础能力。

（二）大数据金融信息服务市场规模将不断扩大

信息技术的快速发展，推动金融信息服务覆盖的人群不断增加，金融信息服务市场规模将进一步扩大。首先，伴随 5G 移动网络进入商用阶段，依托互联网发展的信息服务业获得了全新的发展机遇。区块链、物联网、人工智能等应用的加速落地，一方面会推动金融基础设施迭代升级，让金融基础设施更便捷地面向更广大的客户群体，另一方面也将会强烈刺激信息服务行业的发展。其次，目前有很多互联网科技企业正在加速向科技金融领域发展，如阿里、腾讯、京东等，互联网巨头的推动也将刺激金融信息服务行业的发展。最后，大数据分析正处于市场开拓期，随着大数据在金融领域应用的加深，基于金融信息和服务的大数据分析应用需求将日益增长，这也会带动整个行业的发展壮大。

（三）金融信息服务与社交网络进一步融合

现阶段，金融信息服务不涉及网络新闻信息服务，服务对象是“特定用户”，主要包括一些机构和特定投资者。伴随大数据技术的不断进步，金融业的资料来源将不断扩容，从新闻媒体、社交媒体等网络媒体将获得越来越多的数据，大数据将助力金融信息服务企业多渠道、动态化、全方位获取客户动态和市场信息，金融信息服务体系与客户社交网络将加快融合与裂变。大数据金融信息服务将更加深入了解目标客户的需求，实现更高效灵活的客户关系管理，对目标客户进行精准营销和个性化服务。

（四）大数据金融信息服务将创造新的细分市场

大数据技术在金融信息服务各环节应用程度的加深，将会创造出更多新的细分市场。大数据技术在满足客户关于信息和数据的金融信息业务服务需求的过程中，也将在客户需求驱动下产生更多的创新。一方面，伴随大数据分析与金融信息服务的结合程度的加深，大数据分析应用与客户需求的良性互动将更加明显，部分优势明显、需求量大的大数据分析应用将更加容易成为金融信息服务的独立模块，进而产生新的细分市场；另一方面，大数据应用在推动金融信息服务行业发展的同时，也会推动相关信息服务业务创新变革，促进产生新的金融服务衍生产品，如新的营销、风控、智投等。

（五）大数据推动金融信息服务生态体系发展

伴随全球新一轮信息技术革命的爆发，新一代信息技术的发展正在形成一个多技术融合生态。金融信息服务的兴起与发展都需要依托新一代信息技术，大数据、云计算、人工智能等信息技术在金融领域应用的深度、广度、精度不断提升，多技术融合生态不断推动金融信息服务生态体系的发展。从技术发展趋势看，多种新一代信息技术在实践应用过程中实现配合、结合、融合，不同技术的边界日益模糊，新技术的创新通常处于技术交叉领域。金融信息服务行业需要同时运用多种新一代信息技术，技术融合生态推动金融云、金融大数据平台、人工智能平台等应用的发展，也进一步促进了金融信息服务生态的进步。

五　大数据金融信息服务业面临的挑战

（一）行业发展面临全新的挑战

新一代信息技术在促进金融信息服务业发展的同时，也给行业带来全新的挑战。一方面，大数据金融信息服务平台自身可能存在潜在的科技风险。大数据在提高金融信息服务效率和质量的过程中，也带来了一系列问题，金融信息服务企业提供的部分产品和服务在短期内难以发现问题，但长期可能存在风险多样、隐蔽等问题，且一旦问题爆发，高速传播可能引发系统性风险。另一方面，大数据平台和网络平台的应用纳入了大量未被传统金融覆盖的人群，有力促进了普惠金融的发展，但由于很多客户金融知识欠缺、风险识别能力不强、实操经验缺乏，容易受到外部的误导或欺诈，客户遭遇风险的可能性增大。

（二）行业监管困境

当前，由于信息技术、金融科技快速发展，金融信息服务行业的发展速度要超过相关机构的监管能力，具体体现在三个方面。一是行业复杂性对监管提出更高要求。大数据金融信息服务正常运转的背后是一个超大型复杂系统信息系统，涉及复杂的信息结构、海量的数据资源、高频的客户互动管理，很多业务活动目前还未形成合理有效的监管方法。二是业务链上的监管困境。伴随金融信息服务业的快速发展，业务链条不断变长，各环节的专业性、科技性和外联性都在增强，加上业务内容多是涉及客户金融隐私的信息，因而只要业务链上任何一个环节出现问题如数据泄露、遭受攻击等，都会对客户的财产安全产生威胁。因此，金融信息服务业务链的发展给行业管理机构带来很大压力。三是监管要求的技术性显著增强。新兴科技的发展并未改变金融的风险属性，甚至因其与网络、数据相伴相生，反而在一定程度上加剧了金融风险。由于大数据技术的推动作用，非金融企业和机构逐步进入金融信息服务行业，加剧了市场竞争，直接对传统金融机构的监管体制产生强烈冲击，且因为部分非金融企业如互联网巨头拥有显著的技术优势，这又增加了行业监管难度。

（三）行业数据整合问题

数据技术的快速发展与应用水平的显著提高，带来各行业数据量的指数级增长，据估计，到2020年我国数据量将超过8000EB。海量数据的生成与应用随之也带来一些问题。一是数据充分应用问题。金融信息服务行业的数据应用程度在各行业中已经较为领先，但不同线条和部门的存在造成数据在组织中处于割裂状态，数据真正拥有者如职能部门、风险部门、管理部门等部门间未建立有效的共享机制，海量的数据资源仍然处于分散状态、睡眠状态和孤岛状态，因此，对数据的充分应用是一项亟待解决的问题。二是数据标准化问题。规范的标准是数据正常使用的前提，也是衡量数据质量的基础指标，数据标准化成为制约大数据应用的关键问题。目前金融行业内部不同机构的标准规范存在差异，同时，数据的采集方式、提炼维度、处理过程、交换方式等也存在差异，造成数据标准化工作发展滞后。三是数据安全性问题。安全与隐私问题是大数据金融信息服务业发展过程中需要防范的关键问题。一方面，金融数据泄露的风险大大提高，无论是在存储、传输、处理等过程中，还是数据管理和运营中都很容易发生泄露。同时，金融数据具有非常高的价值，通过目前分析技术，即使是不直接相关的数据被大量收集后，也可以挖掘到个人隐私。另一方面，对金融数据的使用越来越频繁，企业与客户内外交互越来越密切，其他行业与金融行业数据的交叉使用越来越多，数据安全面临的形势更加复杂多变，安全防范工作面临的挑战更具有意外性、突发性和隐蔽性。

（四）行业需要的人才稀缺

大数据金融信息服务业作为新兴行业只有跟上高新科技发展步伐才能够发展壮大起来，只有顶尖金融科技人才的加入才能推动行业的发展。从我国金融信息服务业和大数据产业发展现状来看，人才匮乏成为普遍现象，复合型人才更是极为稀缺。与其他行业相比，大数据金融信息服务行业的发展对人才的复合型能力要求更高，需要掌握计算机软件技术、金融学、数学、数据科学等方面知识以及应用领域的专业知识，因而稀缺情况更为严峻。根据全球顶尖的人力招聘公司 Michael Page（中国）发布的《2018 年中国金融科技就业报告》，92% 的受访金融科技企业发现中国目前正面临严重的金融科技专业人才短缺。

六　推动大数据金融信息服务业发展的对策建议

（一）加快完善大数据金融信息服务业的制度建设

为充分发挥金融数据作为信息生产要素的重要作用，要加快完善政策支撑体系和制度环境，把大数据金融信息服务业发展纳入我国金融发展战略。具体来说，一是要创新和完善对金融信息服务的监管，守住不发生系统性金融风险的底线，保护金融消费者的合法权益，加快推进大数据技术与金融信息服务创新深度结合；二是要完善信息安全立法和保护，细化行业和地区标准，充分保障金融信息服务行业健康有序发展；三是要出台一系列政策，推动大数据金融信息服务业与金融机构、互联网科技企业的协同合作、共同进步，鼓励强强联合，全面提高我国金融业的国际竞争力；四是要从行业的未来发展入手，优化升级现有人才政策体系，加快行业人才队伍全局性建设。

（二）加大行业关键技术研究与创新力度

技术是保持大数据金融信息行业优势的关键，大数据金融信息服务业对技术有着较高的要求，金融信息服务行业应加大对关键技术的研究与创新力度。一是要加大对前瞻技术的研发力度和应用力度。加大对人工智能理论与技术的研究力度，保障对可视化技术、知识库技术、非结构数据处理技术等前瞻技术的资金和人才支持，推动服务与移动互联技术、区块链技术、云计算技术的有效结合，为行业发展提供稳健的数据支撑，为大数据金融信息服务的开展创造良好的技术条件和应用条件。二是要加快实现内部各环节数据的互联互通。标准化程度决定着金融数据质量的好坏，统一的标准有利于大数据金融技术的深度应用，应围绕业务流程建立并推广数据标准结构，加强技术体系标准和数据体系标准工作，推进各部门使用统一的标准化接口，确保金融数据能够发挥出最大效用。三是要以满足客户需求为创新导向。要根据客户的基本信息、客户喜好、行为习惯等数据，建立基于客户的个性化动态数据库，并不断补充和完善客户数据，通过对海量数据的挖掘和分析，积极从客户视角推动业务创新，不断提高客户对产品和服务的满意程度。

（三）加快完善数据安全管控工作

金融数据的泄露会带来一系列严重问题，数据安全问题是大数据金融信息服务行业健康有序发展的关键。为保证信息数据的安全性，必须强化数据安全管控工作：一是要推动各金融机构将数据安全管控工作纳入日常风险管理系统，增强数据安全监控的动态性，提高数据泄露的风险预警水平，切实提高数据信息安全系数；二是要推动各项金融信息服务业务的规范化工作，要加强对业务链中涉及相关机构的科学调控，加强数据安全管控标准的统一工作，促进协同防范数据泄露问题，切实提升金融数据自我监督水平；三是要建立金融信息服务企业与监管机构之间畅通的交流渠道，保证监管机构能够对行业展开及时、合理、有效的指导，也保障行业动态和企业意见能够快速反馈给监管部门，切实保障监管政策和安全管理条例的贯彻执行；四是要加强与客户之间的交流，建立企业 - 客户之间的数据安全防范范式，提高客户的安全防范意识，帮助客户熟悉并掌握正确的数据使用方式，让客户成为数据风险管理的一部分，有效增强机构的风险管理能力。

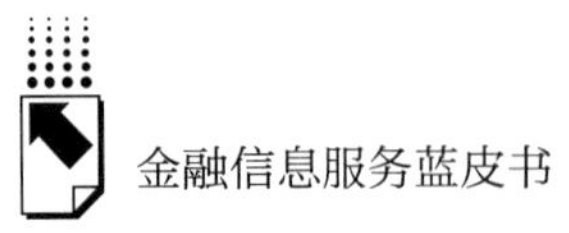

（四）加快培育金融信息服务行业“独角兽”

“独角兽”通常出现在新兴行业，能够反映一个行业的创新活力和发展潜力，衡量大数据金融信息服务业发展水平的一个重要指标就是“独角兽”企业数量。目前，金融信息服务业还没有“独角兽”，而其具备打造一批“独角兽”企业的先天条件，因此需要加快培育出一批在行业内具有优势的“独角兽”金融信息服务企业：一是要加快出台相关产业支持政策，形成体系完整、具备持续创新能力的产业格局，为促进大数据金融信息服务业发展提供有效的支撑体系和保障体系；二是鼓励金融信息服务企业打造超大型服务平台，推动行业企业加强与国内外先进大数据企业、金融科技企业进行外部合作，提升平台影响力；三是鼓励企业加强关键核心技术攻关，支持金融信息服务企业通过自主研发项目、吸纳转化国内外科研院所技术成果，不断增强技术创新能力，同时要加强知识产权保护，积极打造知识产权强企；四是加快建设完善行业孵化链条，为培育“独角兽”提供基础条件，如众创空间、孵化器、“独角兽”园区等。

B.8
金融信息服务上市公司运营分析

李巧明　李文军

摘　要： 本报告选取了4家金融信息服务上市公司进行微观分析，试图从基本情况、核心竞争力、市场表现的角度探寻整个金融信息服务业发展态势。这4家上市公司经过近20年的发展，在一定程度上成为该行业的标杆，有一定的典型意义。本报告指出，金融信息服务业这个市场正在向寡头化的方向发展，处在转型的十字路口。同时，技术带来新的机遇，随着互联网创新与金融创新的推进，又有新的市场参与者不断进入这个行业，探索新的金融信息服务业态。

关键词： 金融信息服务业　核心竞争力　技术创新

一　前言

改革开放以来，经济转型推动我国的产业结构不断变化，服务业在国民经济中的地位得到了很大提升。从1978年到2017年，服务业占GDP的比重从24.6%上升至51.6%，对国民经济增长的贡献率从28.4%上升至58.8%，成为国民经济第一大产业和经济增长的主动力。其中，金融业增加值年均实际增长12.2%，高出服务业年均实际增速1.7个百分点，占GDP的比重从1978年的2.1%提高到2017年的7.9%[①]。《金融信息服务管理规定》[②] 所指

① 国家统计局：《服务业在改革开放中快速发展，擎起国民经济半壁江山》，http://www.stats.gov.cn/ztjc/ztfx/ggkf40n/201809/t20180910_1621829.html。

② 国家互联网信息办公室于2018年12月26日公布。

的金融信息服务，是指向从事金融分析、金融交易、金融决策或者其他金融活动的用户提供可能影响金融市场的信息和金融数据的服务。换句话说，金融信息服务业，是指提供金融信息产品和服务的产业集合，专注于金融信息的集成、分析、传播、升值等，是金融业的衍生行业之一，与金融业存在着共生共荣的关系，又具有显著的信息服务业特征，在新的技术语境下有较强的新兴服务业属性。从供应链的角度来看，该行业既包含上游的综合信息服务提供商、IT 解决方案提供商、金融信息系统集成商、软件和网络服务供应商等，也包括专注于机构用户和非机构用户的信息产品提供商，后者可以理解为对金融信息服务业的狭义解释。

通过仔细检索和分析，本报告认为中国大陆境内符合金融信息服务业狭义定义且能获取系统全面资料的上市公司主要有金融界、大智慧、同花顺、东方财富 4 家。

二　4家上市公司简介

（一）基本情况

中国金融在线有限公司（“金融界集团”）是中国唯一一家在纳斯达克上市的金融信息综合服务提供商，（股票代码 NASDAQ：JRJC），旗下有中文财经网站金融界和证券之星，前者主要提供金融和财经信息，后者是专业的投资理财服务平台。另外还有巨灵财经为行业提供金融数据库，日发金融专注于证券经纪和期货经纪服务。

大智慧，全称上海大智慧股份有限公司，主要以软件形式向用户提供金融信息服务，（股票代码：601519），多次荣获软件行业各项大奖。不同于东方财富是平台型公司，大智慧更像是一家产品型公司，为用户提供多元化、多层次的产品选择，如大智慧 365、大智慧策略投资终端、DTS 大智慧策略交易平台。

浙江核新同花顺网络信息股份有限公司（同花顺）（股票代码：300033），

较早在移动互联网、云计算、大数据、智能搜索、人工智能、金融工程、语音交互等领域进行技术研发与战略布局，包括网上行情交易系统、移动金融信息服务、基金销售、金融大数据处理及云服务等业务板块和产品。

东方财富网以建设一站式金融理财平台为目标，旨在提供全方位、多层次的金融理财服务，构建基于流量、数据、场景、牌照四大要素的互联网金融服务生态圈，（股票代码：300059）。主营业务有信息服务、证券业务、电子商务服务、期货服务，如天天基金网、股吧、东方财富终端、东方财富证券、choice 数据等。

（二）成立时间与 IPO 时间

金融信息是金融市场必不可少的要素，金融信息服务业则是金融行业日渐成熟、专业化分工不断细化的产物。我国的金融信息服务业始于 20 世纪 80 年代，其最初的形式为金融电子化。1984 年，公开向社会发行了我国第一只股票。1987 年，由深圳多家金融机构出资组成了当时国内的第一家证券公司（深圳经济特区证券公司）。1990 年，上海证券交易所与深圳证券交易所分别成立。伴随着金融市场的初步形成，用户对金融信息的需求出现井喷。在其后的十几年间，金融界、大智慧、同花顺、东方财富 4 家企业纷纷成立，并通过几年到十余年不等的时间完成沉淀与积累，实现了上市（见表 1）。

表 1　公司成立时间与 IPO 时间

时间	金融界	大智慧	同花顺	东方财富
成立时间	1999 年	2000 年	2001 年	2005 年
IPO 时间	2004 年	2011 年	2009 年	2010 年

资料来源：根据公开资料整理。

根据中国互联网络信息中心（CNNIC）发布的《第 42 次中国互联网络发展状况统计报告》，截至 2018 年 6 月，我国购买互联网理财产品的网民规模达到 1.69 亿人，较 2017 年末增长 30.9%，呈现高速增长趋势。网络支付

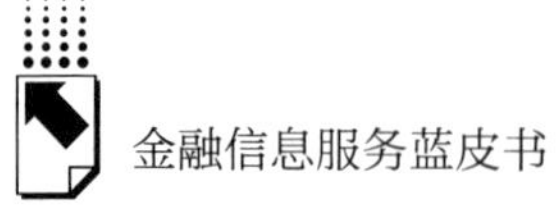

用户规模达到5.69亿人。这从另一个侧面反映了互联网已成为人们从事金融业务、获取金融信息的重要战场。越来越多的网民成为股民。随着人们理财意识的觉醒与理财习惯的培养，将会有更多的金融信息需求产生。

（三）行业属性

金融信息服务业是高市场敏感度、高政策敏感度的行业。经济形势的晴雨、市场的震荡、投资市场的活跃程度、投资者的情绪波动都直接影响金融信息服务的需求。以百度指数来说明，百度指数是用户主动搜索的意思表达，以用户在百度的搜索量为数据基础，在一定程度上反映了产品热度。因为关键词的限制，本报告设置了金融界首页、东方财富网首页、同花顺官网、大智慧官网4个关键词进行比对，因为不可以对相近词义进行叠加（比如搜索“同花顺官网”的还有对其许多相邻产品的搜索，但是搜索“东方财富网首页”的用户则没有），所以图1只是模糊反映了市场热度。总体来看，东方财富的热度是最高的，同花顺次之，金融界与大智慧不相上下。2015～2016年出现了一个搜索高峰，这与这段时间的股市异动、牛熊互切、暴涨暴跌的行情密切相关，市场波动越大，活跃度越高，人们对金融信息的需求越高，越需要借助信息来降低不确定性，辅助决策。

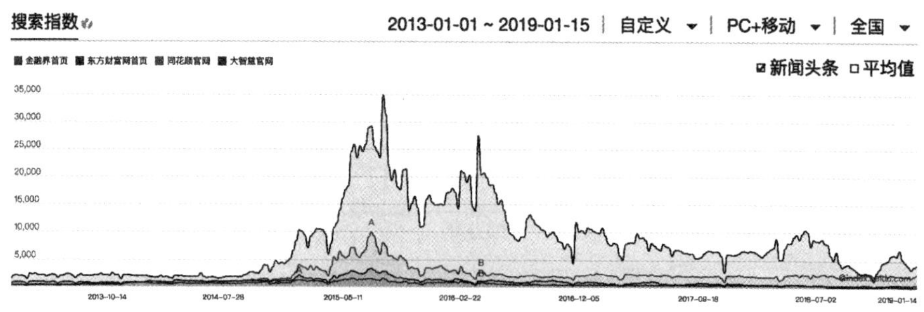

图1　百度指数

从政策角度来看，防范和化解系统性金融风险位于近年来“三大攻坚战”之首，一系列针对金融行业的严监管“组合拳”出手。在这个背景下，

《金融信息服务管理规定》出台，从外围环境到内部运作，进一步规范金融行业、金融信息服务业的运作。此外，利好经济发展政策的出台，也有助于稳定投资者情绪，提振市场信心。《关于促进信息消费扩大内需的若干意见》《金融业信息技术“十三五”发展规划》《促进新一代人工智能产业发展三年行动计划（2018～2020年）》等政策叠加，从刺激信息消费、夯实金融信息服务基础设施、引导探索新技术应用等角度，对金融信息服务业直接施力。以案例来说明，有关同花顺的研报显示，受2018年股市活跃度下滑及贵金属监管整改影响，公司股票软件销售及广告推广收入、大宗商品交易费及投资收益下滑较多。再比如，针对优质民企的纾困资金进场，有助于化解股票质押风险，提升券商板块估值。

三　核心竞争力

金融信息服务业的底层逻辑是金融信息的采集、分析、存储与传递，主要包含的内容有宏观层面的经济大势、国内外环境、政府管理，中观行业层面的行业发展、金融产品波动情况，微观层面的企业经营情况、企业金融产品的情况。主要呈现的形式有财经新闻、企业报告、研报。从时间轴来看，有历史数据、实时行情和未来预测。因为面对的是同一个市场、同一类研究对象，不可避免地导致了金融信息千篇一律，内容同质化严重。而如何将信息组合、架构、解读、集成、推送就成了金融信息服务企业核心竞争力的源泉。

以全球最大的金融数据服务巨头彭博（Bloomberg LP）为例，其主打产品彭博终端机为分析师提供实时的市场交易数据和行业资讯，终端机贡献收入超过年收入总额的80%，资源的有限性、权威性为其营造了天然的利润空间。但其非终端业务（如投资组合分析、实时数据及新闻产品等）的营收增速在2018年高过终端业务增速[①]。以国内行业巨头万得（Wind）为

① https：//dedicated.wallstreetcn.com/toutiao/articles/3466585？tt_from=weixin&tt_group_id=6644712630604792333.

例，其和彭博一样并未上市，商业模式也以金融服务终端收费为主。具体到这 4 家上市公司，其也有自己的独到之处，并且打下了创始人的烙印。

（一）流量

从表 2 可以看出，不管是总页面浏览量、总访问时长还是总覆盖人数，东方财富都体现出了十分大的吸引力和用户黏度。东方财富创始人其实是做财经证券媒体起家。媒体的逻辑是内容取胜，以内容为流量筑基。东方财富形成“门户网站 + 垂直财经频道 + 互动社区”三大流量入口，目前为“全国用户访问量最大、用户黏性最高的互联网金融服务平台之一”。其竞争对手也不逊色，同花顺金融服务网拥有注册用户超过 4 亿人，金融界注册用户超过 3000 万人。同花顺在移动端比东方财富更胜一筹，移动 App 平均月活用户数为东方财富和大智慧之和，源于其在 2007 年就开始布局，研发费用也侧重移动领域，这与其创始人的工科背景也不无关系。但是面对互联网巨头的流量垄断和虹吸效应，这种流量优势是否持久、有效？如何实现流量变现，创新盈利模式？不可否认的是，这种流量积累的确是公司发展的宝贵财富，通过延伸产品线提供增值服务，平台借此发挥了协同效应。东方财富凭借流量优势异军突起，在证券领域远超其他券商，公司市场份额实现逆势增长。

表 2　流量情况

公司名称	总页面浏览量（万次）	总访问时长（小时）	总覆盖人数（万人）	移动 App 平均月活用户数(万人)
金融界	319890.30	69382649.00	53795	无
大智慧	无	无	65861	940
同花顺	731061.00	216025188.00	107421	2934
东方财富	9396808.10	2143554773.00	400742	951

注：为统一口径，方便比对，总页面浏览量、总访问时长、总覆盖人数数据统计区间为 2013 年 1 月 6 日至 2017 年 5 月 7 日，因大智慧无财经新闻门户网站，数据差异较大，故未纳入统计；移动 App 平均月活用户数根据 2015 年 6 月至 2018 年 10 月的数据测算而来。

资料来源：万得资讯。

（二）技术

随着科技的发展，新的金融业态不断涌现。面对新用户、新市场、新技术，不断开发新产品，适应新变化，才能在市场上把握主动权。各大企业纷纷布局金融科技，增强产品开发能力，近年来紧锣密鼓推出了一系列人工智能、大数据领域的应用产品，如同花顺的智能投顾产品——股市助手小花，金融界的灵犀智投。数据是根基所在，金融数据终端的产品有金融界的巨灵金融终端、东方财富的 choice 数据、同花顺的 iFinD、大智慧的 MT4，聚合量化研究、市场研究等功能。东方财富的投资大师、同花顺的量化交易终端“MindGo”平台，基于海量数据与自然语言分析提供服务。

金融信息服务行业重视技术投入，从表 3 可以看出，这 4 家公司整体上都保持了较高的研发投入水平，占营收比例 20% ~30% 不等。从绝对值来看，研发投入不算特别高，在所有上市公司的排名在 300 名上下。同花顺的研发投入一直高于其他公司，并且研发投入占营收比重一度达到了 40%。持之以恒的投入与关注，技术助力产品开发，使得同花顺在金融信息服务领域的毛利率高于其他竞争对手，2018 年半年报中同花顺的互联网金融信息服务毛利率达到 86.28%。

表 3　研发投入情况

年份	金融界		大智慧		同花顺		东方财富	
	研发投入（百万美元）	占营收比例（%）	研发投入（亿元）	占营收比例（%）	研发投入（亿元）	占营收比例（%）	研发投入（亿元）	占营收比例（%）
2017	16.2	37.67	1.36	21.29	3.48	24.70	1.82	7.15
2016	14.5	17.65	1.61	14.28	2.97	17.11	1.78	7.59
2015	10.7	10	2.21	33.98	2.79	19.34	1.48	5.09
2014	11.1	13.21	2.59	31.61	1.15	43.39	0.71	11.55
2013	9.0	16.98	2.76	30.89	0.80	43.68	0.40	15.97
平均值	12.3	19.07	2.106	26.41	2.238	29.64	1.238	9.47

资料来源：公司年报，占营收比例由计算所得。

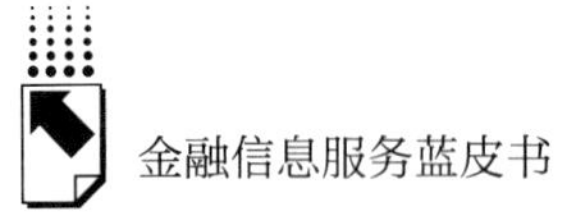

金融界、大智慧、同花顺、东方财富均获得高新技术企业证书，享受15%的税率。截至2018年6月，东方财富注册商标100项，软件著作权181项，非专利技术50项。同花顺拥有商标108项（2017年底数据），软件著作权186项，非专利技术88项。截至2017年12月，金融界拥有商标65项（含大陆和香港注册），软件著作权229项。大智慧的软件、商标及著作权的期末账面价值为735.87万元。

在这里不得不提“中国证券金融信息知识产权第一案”，万得诉同花顺“iFinD金融数据终端构成著作权侵权及不正当竞争”，一审判决同花顺立即停止制作、销售、许可他人使用抄袭“Wind资讯金融数据终端”的金融数据终端产品，并赔偿万得合计335万元，万得向法院提起上诉。这一方面反映了金融信息服务业的市场竞争在某种层面上就是技术的竞争，技术研发在一定程度上能撼动彼此市场、打破市场垄断；另一方面也为技术创新提供前车之鉴，如何在遵守、保护知识产权的前提下，实现良性竞争。

（三）资质

资质是来自政府监管层面的硬性约束，是一个企业进入市场的前置条件。在金融领域，合规性特别重要。为加强对金融信息服务的管理，促进金融信息服务健康有序发展，2009年出台了《外国机构在中国境内提供金融信息服务管理规定》，2018年底出台了《金融信息服务管理规定》。前者是许可规范，主管部门为国务院新闻办公室、商务部和国家工商行政管理总局，申请后获得批准方可从业；后者厘清了金融信息服务的管理机构为国家互联网信息办公室，金融信息服务提供者从事互联网新闻信息服务，法定特许或者应予以备案的金融业务应当取得相应资质，并接受有关主管部门的监督管理。

一是证券投资咨询业务牌照。在证监会近日公布的证券投资咨询机构名录中，金融界、东方财富、同花顺都在列。据说该牌照是极其稀缺的资源，全国总共才84家，加之监管趋严，形成了一定的行业进入壁垒。在金融信息服务业领域还有和讯、益盟股份、指南针等拥有该牌照。

二是其他许可证。增值电信业务经营许可证是通过互联网向上网用户提供有偿信息、网上广告、代制作网页、电子商务及其他网上应用服务的公司必须办理的网络经营许可证。获得广播电视节目制作经营许可证的企业，可以从事专题、栏目、综艺节目、卡通、广播剧、电视剧、节目版权买卖等广播电视节目。信息网络传播视听节目许可证是对网络内容生产、传播的一个许可。网络文化经营许可证是许可通过互联网生产、传播和流通的文化产品。4 家公司许可证拥有情况见表 4。

表 4　许可证拥有情况

类别	金融界	大智慧	同花顺	东方财富
增值电信业务经营许可证	√	√	√	
广播电视节目制作经营许可证	√	√		
信息网络传播视听节目许可证	√	√		√
网络文化经营许可证		√		

资料来源：根据公开资料整理。

三是关于智能投顾业务的限定。按照《关于规范金融机构资产管理业务的指导意见》要求，取得投资顾问资质的机构才可以在具备一定技术的情况，运用人工智能技术开展投资顾问业务，非金融机构不得借用智能投资顾问超范围经营或变相开展资管业务。

除此之外，东方财富还拥有基金代销、证券、期货、第三方支付、征信、小额信贷、公募的牌照，竞争壁垒高筑，优势更加凸显，为其向财富管理、金融服务转型提供了有力支撑，“一站式互联网金融服务平台”战略稳步推进。

四　市场表现

（一）市值

截至 2019 年 1 月 16 日，金融界的市值为 2361.96 万美元（2004 年上市时市值为2.19亿元)，东方财富总市值达到662.57亿元，同花顺市值达到227.08亿元，大智慧的市值为72.75亿元。中商情报网统计显示，从2018年中国软件开发及服务行业上市公司市值排行榜来看，同花顺市值排名第10，大智慧排名第57①。从2018年中国证券行业上市公司市值排行榜来看，东方财富排名第11②。

(二)主营业务及收入来源

通过分析2013~2017年的年报发现，2015~2017年，金融界的收入来源主要是金融服务，2013年、2014年的主要来源是贵金属交易服务收入，金融信息与咨询次之，最后是广告(见图2)。

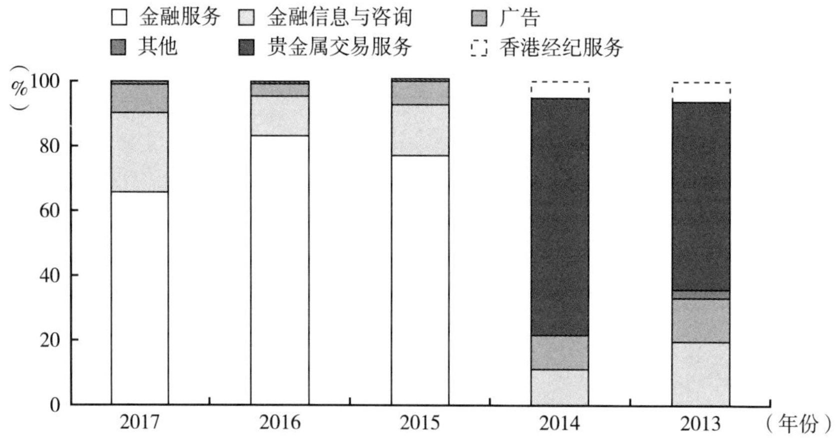

图2 金融界收入结构

资料来源：公司年报及东方财富Choice数据。

---

① 中商产业研究院：《2018年中国软件开发及服务行业上市公司市值排行榜》，http://top.askci.com/news/20190102/1644411139579.shtml。

② 中商产业研究院：《2018年中国证券行业上市公司市值排行榜》，http://top.askci.com/news/20190102/1658001139582.shtml。

大智慧的营业收入主要来自港股服务系统，2014 年的主要收入来源是贵金属业务，2013 年的收入来源是金融数据及数据 PC 端系统（见图 3）。广告业务一直不是该公司的重点。2016 年开始在直播业务——“视吧”直播平台有所探索，但是就目前来看，利润为负。

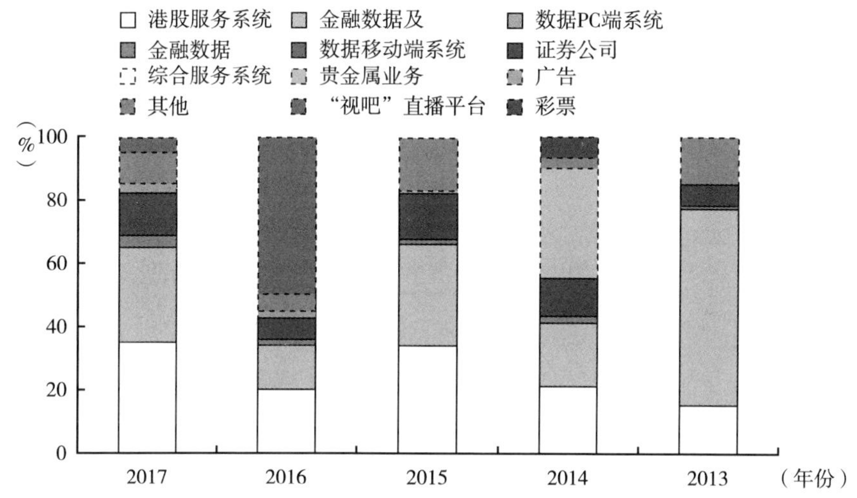

图 3　大智慧收入结构

资料来源：公司年报及东方财富 Choice 数据。

同花顺的收入来源主要是增值电信服务，占比 56% ~73% 左右；其次是广告及互联网业务推广服务，占 20% 左右；排在第三位的是软件销售及维护，占 7% ~22% 不等；其他还有少量的基金销售和电子商务服务收入（见图 4）。

东方财富以 2016 年进军证券业为时间节点，在此之前以金融信息服务为主，此后这块业务逐渐递减。如图 5 所示，金融电子商务服务是东方财富的重头戏，收入占比一度高达 80%。其次是金融数据服务，最后是互联网广告服务。但是互联网广告服务曾在 2013 年占到收入的 40%。分析该公司的产品结构难以得到一个前后一致的趋势。

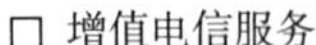

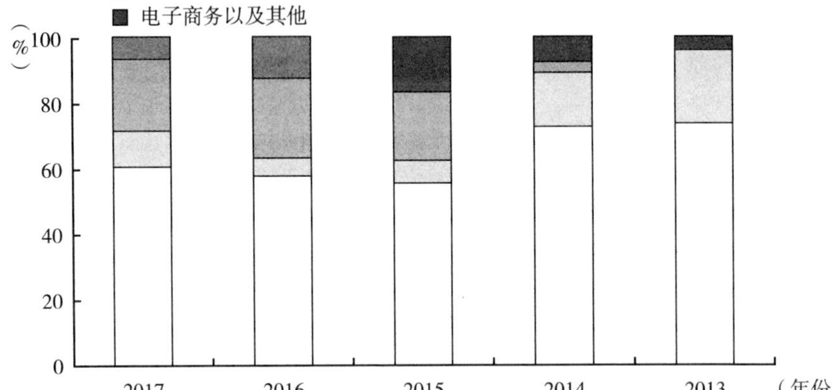

图 4　同花顺收入结构

注：公司年报2013年的表达口径与后面4年不一致，为简化表格，方便理解，在统计时将“互联网金融信息服务”与“手机金融信息服务”统一纳入增值电信服务，将“系统销售及维护”约等同于“软件销售及维护”类别，将“其他收入”纳入“电子商务以及其他”一类中。

资料来源：公司年报及东方财富 Choice 数据。

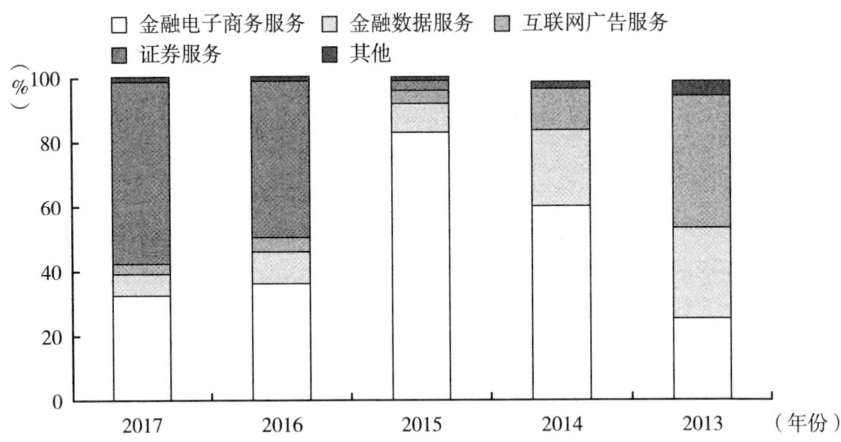

图 5　东方财富收入结构

资料来源：公司年报及东方财富 Choice 数据。

（三）基本每股收益

基本每股收益反映了股票投资价值，是理解公司获利能力的重要指标之一。来自南方财富网的统计数据显示，100 只绩优股中，2017 年基本每股收益超 1 元的企业有 59 家[①]。这样看来，同花顺有较好的市场表现。分行业来看，2018 年年中，行业排名前 5 的平均每股收益为白酒（1.46 元）、保险（1.17 元）、机场（0.69 元）、银行（0.68 元）；排名第 10 的家用电器行业，平均每股收益达到了 0.38 元[②]。粗略估算，仅就 2018 年半年数据来看，金融信息服务业的基本每股收益在所有行业中排在 50 名上下。4 家公司基本每股收益情况见表 5。

表 5　基本每股收益

时间	金融界（美元/股）	东方财富（元/股）	同花顺（元/股）	大智慧（元/股）
2018 年半年	0.04	0.11	0.36	-0.014
2017 年	0.32	0.15	1.35	0.19
2016 年	0.01	0.17	2.25	-0.885
2015 年	0.20	1.09	1.78	-0.225
2014 年	0.07	0.14	0.22	0.054
2013 年	0.08	0.01	0.16	0.006

资料来源：公司年报。

（四）盈利能力

盈利能力反映的是企业获取利润的能力。主要关注的指标是营业利润率、净资产收益率。总体来看，同花顺和东方财富近 5 年来一直保持着正的净资产收益率，且同花顺的相对较高，金融界除 2015 年为正以外，年年净资产收益率为负，大智慧在正负之间波动（见图 6）。从 2018 年的半年度报告来看，这 4 家公司的净资产收益率都低于 10%。

① 南方财富网：《绩优股 2017 年收益性排名及分析》，http：//www.southmoney.com/shidian/201806/2346024.html。

② 大源公开市场观察：《每股收益几何：2018 中报上市公司每股盈余排名》，https：//baijiahao.baidu.com/s？id＝1611956747724227766&wfr＝spider&for＝pc。

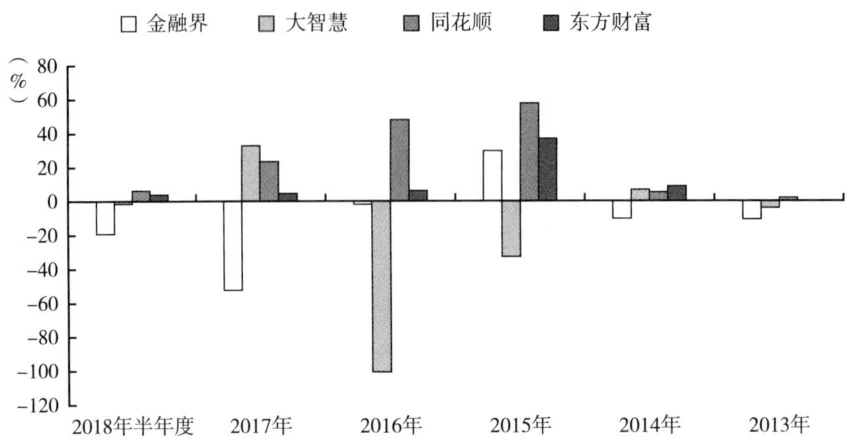

图 6　2013～2017 年净资产收益率

注：为统一口径，方便比较，采用的平均净资产收益率。
资料来源：东方财富 Choice 数据。

从公司净利润来看（如图 7 所示），东方财富和同花顺总体来讲表现更好，2015 年有个整体跃升，但是后面又下跌。金融界表现平平，净利润比较稳定。大智慧 2015 年、2016 年审计的净利润为负，若 2017 年继续为负的话，则公司股票暂停上市。2013 年大智慧财务数据造假，被证监会处罚。

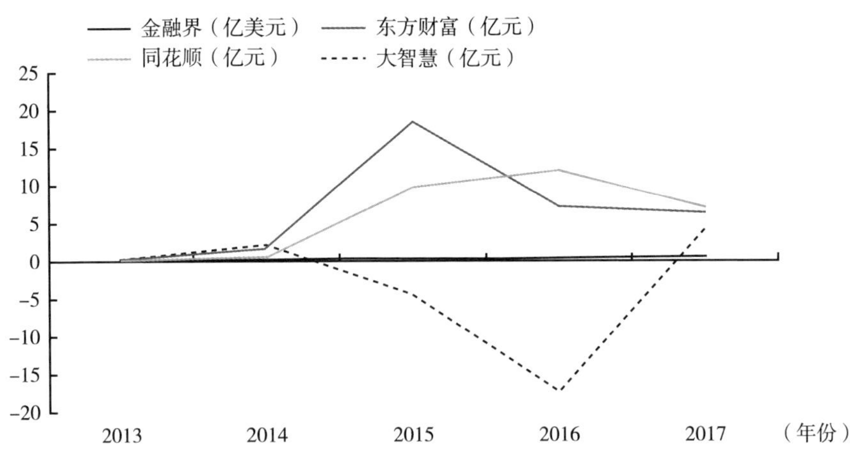

图 7　2013～2017 年净利润变化

资料来源：公司年报。

五　前景展望

金融信息服务业并不是金融业的附庸，它是行业的有机组成部分。一方面，金融信息本身就是一种利润来源，是经济增长的动力之一；另一方面，金融信息可以减少不确定性，降低经济成本。此外，较为真实反映经济发展状况的金融信息是经济发展的晴雨表，反过来，会促进实体经济的健康运行。

为进一步了解用户对金融信息服务业的看法，笔者开展了一次小调研，主要针对有理财行为的用户。在调研中发现，大部分人都认为金融信息服务业将会有一个比较好的发展，主要观点有：随着经济社会发展，人们生活水平提升，受教育水平提升，收入变高，金融需求也在增长；技术在金融领域的渗透，开启了新的机会之窗，推动了金融的普及，甚至拓展了三四线城市及乡镇地区的市场；金融信息服务行业本身在推动中国经济转型发展中具有重要地位。

从这 4 家公司来看，金融界业务下滑，多次爆出亏损消息。东方财富逐步转向证券行业，信息技术服务业占营业收入比重从前几年的 100% 降到 2017 年的 43.68%，逐渐成为次要业务；相应的，毛利率从 88.48% 降到 64.31%。同花顺坚守主业，专注于金融信息领域，试图借用技术在该领域继续开疆拓土。大智慧经营状况不佳，2018 年 10 月，恒生电子以 4.55 亿元收购大智慧（香港）41.75% 的股权。在这过程中，用户本身也会形成内锁效应，多年培养形成的使用惯性会使其难以向其他应用迁徙，一些用户明确表示，用惯了万得后，再用其他分析软件总不顺手。某种程度而言，金融信息市场日益寡头化。独占鳌头的万得，也在探索发展转型之路，先后和国元证券、太平洋证券、新湖中宝合作，涉足其他相关领域。处在转型十字路口的金融信息服务业，只能是各家企业各显神通。

与此同时，放眼整个金融信息服务业，还有麟龙股份（IPO 排队企业）、益盟股份（三板）、指南针（创业板）、通达信（A 轮融资）等尚未上市的中坚力量。后起之秀有雪球、每市、财说、慧博、萝卜投研等，它们都在垂直细分领域深耕。比如成立于2000年的雪球，于2018年7月完成了D轮融资，产品设计强调社交属性；成立于2012年的财说也致力于打造安全、透明、低成本的社交化网络投资交易平台；美股投资网、黑牛证券等专注于美股市场；彩贝财经旨在打造财经股票投资领域的直播平台；寻宝图针对机构和中高净值个人客户提供智能金融服务；慧博投研致力于打造最专业的投资研究大数据平台；萝卜投研则用新型的信息组织形式，基于大数据与人工智能提供投研支持。这些新兴的互联网创业公司纷纷进入金融信息服务业领域掘金，可见这个行业还是很有活力与吸引力，是否会给原有的市场带来新一轮的冲击与洗牌，且拭目以待。

应 用 篇

Application Report

B.9
区块链技术在金融服务和金融信息服务中的应用与展望

张 茜 姚 方 陈 润

摘 要： 区块链技术作为金融科技创新的典型代表，具有点对点网络、可溯源、分布式数据储存、加密技术等特点，凭借其去中心化、去信任化、公开透明、不易篡改等特征在金融信息服务领域得到广泛关注。区块链技术在金融信息服务领域的应用，为各项金融活动中客户管理、信息储存、资产交易、资金流转等流程提供了全新思路，对于降低金融业风险、提升运营效率具有重要的现实意义。本报告论述了区块链技术当前的发展现状，着重分析区块链技术在银行、保险、证券行业的应用所带来的技术性创新，并对区块链技术在金融信息服务的应用进行展望。

关键词： 区块链 银行业 保险业 证券业

罗马非一日建成。追溯区块链的缘起，要从现代密码学的发展历史开始。1978 年非对称密码机制的提出成为密码学的一次飞跃，使信息传输可以加密。类似的，现金能否像邮件一样加密发送，这是最早数字现金思想的由来。1982 年大卫·乔姆（David Chaum）提出基于 RSA 算法的新型密码协议——盲签名，利用盲签名构建一个具备匿名性和不可追踪性的电子现金系统，这是最早的数字货币理论，也是传统的“银行、个人、商家”中心化模式。Scott Stornetta 和 Stuart Haber 首次提到区块链架构技术，该系统利用“数字时间戳”进行商业交易[①]。2008 年，中本聪提出去中心化的电子现金系统，这一底层支撑技术就是今天热议的区块链。

一　区块链发展现状

（一）政策密集出台支持和规范区块链发展

区块链作为一种新技术，有可能在未来引发深度社会变革，受到持续关注和鼓励。目前国内出台的政策基本聚焦于鼓励区块链标准化制定、产业化发展及相关领域研究，鼓励探索区块链技术与各种应用场景结合，服务实体经济，也有部分政策针对区块链的监管。2016 年 12 月，区块链首次被作为战略性前沿技术、颠覆性技术写入国务院发布的《国务院关于印发“十三五”国家信息化规划的通知》，除了进一步明确加强区块链基础技术研究，开展区块链技术在金融领域的应用研究，还明确提出组织国家数字货币试点。随后各地政府纷纷出台有关区块链的政策指导意见及专项政策（详见文末附表），主要包括上海、青岛、杭州、广州、贵阳和重庆等地，对区块链技术支持、技术标准的设立、区块链政用和商用等方面进行试点与推广。还有部分城市将区块链发展计划作为金融科技重点布局之一列入当地金融业“十三五”发展规划，如北京、江苏、深圳、江西、内蒙古等地。从中央到地方密集出台的政策为区块链的发展营造了良好的政策环境。

① 李伟：《区块链、数字货币与金融安全》，《高科技与产业化》2017 年第 7 期。

（二）区块链项目获得资本关注和支持

自2013年以来，市场行情火爆的比特币使市场开始关注区块链，“矿机”“挖币”等词冲击大众的眼球，大批“币族”区块链创业公司应运而生。得益于行业资源丰富、政策扶持力度大、创业氛围浓厚等因素，北京、上海、广东三省市吸引了众多区块链创业公司入驻，占比分别为40.38%、19.87%、12.82%，浙江在相关的专项政策出台后新设企业数也快速增长，占比达到8.97%，有追赶北上广的态势。

资金是驱动区块链技术发展不可或缺的因素之一，风险投资机构是区块链领域内的主要投资力量。如图1所示，在融资规模方面，近年呈波动上涨态势，融资规模与融资案例数基本同步发展，2016年两个数据实现跨越式增长，融资总额达到12.71亿元的峰值，同比增长171.6%，融资的火爆程度和比特币的热炒不无关系。从2017年开始，虽然融资案例数仍然继续增长，但融资额下降，这可能源于对区块链技术应用监管的担忧，投资者变得更为谨慎和理性，单笔融资金额相对下降。随着区块链应用场景的落地和商业模式的不断清晰，虽然未来仍是严监管的市场环境，但区块链融资项目和融资额有望增长。2013～2017年区块链融资项目数量和公司数量见图2。

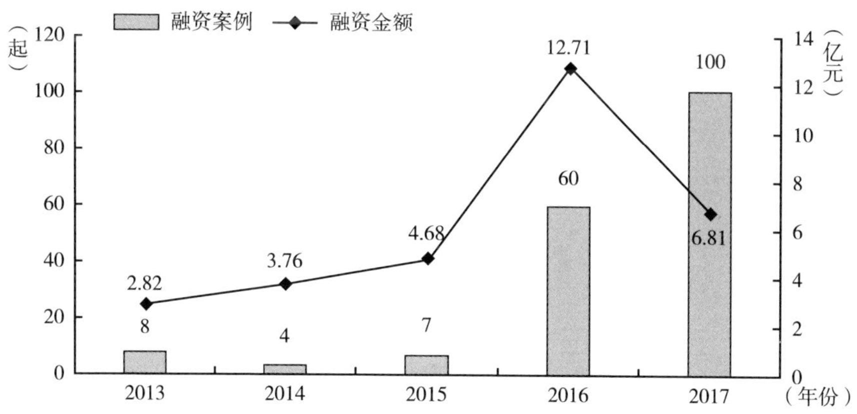

图1　2013～2017年区块链融资案例数量及金额

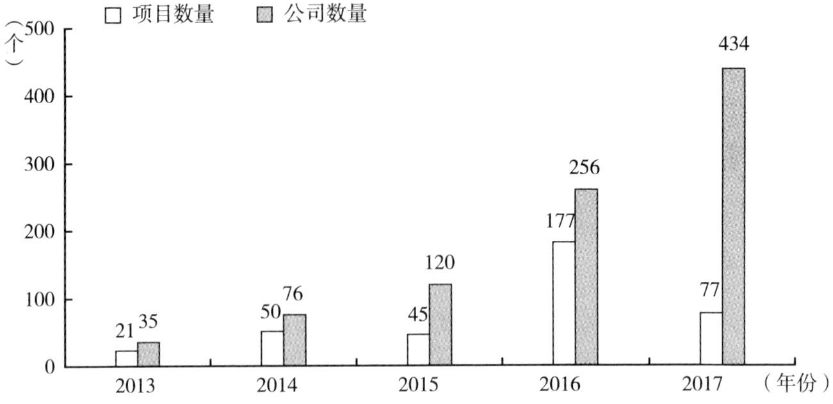

图 2　2013 ~ 2017 年区块链融资项目数量及公司数量

（三）技术创新加速，产业布局基本形成

技术创新加速，专利申请数量呈爆发式增长。专利对于公司吸引投资有重要作用，也是公司发展的核心竞争力。目前中国区块链的技术创新正经历明显加速的过程。根据国家知识产权局统计数据，2013 ~ 2015 关于区块链的专利数量寥寥无几，但从 2016 年起申请专利数量呈爆发式增长，截至 2018 年 10 月，中国区块链专利公开数量为 1551 件（见图 3）。如表 1 所示，

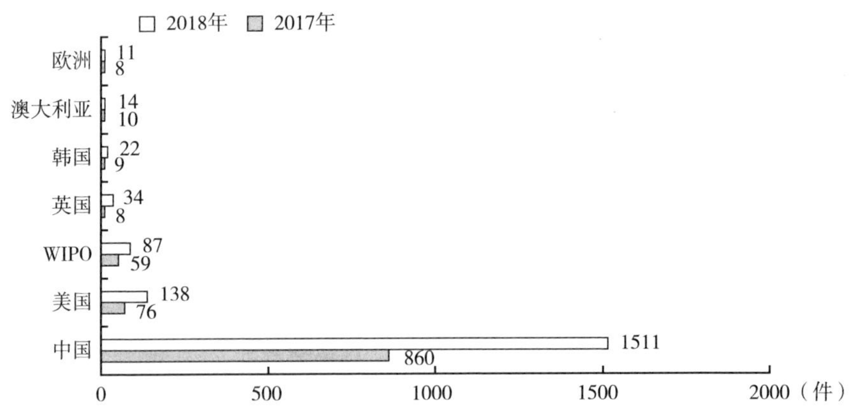

图 3　2017 ~ 2018 年各国及地区区块链专利数

注：因数据可获得性问题，2018 年数据为截至 10 月的数据。

各大企业、机构在专利申请的赛道上你追我赶。横向比较，世界知识产权组织（WIPO）数据显示，中国作为2017年提交区块链技术申请专利项目最多的国家，共申请了225项，高于美国及澳大利亚的91项和13项。

表1 2017~2018企业或机构区块链专利数量

单位：件

排名	申请人	国别	2017年全球专利数量	全球专利总量
1	阿里巴巴集团控股有限公司	中国	43	49
2	Bank of America Corporation	美国	33	44
3	中国人民银行数字货币研究所	中国	33	33
4	Nchain Holdings Limited	安提瓜和巴布达	32	34
5	北京瑞卓喜投科技发展有限公司	中国	26	27
6	Mastercard International Incorporated	美国	25	45
7	江苏通付盾科技有限公司	中国	23	23
8	中国人民银行印制科学技术研究所	中国	22	22
9	深圳前海达闼云端智能科技有限公司	中国	17	17
10	中国联合网络通信集团有限公司	中国	16	19

资料来源：根据公开资料整理。

产业布局基本形成，中国区块链产业从无到有，从散点布局到形成基本完整的产业链。区块链产业初步形成规模，围绕基础设施、技术扩展、垂直应用三个层次，从上游的平台服务、硬件制造、安全服务，到下游的行业投资、产业技术应用服务、人才服务、媒体宣传等，产业链环节基本完备（见表2）。一些代表性企业从创业到谋发展，基本形成了完整的区块链产业布局。

表2 区块链产业的企业布局情况

层次	产业布局	代表企业
基础设施层	基础协议、侧链、多链、匿名技术、硬件	以太坊、小蚁NEO、嘉楠耘智
技术扩展层	解决方案、智能合约、文件存储、分布式计算、BaaS	秘猿科技、保全网
垂直应用层	金融服务、信息安全、房地产、娱乐咨询、版权保护、工艺医疗、供应链、能源、物联网等	分布科技、复杂美、公信宝

（四）技术应用不断拓展和深化

早期的技术开发大多与虚拟货币相关，比如矿机芯片、交易平台、支付汇款等。随着监管的明晰和技术的发展，区块链技术在银行金融、供应链管理、金融监管和社会治理等领域稳步推进，并逐步涵盖医疗、能源、法律、娱乐、公益等方方面面。中国平安已在资产交易和征信两个场景中上线了区块链技术；中国银联与 IBM 合作使用区块链技术的跨行积分兑换系统；蚂蚁金服打造基于区块链技术的爱心捐赠；点融与富士康合作研发区块链供应链金融平台；中食、中粮等国企与太一云合作成立中国食品链。总体来看，国企背景或行业巨头拥有更雄厚的资金实力和研究团队，区块链技术落地场景也更为丰富。如表 3 所示，以 BAT 为代表的互联网巨头在多个领域逐步落子，所以区块链技术的开发和应用也更为成熟。

表 3　典型企业区块链技术的应用领域

典型企业	应用领域	重大事件
阿里巴巴	供应链、金融、公益、医疗	2016 年 7 月应用于支付宝爱心捐赠，10 月联合法大大区块链邮箱存证；2017 年 3 月与普华永道合作区块链跨境食品供应链，8 月阿里健康推出区块链医联体试点项目，11 月承接雄安区块链实施平台
腾讯	金融、公益、法务、物流	2016 年 9 月与上海华瑞银行共同开发区块链贷款清算平台；2017 年 9 月通过《可信区块链检测标准》与英特尔共同开发物联网安全服务，10 月加入加拿大区块链研究所，11 月发布金融级 BaaS 开放平台
百度	资产证券化、资产交易等金融业务，支撑资产超过 500 亿元	2015 年开始探索区块链金融；2017 年 5 月发布 4.24 亿元区块链 ABS5 项目，9 月区块链场内公募 ABS 在上海发行，10 月百度金融加入“超级账本”开源项目

（五）行业组织竞相成立

行业联盟和协会的设立方兴未艾。国际上以 R3 区块链联盟①和超级账本②为代表的全球性跨境区块链联盟不断设立，国内的区块链行业相关组织也竞相落地。如中国区块链研究联盟，成员包括万向控股、厦门国际金融技术有限公司、中国保险资产管理业协会、包商银行、营口银行等；又如中国分布式总账基础协议联盟，首批 11 家成员包括中证机构间报价系统股份有限公司、乐视金融、万向区块链实验室等；再如金融区块链合作联盟，包括微众银行、京东金融、华为等在内的 31 家金融公司和企业。截至 2017 年底，中国成立区块链相关的行业协会/联盟共 19 个（见表 4）。在区块链教育培训方面，中国各地相关高校纷纷开展区块链课程教育，如清华大学、同济大学金融科技研究院、北邮在线区块链教育与研究中心。此外，中国区块链应用研究中心联合 GBBC 培训认证了近千名专业人才。各种行业组织的成立不仅为区块链行业相关机构和人员提供交流合作平台，也进一步塑造行业生态，促进区块链技术的创新和应用不断深化，对中国区块链行业的长期健康发展大有裨益。

表 4　中国区块链相关行业协会/联盟名单

序号	成立时间	成立地点	名称
1	2016.1	北京	中国区块链研究联盟(CBRA)
2	2016.2	北京	中关村区块链产业联盟
3	2016.4	北京	中国分布式总账基础协议联盟(China Ledger)
4	2016.4	深圳	金融区块链联盟

① R3 区块链联盟于 2015 年 9 月成立，约 42 家国际银行组织加入，成员几乎遍布全球，包括富国银行、美国银行、纽约梅隆银行、花旗银行等。主要致力于为银行提供探索区块链技术的渠道以及建立区块链概念性产品。

② 超级账本于 2015 年由 Linux 基金会发起成立，项目成员中科技公司占六成以上，也涵盖金融机构如荷兰银行等。作为技术驱动型组织主要致力于建立跨产业的、开放的、分布式账本技术平台，满足不同行业各种用户要求，并简化业务流程，使区块链技术不仅可应用于金融领域，同样可应用于制造业、银行、保险等行业。

续表

序号	成立时间	成立地点	名称
5	2016.6	上海	中国互联网金融协会区块链研究组
6	2016.7	北京	区块链微金融产业联盟
7	2016.8	深圳	前海国际区块链联盟
8	2016.8	上海	银行间市场区块链技术研究组
9	2016.8	北京	电子存证区块链联盟
10	2016.9	上海	国际文玩区块链产业联盟
11	2016.10	上海	陆家嘴区块链金融发展联盟
12	2016.11	大同	中国区块链技术创新与应用联盟
13	2017.2	上海	中国区块链应用研究中心
14	2017.3	北京	全球区块链商业理事会中国中心
15	2017.5	北京	中国区块链基础保障联盟
16	2017.6	成都	中国西南区块链创新发展联盟
17	2017.11	青岛	中国区块链生态联盟
18	2017.11	北京	中国电子学会区块链专委会
19	2018.1	北京	可信区块链联盟

二　区块链在金融信息服务中的应用

区块链技术在金融信息服务中的运用，是金融科技发展与金融业自身经营的必然产物。区块链技术作为一种颠覆性的高新科技，可以优化金融机构的管理模式，也为金融机构经营战略的规划与决策提供了准确及时的信息支撑，开启了金融业全新变革时代。

（一）银行业

互联网金融在很大程度上改变了传统银行业务模式，以中心化系统的技术架构为基础进行系统运维的扩容、升级等制度建设。当前，全球领先银行纷纷探索区块链技术在银行业的应用和测试，有望进一步将银行业的发展推向更接近金融业务的层面，从而降低交易成本、提升银行运营管理水平。

1. 支付结算：提升效率降低成本

区块链技术对传统支付清算系统的颠覆式推进主要体现在提升效率、降低成本、增强安全性。以跨境支付场景为例，通过区块链技术在跨国收付款人之间建立互联及信任，略去多重委托代理等中介环节，实现实时结算，从而提升效率、降低业务成本（见表5）。

表5　传统跨境支付与区块链支付系统的各环节对比

	支付发起环节	资金转移环节	资金交易环节	交易后环节
参与主体	付款人（行）/转账服务商	代理行/SWIFT	收款人（行）/转账服务商	收付款银行、转账服务商、监管机构
传统跨境支付	1. 付款人通过某代理银行向另一国家或地区的收款人发起转账汇款 2. 由收款行或转账服务商履行KYC[①]/AML[②]相关流程	收款行/转账服务商通过SWIFT向收款行进行资金转移[③]	1. 收款人接收到收款行或转账服务商的通知 2. 收款行或转账服务商履行KYC/AML流程 3. 收款人以当地货币形式支取资金	按照监管法规要求，银行或转账服务商向监管部门报送跨境支付交易信息（收付款人身份信息、汇款金额、时间）
区块链支付	1. 通过传统KYC流程确认客户信息，建立付款人与银行或是转账服务商之间的信任及直接互联 2. 通过智能合约④记录收付款人之间关于转账行为的权利义务关系 3. 通过区块链上的流动性提供者实现货币兑换	1. 监管机构通过智能合约对交易信息进行实时监管 2. 通过智能合约传送收付款人转账交易信息（包括收付款人身份、汇款金额、交易时间、付款条件等），进行实时转账，无须代理行参与	通过智能合约将资金自动存入收款人账户	监管机构可以在区块链上查询相关交易记录，并可跟踪审查

① KYC规则是指了解客户（Know Your Customer，KYC）规则，金融机构只有清晰识别客户身份才能贷款给客户。

② AML是反洗钱（Anti-Money Laundering）的缩写，政府和金融机构为了防止通过非法活动和非法交易而制定的监管框架。

③ 若银行不是SWIFT（环球同业银行金融电讯协会）会员，则通过代理行模式进行资金转移。

④ 智能合约是在满足某些条件时可以自我执行的代码，保证转账信息的精确性。

专栏1　基于区块链技术的 Ripple 支付网络

建立在区块链技术基础之上的 Ripple 支付网络作为一个开放式支付清算网络，挑战了当前全球银行通用的 SWIFT 协议。该网络以跨账本协议为基础，实现客户之间点对点的直接互联与信息传输，节省了中间银行或代理商的手续费，突出了去中介化的特点，从而能够低廉地实现实时转账业务。Ripple 主要由以下四个关键部分组成。

一是支付协议（RTXP）。与邮件传输协议（SWTP）相类似，RTXP 构建了去中介化的支付清算网络，通过把相关机构和个人节点纳入该网络，实现点对点之间的信息传输和资金转移。二是共识机制（Consensus）。Ripple 支付网络中的每一笔交易都是在网络中所有节点达成共识后才能生成，除非掌握51%以上的全网算力才可以篡改数据，但全节点数量巨大，分布非常广，因此可以有效防止非法交易和数据篡改。Ripple 协议的共识机制使得系统中所有节点可以在几秒钟内接受对总账本交易记录的更新。三是做市机制（Authorized Liquidity Maker）。Ripple 支付网络会通过系统自动选择报价最优的做市商，从而以最小的转账成本实现资金的转移。四是瑞波币（XRP）。XRP 是在 Ripple 系统中流通的基础原生货币，不存在跨网关提现的限制。

一方面，Ripple 支付网络可以为银行提供技术服务，包括汇款技术和底层协议。银行相当于 Ripple 的一个网关，并可以直接通过 Ripple 支付网络实现资金的转移。目前，全球很多银行如渣打银行、美国银行、加拿大皇家银行均和 Ripple 建立了合作关系，我国的上海华瑞银行也通过 Ripple 为海外留学生提供外币汇划业务。另一方面，Ripple 支付网络还为个人提供转账服务。我国有 RippleChina、RippleCN 和 XRPChina 三家 Ripple 网关，个人用户可以注册 Ripple 钱包并进行充值，之后可以进行转账或赎回操作。

通过对比传统跨境支付模式与区块链技术在跨境支付中的应用模式可发现，后者对跨境支付流程的各环节均实现了改造。从提升效率的角度分析，传统跨境支付模式在跨境支付各环节中存在大量人工及重复性的业务流程，代理行还需逐行进行信息验证，并且对客户信息真实性方面的控制力也有限，因此结算耗时较长。对比之下，区块链技术在跨境支付中作用很大。一方面，通过智能合约记录收款人与付款人之间的权利义务关系，包括转账金额、日期和实践、付款条件等信息；另一方面，监管机构通过智能合约接受AML提示，并实时进行交易监控，收款行或转账服务商执行智能合约，区块链上的流动性提供者向收款人实现货币兑换。从降低成本的角度分析，传统跨境支付中代理行模式存在支付接收及处理、财务对账及运营等成本，区块链的“去中介化”在跨境支付中的应用削弱了交易环节中介机构的作用，提高了资金流动性，降低了交易环节中的直接或间接成本。如此，区块链技术的应用既降低了金融机构机会成本，改善了成本结构，从而提升了盈利能力，又使终端用户减少了各类高昂的跨境支付交易费用。从增强安全性角度分析，传统跨境支付需要用户将个人的银行账户信息传输给代理机构，经过验证后完成收付款，个人信息在传输过程中存在泄露风险。然而，区块链支付系统是将个人信息加密成哈希值传输给代理机构，从而减少了信息泄露的风险。

2. 数据票据：交易透明化

专栏2　维波（Wave）利用区块链技术改造国际海运

维波公司是以色列区块链技术的先驱，其与英国巴克莱银行进行合作，引入区块链技术，利用分布式账本管理贸易流程文件和商品，进而掀起了运输行业的数字革命。

传统的运货商运输模式最早追溯到17世纪初期。当批发商向制造商下单后，收货人和发货人之间所有的交易信息，包括销售、运输和交货都会生成加密电子版提单。一方面，每一单国际运输都会涉及银行、保险、政府海关等多方部门：首先将货物抵押在银行，银行以贷款的方式先付货款，待货物卖出后偿清贷款，保险公司会在货物海运过程负责运输中的安全问题，海关部门则检查货物，并确保货物与提单记录是否相符。整个运输过程涉及的部门较多，出现损失及诈骗的可能性较大，甚至会出现众多法律纠纷。另一方面，每一部门都有各自的数据保管系统，传输电子数据用到的不同系统和方法之间缺少信任，因此造成很多不必要的麻烦。基于区块链技术的数据票据最大限度地保障了交易双方的安全。运货商、银行、货运代理人、收货人等国际贸易供应链上的所有主体是点对点完全分布式的网络，通过分布式账本，各主体之间实现直接互联。而且，所有的交易信息都必须被放到区块链上并由各方进行验证，实现数据点对点完全透明化运输，同时还具有不可篡改性，进而化解了交易双方的信用风险。

基于区块链技术的分布式账本系统设计的数字票据，既具有普通票据的功能，又融合区块链技术的加密不可篡改、交易透明化、可追溯以及更加智能等技术优势，在实现票据价值传递的去中心化以及减少违规操作风险方面，较传统电子票据是一种颠覆性变革。一是票据价值转移的去中介化。传统的票据业务存在单一中心化系统，中介机构需要通过信息差进行撮合，而基于区块链技术实现点对点交易，摒弃中心化服务器，实现了去中介化，也节省了中心应用和接入系统的研发成本，并且降低了服务器的维护优化成本。二是防止风险事件。传统的票据业务涉及很多风险事件，包括伪造商业票据、一票多用等风险。而基于区块链技术的数据票据在交易过程中被每一个参与者记录并验证，同时具有前后相连且不可篡改的时间戳，数据在全网公开透明，从而形成安全的数据票据形态，有效防止违规交易等风险的发生。三是降低监管成本。智能合约使得数字票据根据监管规则建立共用约束代码，具有可编程性和可追溯性，使执行交易被严格设定，交易流程更规范，监管政策得到有效控制和覆盖，大幅降低监管成本。

（二）保险业

保险行业与区块链同样存在天然契合性——互助和信任。当前，境内外多家保险公司已经开始研究传统保险业务引入区块链技术的模式，区块链初创公司也同样在密切关注保险市场。区块链技术的引进会影响保险的发展业态与商业运营模式，主要体现在解决信任难题以及创新产品服务模式两个方面。

1. 信息管理：解决信任难题

保险行业存在的信任问题往往涉及保险公司、客户以及再保险公司三方，包括保险公司对客户及保险标的物的承保风险信任问题，保险公司与再保险公司等从业主体之间的信任问题，以及合同签约双方对保险条款的理解和信任问题，这是保险行业信任问题带来的业务“痛点”。例如，保险公司通过代理机构销售产品时，代理机构为客户承保及签发保单，并将客户信息记录在代理机构的数据库中，同时将数据传输给保险公司，保险公司将信息保存在数据库中。当客户退保时，保险公司根据客户信息直接进行退保。但当保险公司与中介机构进行清算时，由于中介机构的数据库库中没有客户退保的信息，双方需要大量的人工环节进行核对。由此可见，保险公司与中介机构的独立中心化数据库导致双方出现信任问题。

保险行业引入区块链技术可以解决保险业务中的“痛点”。当客户购买保险产品及服务时，保险公司可以将客户信息、保单信息及理赔信息等数据放到分布式的区块链网络上进行保存，区块链技术的不易篡改和安全性高等技术特点，解决了信息数据的管理问题，重塑信任形成机制，从而有效缩短客户理赔周期，降低行业交易成本，还有助于保险公司防范道德和欺诈风险。因此，区块链技术在保险行业的应用使得保险公司和个人之间建立了更直接有效的互联，也使保险行业精简的数字认证和良好的数据管理成为可能。

2. 产品服务：创新产品及服务模式

基于区块链的智能合约技术，保险公司可以加快产业及服务模式的创新发展。在保险产品设计领域，保险公司与具有公信力的第三方服务商合作，并与区块链集成，可以创造和开发新的保险产品。以航班延误险为例，保险公司将合同以智能合约的形式写在区块链上，当航班延误的信息确认后，共识机制和智能合约确保理赔自动触发，保单自动理赔并支付理赔金额。在保险服务创新方面，区块链技术的引进可以实现保险行业的智能化和自治化。一方面，智能合约技术使保险行业可以有针对性地制定承保政策，以及灵活地制定保险条款，从而满足客户对服务的定制化、差异化、便捷化及个性化需求；另一方面，共识机制和智能合约催生出一种不依赖保险中介，并且可“自管理”的保险商业模式，互助者根据自身的情况和风险偏好发起“互助团体”①，并通过智能合约设定自动执行条件。因此，区块链技术加快保险产品及服务模式的创新，从而推进保险行业的供给侧改革。

专栏3　蚂蚁金服互助险的案例分析

2018年12月7日，根据新浪科技消息，蚂蚁金服公布网络互助计划“相互保”首例互助案例，一位来自上海的5岁小女孩获得30万元的大病互助金。对于所有参与者来说，每人平均分摊3分钱。这是蚂蚁金服、信美人寿联手合作，面向蚂蚁会员上线了一款名为“相互保”的产品。相对于传统保险产品，“相互保”的价格便宜、覆盖范围广、流程简单。

“相互保”的运作及收费之所以如此透明归因于区块链的应用。在上述“相互宝”首例互助案例中，医疗诊断证明、出院小结、手术记录等信息和资料均进行了区块链存证。

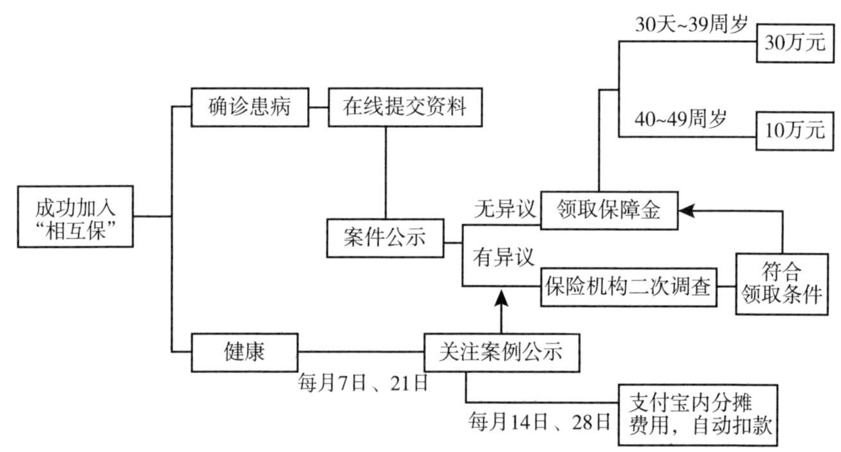

① 互助团体是面临同样风险而产生共同保险需求的人自愿组成的参保团体，共同协商制定风险补偿规则，预交风险补偿分摊资金。这种模式被称为“互助保险”，与传统商业保险相比，互助保险的保障范围更广。

（三）证券业

区块链技术在我国证券业的应用主要是在证券的登记与发行、清算与结算、互联网股权融资以及资产证券化等方面，区块链去中心化、去信任化的分布式账册技术对于降低证券业操作风险、提升运营效率、创新业务模式具有重要意义。

1. 证券发行与交易：数字化管理

证券发行是证券交易市场的基础。一方面，基于分中心的区块链平台可以实现证券先发行后审核，从而简化证券发行流程，实现点对点的直接交易。同时，区块链技术具有可追踪性、不易篡改性等特征，可以查询追溯交易双方的交易信息，使得私人股权市场的搭建成为可能，发行人可以进行自主办理证券的发行，也可以自主调控发行节奏。2015 年，区块链技术公司 Chain 与美国纳斯达克合作，推出了基于区块链技术的一级市场私人股权交易平台 Linq，非上市公司可以在此系统进行在线登记和证券私募融资，标志着区块链技术在证券发行行业的应用。另一方面，传统证券登记存管体系较为分散，而借助区块链技术，将证券登记存储到区块链总账本上，并且由全链公证证明证券发行、清算、交收等 IPO 的整个运行环节。如此，区块链的应用既保证了承销与保荐之间的协同配合，也防止出现造假行为，从而节省交易成本，也确保区块链证券的有序运行。

2. 证券清算与结算：交易自动化

证券的清算和结算是证券交易系统的核心。一方面，基于区块链技术构建的分布式券商交易系统，将所交易的资产以及交易双方信息写入智能合约，一旦满足触发条件立即执行点对点的实时交易。同时，实时交易确保了清算与结算的连续性，使得交易双方无须采取传统交易方式中保留净额结算和保证金等方式，从而减少成本。监管机构也可以依法合规、监管，从而有效进行风险管控。另一方面，区块链技术建立了期货与现货、公募与私募、场内与场外等多层次资本市场的区块链账户体系，监管机构可以通过这种信息共享、集中统一的中央信息平台及监管系统，强化信息采集、分析、研判，从而实现跨市场联动交易管理，统一识别和监控跨市场交易行为，因此提高了监管机构监管风险的及时性和有效性。

三 区块链在金融信息服务应用中的展望

我国当前的经济社会信用环境依然是以中心化的组织模式为主，经济社会的转型发展对多元化的组织模式、较低的信用成本以及高效的交易效率提出了更高要求。区块链的去中心化、点对点交易、节点的分布式共享账本以及加密技术等核心特征是对现有中心化组织模式的补充，对促进金融行业信用体系建设和完善具有重大意义。在金融科技创新的背景之下，未来区块链技术在金融信息服务中的应用有以下几个方面的趋势。

一是区块链技术在金融信息服务中应用的标准得到制定。国外区块链技术标准化未形成通用标准，而我国区块链技术标准化领域尚属空白。2016年工信部联合中国电子技术标准化研究院发布《中国区块链技术和应用发展白皮书》，提出开展区块链标准化工作研究的必要性，同时确立了区块链标准路线图。可以预见未来一段时间区块链技术会向更深层次的联盟链、行业链应用推进，行业标准和规则的制定是未来发展的必经之路。统一的标准有利于同业之间的合作交流，避免基于不同标准而产生"孤岛式"的区块链，造成效率下降。期待金融监管部门、金融机构、技术企业、科研机构等市场参与者开展持续深入的研究与合作，共同推进国际及本土标准协议的制定，主动争取话语权，避免做被动的跟随者。

二是金融监管对区块链技术的应用更加清晰全备。风险是金融永恒的话题，对风险的关注就伴随着监管，区块链技术应用给现有法律监管带来新的挑战。区块链技术本身处在不断发展和成熟的过程，在金融行业落地和普及过程中，对金融市场结构、风险管理模式的影响存在较大不确定性，适当、有效的监管显得尤为必要。尤其是随着区块链技术的普及和应用的增多，技术、法律及政策层面的监管日益迫切，监管的方向也会更加明确。一方面，对虚拟货币市场和区块链技术继续采取严格的差异化监管政策；另一方面，出台有利于未来区块链技术发展的标准化政策与法规，促进区块链技术在金融业的合法合规应用。

三是区块链技术在金融信息服务中的应用场景逐渐扩大。从政府监管机构到金融巨头都越发重视，从审慎观望到务实推进。央行仅 2017 年就提交 70 项基于区块链的专利；各大行在重点领域发力，如中国工商银行基于区块链技术完成了金融产品交易平台的原型系统建设，中国农业银行与趣链科技合作完成了“e 链贷”，中国建设银行建立区块链系统处理跨境国际保理业务，中国银行推出了区块链电子钱包，招商银行建立了全球先进管理区块链系统，中国邮政储蓄银行建立了资产托管业务的区块链系统；中小银行如赣州银行、贵阳银行、廊坊银行等城商行则抱团布局，共同发起成立银行区块链技术联盟，推出“票链”等区块链金融产品。各类资本不断投入、各种政策倾斜、多方人才投身，多方面因素正在推动区块链技术稳步发展。在现有技术下，区块链已经开始应用于国内信用证、票据交易、跨境支付、供应链金融、直联清算、资产托管等场景，未来随着技术的突破和成熟，应用场景会进一步丰富，不再局限于某一个垂直领域，而是实现多行业多领域连接。

参考文献

[1] Rivest, R. L., Shamir, A. and Adleman, L., “A Method for Obtaining Digital Signatures and Public-key Cryptosystems,” *Communications of the Acm*, 1978, 21 (2): 120 ~ 126.

[2] 骆慧勇：《区块链技术原理与应用价值》，《金融纵横》2016 年第 7 期。

[3] 巴洁如：《区块链技术的金融行业应用前景及挑战》，《金融理论与实践》2017 年第 4 期。

[4] 董培：《区块链技术及其在金融业的应用分析》，《中国集体经济》2017 年第 8 期。

[5] 陇小渝、马越、郭琳：《区块链技术在我国行业发展中的应用》，《经济研究导刊》2018 年第 10 期。

附表　近年中央及地方政府出台的有关区块链的政策

时间	政策文件名称	发文机关
2017.10	国务院办公厅关于积极推进供应链创新与应用的指导意见	国务院办公厅
2017.7	国务院关于印发新一代人工智能发展规划的通知	国务院办公厅
2017.1	国务院关于创新管理优化服务培育壮大经济发展新动能加快新旧动能接续转换的意见	国务院
2017.8	国务院关于进一步扩大和升级信息消费持续释放内需潜力的指导意见	国务院
2016.12	国务院关于印发“十三五”国家信息化规划的通知	国务院
2018.3	2018 年信息化和软件服务业标准化工作要点	工业和信息化部
2016.10	中国区块链技术和应用发展白皮书(2016)	工业和信息化部
2017.9	关于构建首都绿色金融体系的实施办法	北京市金融工作局等 8 个机构
2017.4	中关村国家自主创新示范区促进科技金融深度融合创新发展支持资金管理办法	中关村科技园区管理委员会
2016.12	北京市“十三五”时期金融业发展规划	北京市金融工作局等 8 个机构
2017.4	互联网金融从业机构区块链技术应用自律规则	上海市互联网金融行业协会技术专业委员会
2018.3	广州市黄埔区广州开发区促进区块链产业发展办法	广州市黄埔区人民政府、广州开发区管理委员会
2016.11	深圳市金融业发展“十三五”规划	深圳市人民政府金融发展服务办公室
2017.11	关于加快区块链产业培育及创新应用的意见	重庆市经济和信息化委员会
2017.9	深圳市人民政府关于印发扶持金融业发展若干措施的通知	深圳市人民政府金融发展服务办公室
2017.9	江西省人民政府办公厅关于印发江西省“十三五”建设绿色金融体系规划的通知	江西省人民政府
2017.7	青岛市市北区人民政府关于加快区块链产业发展的意见	青岛市市北区人民政府
2017.7	市政府关于加快科技金融体系建设促进科技创新创业的若干意见	南京市人民政府
2017.3	市政府办公厅关于印发南京市“十三五”金融业发展规划的通知	南京市人民政府

续表

时间	政策文件名称	发文机关
2017.6	关于印发2017年自治区大数据发展工作要点的通知	内蒙古自治区人民政府
2017.2	福建省经济和信息化委员会福建省发展和改革委员会关于转发信息产业发展指南的通知	福建省人民政府
2017.11	浙江省人民政府办公厅关于进一步加快软件和信息服务业发展的实施意见	浙江省经济和信息化委员会
2017.6	杭州市人民政府办公厅关于加快推进钱塘江金融港湾建设的实施意见	杭州市人民政府
2017.5	宁波市智能经济中长期发展规划(2016～2025)	宁波市经济和信息化委员会
2017.5	关于打造西溪谷区块链产业园的政策意见(试行)	西湖区人民政府金融工作办公室
2016.12	关于推进钱塘江金融港湾建设的若干意见	浙江省人民政府
2017.6	关于支持区块链发展和应用的若干政策措施(试行)的通知	贵阳市人民政府
2017.5	促进区块链技术创新及应用示范十条政策措施(试行)	贵阳国家高新区

科技和监管篇

Technology & Regulation Reports

B.10

科技驱动的金融创新：演变、风险与应对

王铁成

摘　要： 在信息技术飞速发展的时代背景下，技术进步尤其是信息技术进步成为金融创新的重要驱动力量之一，金融稳定委员会认为金融科技“能创造新的业务模式、应用、流程或产品，从而对金融市场、金融机构或金融服务的提供方式造成重大影响”。作为一种新的金融业态，技术进步驱动的金融创新不仅将重塑金融业的发展模式，同时也将引领人类社会走向新的数字文明时代。在金融科技发展的过程中，技术进步使金融创新获得了新的原动力，但同时也对监管提出了新的挑战，监管者一方面要积极回应科技驱动的金融创新带来的风险，另一方面要增加科技维度的监管手段，实现监管手段的智能化。

关键词： 科技　金融科技　金融创新　风险

一　科技驱动金融变革的三个发展阶段

信息技术和金融具有相似的处理对象——数字，基因的相似性决定了金融的发展与技术进步是联系在一起的。技术变革尤其是信息技术进步，成为包括制度在内影响金融创新的两大核心力量。如表 1 所示，从科技驱动金融变革的演化历程来看，金融科技经历了三个发展阶段：科技作为提升金融机构效率的工具、科技推动金融产品创新、科技推动新金融业态的出现①。

表 1　技术驱动金融行业发展的主要阶段

金融科技发展阶段	驱动技术	主要业态	普惠程度	技术与金融的关系
金融 1.0	计算机	ATM、电子票据	较低	技术为工具
金融 2.0	互联网	第三方支付、P2P	较高	技术驱动变革
金融 3.0	大数据、区块链、人工智能	智能化金融	高	深度融合

资料来源：乔海曙、王鹏、谢姗珊：《金融智能化发展：动因、挑战与对策》，《南方金融》2017 年第 6 期。

（一）第一阶段：科技提升金融效率

这一阶段的显著特征是金融机构的各项业务逐渐被“IT 化”，信息技术带来了更快的计算速度，金融机构的前、中、后台都通过计算机主机和终端联系起来，金融市场上的各个活动主体实现了快捷通信，传统业务处理方式逐渐退出历史舞台，现代化的数据处理方式显著提升了金融的运行效率。

在这一阶段，科技因素作用的发挥使金融体系的信息传递、交易、结算效率都得到了显著提升。在早期，金融机构通过应用计算机主机，使各项业

① 万建华：《科技变革金融的历史必然》，《清华金融评论》2016 年第 10 期。

务核算以及数据的存储实现在后台进行，接着实现了前台终端 PC 的联机，随后实现了同一机构同城网点的联机，进而实现了整个金融机构内部的联机，最后实现了不同金融机构之间的跨行联机。

整个金融系统的运营效率由于技术的参与得到了显著提高，这一阶段的显著特征是：信息技术逐渐替代了手工计算的方式，用计算机存储信息替代了账簿存储的方式，金融机构的数据计算、存储和传输的效率大大提高。从我国的发展情况来看，传统金融与信息技术的融合经历了电子化、信息化、网络化、移动化等阶段①。从 20 世纪 70 年代开始，我国各银行开始用计算机设备来代替人工处理业务，到 90 年代左右实现了全国范围的银行计算机联网。在“十五”期间，通过利用通信技术和数据库技术，我国金融机构实现了业务的集中处理，同时数据成为辅助金融机构决策的重要因素。在“十二五”期间，互联网技术以及智能终端技术的快速发展大大延伸了金融服务的边界，我国金融市场逐步融入金融全球化进程，移动金融时代随之出现。信息技术的广泛应用带来了新的知识和经营理念，金融机构不断调整自身的 IT 架构，在服务理念、经营模式、组织架构等多个方面实现了转型。

（二）第二阶段：科技推动金融服务和产品创新

在这一阶段，科技因素由最初的工具和手段的角色上升为推动金融创新的重要理论，科技不仅是提高金融效率的手段，而且成为驱动金融体系创新和变革的中坚力量。具体来看，这种变革主要是通过推动金融体系的业务创新和产品创新来实现的。

在这一阶段，金融业务和产品创新大量出现，传统金融的面目已经大大改变，金融体系的内涵发生了深刻变化。由科技推动的金融业务创新的典型例子包括：第三方支付的快速发展，移动金融的出现，网络借贷的爆发式增长。一站式金融服务大大便利了投资者和消费者。通过利用大数据技术，新的金融风控产品不断出现，大数据成为新的征信手段，智能投顾不仅降低了

---

① 吴晓光、王振：《金融科技转型的着力点》，《中国金融》2017 年第 5 期。

金融服务成本，同时提高了准确性。

在这一阶段，于1999年出现的新兴支付方式Paypal和2004年在我国出现的支付宝是科技推动金融创新的典型。作为新的支付方式，Paypal和支付宝颠覆了传统金融支付方式，同时成为一个独立的新金融业态，信息技术不仅发挥着提高效率的作用，同时开始成为驱动金融变革的力量。另一个标志性的金融创新是阿里推出的余额宝，在半年多的时间内余额宝就达到了几千亿元人民币的规模，颠覆了传统的金融业务营销方式。

自2008年金融危机以来，受到监管的影响，传统金融业务出现了收缩的现象。随着一批追求个性化金融服务、对互联网和数字设备高度依赖的年轻客户群体的出现，互联网金融创新具备了基本条件。从我国的情况来看，随着国家“互联网+”战略的推出，以百度、阿里、腾讯等为代表的互联网企业充分利用自身的技术优势、平台优势和用户资源，积极进入金融创新领域，同时与金融机构开展深度合作。

（三）第三阶段：科技推动金融业态创新

在很长的时间里，金融业务的模式都是比较稳定的，从20世纪80年代开始，科技成为引领金融创新的首要因素，传统金融的业务形式和金融交易方式发生了全方位的变革。新的金融业态不断兴起，在运行效率、数据分析、运营成本等多个方面对传统金融造成了重大冲击。在这一阶段，不同金融服务的边界变得日益模糊，大数据、人工智能、区块链成为重塑金融服务的主要技术。

第一，大数据重塑了金融服务的模式。金融活动伴随着大量信息数据的产生，在大数据技术的驱动之下，信息逐渐实现了货币化，推动金融服务模式发生相应的变化。首先，大数据技术通过收集、整合、分析大量金融数据，可以实现对用户信用信息的准确甄别，在传统的金融服务模式下难以量化的金融风险实现了显性化。其次，大数据技术改善了客户体验，通过准确把握用户的个性化特点，可以对用户的需求实现较为精确的预测。

第二，人工智能技术推动智慧金融服务的发展。随着人工智能技术逐渐渗透到金融领域，金融业务将逐渐从电子化时代迈向智慧时代。人工智能技术可以应用到理财咨询、风险监控、人机交互等多个方面，尤其是传统的银行业务将逐渐向智慧化模式转型。借助人工智能技术，金融机构可以进一步提升客户服务水平，以标准化和模型化的方式来提供相关服务。例如，苏宁银行采用的智能机器人可以为客户提供相关咨询服务，花旗银行推出的智能客服可以辅助甚至替代人工服务。

第三，区块链技术变了传统的金融业务流程。区块链的本质是以一种去中心化的方式来存储数据和传输数据，分布式的技术可以在一定程度上解决网络去中心化以及交易去信任化等问题，颠覆了金融机构的基础设施和行业规则。以支付领域为例，区块链技术改变了银行支付系统的底层架构以及清算方式，大大缩短了发起、回馈、记账、交易、对账等流程，提升了支付效率。在信任构建中，区块链技术通过分布式逻辑与智能合约来完成征信，在一定程度上解决了信息不对称问题。

从我国金融科技的发展历程来看，信息技术从最初支撑金融的角色，逐步成为创造价值、引领金融创新的重要动力①。当前，金融科技正在向第三阶段转型，云计算、区块链、人工智能等新技术将推动金融业态的创新，提升金融机构的运营效率以及用户体验，智慧金融将逐渐取代传统的以人工为基础的金融服务模式。金融智能化发展的标志性事件见表2。

表2　金融智能化发展的标志性事件

时间	标志性事件	领域
2010年	美国智能投顾平台 Betterment 成立	金融资产交易
2010年	Future Advisor 开始为美国投资银行提供智能投资和退休金管理方案	金融资产交易
2011年12月	美国智能投顾平台 Wealthfront 成立	金融资产交易
2015年3月	嘉信理财推出智能投顾产品 Schwab Intelligent Portfolios	金融资产交易
2015年8月	Overstock 推出基于区块链技术的证券交易平台项目	证券发行与交易
2015年8月	Symbiont 发行了基于区块链技术的自我执行合同的证券	证券发行与交易
2015年12月	纳斯达克 Linq 第一次运用区块链技术发行私人证券	证券发行与交易

① 吴晓光、王振：《金融科技转型的着力点》，《中国金融》2017年第5期。

续表

时间	标志性事件	领域
2016 年 7 月	区块链初创公司 Ripple 完成全球第一笔基于区块链技术的银行间跨境汇款	跨境支付汇款
2016 年 7 月	采用了区块链技术的互助保障平台——众托帮上线运营	保险业务
2016 年 7 月	阳光保险首推基于区块链技术的保险卡单	保险业务
2016 年 8 月	澳洲证券交易所基于区块链技术的清算和结算系统初步构建	银行清算与结算
2017 年 1 月	中国邮政储蓄银行上线基于区块链技术的资产托管系统	资产托管

资料来源：乔海曙、王鹏、谢姗珊《金融智能化发展：动因、挑战与对策》，《南方金融》2017 年第 6 期。

（四）我国金融科技发展趋势展望

1. 科技的重要性逐渐提升

推动金融科技发展的不同阶段的动力是不同的，在行业发展初期往往没有特定的核心支撑要素（见图 1）。随着金融科技发展速度的加快，从业者呈爆发式增长趋势，但各种类型的从业者往往水平不一，关注焦点是如何获得高额利润。随着部分金融科技企业规模的逐渐壮大，并购活动出现，加上优胜劣汰过程，从业者数量逐渐下降，同时部分商业模式逐渐成为整个市场的主导模式。随着金融科技行业竞争格局逐渐进入稳定状态，行业进入平稳增长阶段，此时对技术的研发和替代技术的出现成为影响金融科技发展的核心因素。

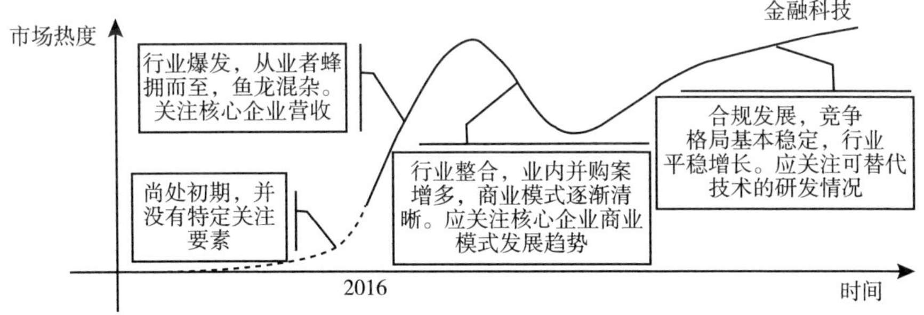

图 1　金融科技发展的核心要素演变

资料来源：艾媒咨询《2018～2019 中国金融科技专题研究报告》。

以苏宁金融为例，苏宁金融的O2O综合金融服务业务是科技驱动金融发展的典型（见图2）。

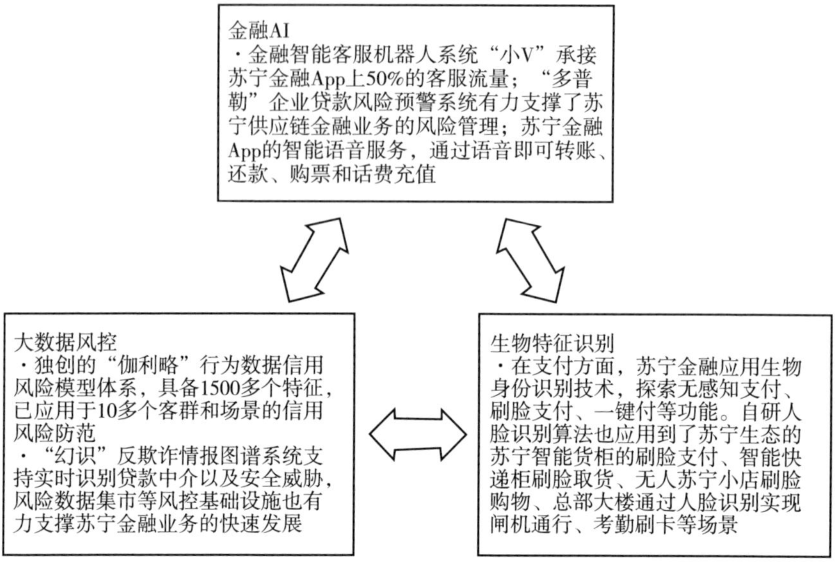

金融AI

·金融智能客服机器人系统“小V”承接苏宁金融App上50%的客服流量；“多普勒”企业贷款风险预警系统有力支撑了苏宁供应链金融业务的风险管理；苏宁金融App的智能语音服务，通过语音即可转账、还款、购票和话费充值

大数据风控

·独创的“伽利略”行为数据信用风险模型体系，具备1500多个特征，已应用于10多个客群和场景的信用风险防范

·“幻识”反欺诈情报图谱系统支持实时识别贷款中介以及安全威胁，风险数据集市等风控基础设施也有力支撑苏宁金融业务的快速发展

生物特征识别

·在支付方面，苏宁金融应用生物身份识别技术，探索无感知支付、刷脸支付、一键付等功能。自研人脸识别算法也应用到了苏宁生态的苏宁智能货柜的刷脸支付、智能快递柜刷脸取货、无人苏宁小店刷脸购物、总部大楼通过人脸识别实现闸机通行、考勤刷卡等场景

图2　科技驱动的苏宁金融业务

再比如，腾讯联手中信银行在金融科技领域展开深度合作①。2017年11月27日，中信银行与腾讯公司签订了开展金融科技合作的协议。根据这一合作协议，两家企业将实现双方优势资源的整合，开展多维度的金融科技合作，合作的重点包括互联网业务上云、搭建金融大数据平台、监测欺诈风险、构建网络安全保障体系。腾讯公司在云计算以及有关金融领域具有一定的技术优势和经验，可以为中信银行在企业战略、经营模式、技术研发、市场拓展、用户等方面提供相关支持。尤其是在金融大数据方面，腾讯公司积累了多年的经验，借助腾讯金融云，中信银行可以构建一键式独享大数据分析平台，可以提供精准的用户分析报告，同时实现对金融欺诈的监控和处理。

① http://www.sohu.com/a/207552560_740948.

总之，伴随着金融科技的深入发展，技术的重要性将会更加凸显，金融企业与高科技企业的融合将逐渐成为金融科技发展的新趋势。

2. 传统金融机构对科技的投入仍有顾虑

金融科技的发展需要传统金融机构的不断投入，在资金较为宽裕的条件下，许多金融机构加大了在金融科技方面的投入。根据普华永道《2018 年中国金融科技调查报告》中的有关数据，2017 年招商银行成立了金融科技创新项目基金，基金总额占 2016 年税前利润的 1%（约 7.9 亿元），在 2018 年又提高到上年营业收入的 1%（约 22.1 亿元）；中国银行也大幅增加了对金融科技的投入，除常规科技投入之外，每年投入的科技研发资金不低于当年营业收入的 1%（约 50 亿元）；平安集团过去 10 年在科技方面投入了 500 亿元，且每年都按照当年营业收入的 1% 进行投资，预计未来 10 年的科技支出将超过 1000 亿元。

虽然部分传统金融机构加大了对科技金融的投入，但根据普华永道的调查结果，仍有超过六成的传统金融机构受访者坦言科技投入不够，对金融科技的投资金额有更高的期待值，仅两成的受访者认为投入足够（见图 3）。

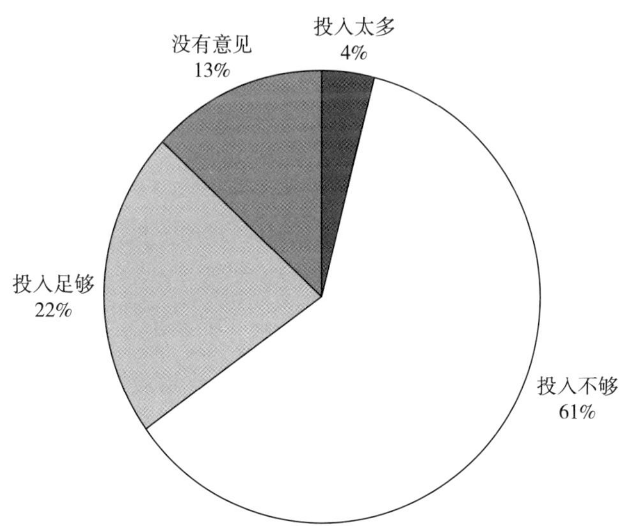

图 3　传统金融机构对金融科技的投入情况

资料来源：普华永道《2018 年中国金融科技调查报告》。

普华永道的调查结果显示，传统金融机构之所以对金融科技的投入尚有顾虑，主要是因为面临着科技快速更迭的风险，同时对科技金融投入能否获得一定的产出仍有较强忧虑（见图4）。一方面，各类新兴科技需要巨大且持续的投入；另一方面，相关技术的最终产出需要经历大量的迭代试错过程。48%的受访机构对金融科技的技术成熟度以及迭代太快表现出了关注。传统金融机构不仅需要投入大量的研发成本，同时投入的长期性也使公司资源面临极大的挑战。

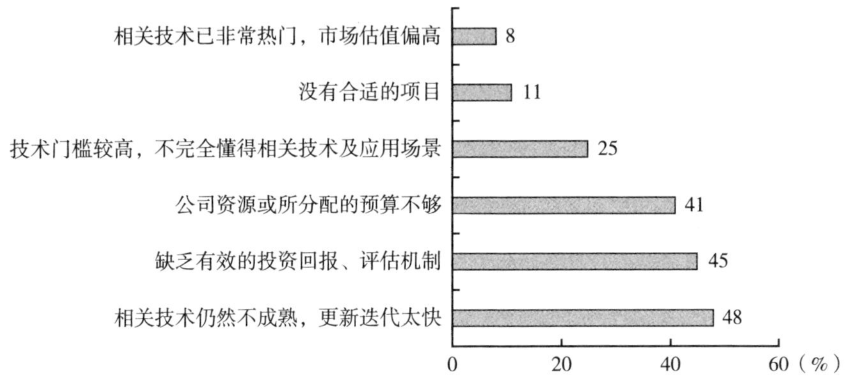

图4　制约传统金融机构科技投入的因素

资料来源：普华永道《2018年中国金融科技调查报告》。

3. 监管趋于更加严格

近年来互联网金融风险事件不断出现，尤其是网贷行业出现了大规模倒闭风潮，金融科技领域暴露出来的风险问题引起了全社会的关注。为了使金融创新活动在创新与安全之间保持一定平衡，近年来针对金融科技的监管趋于更加严格。2015年7月，中国人民银行联合十部委发布了《关于促进互联网金融健康发展的指导意见》，被视为拉开了我国金融科技监管的序幕。从2016年4月开始，一场由国务院决策部署、多个部委联合行动的互联网金融专项整治行动在全国范围内开展。2018年7月，中国人民银行有关领导指出，互联网金融风险是金融风险的重要方面，将再用一两年时间完成互联网金融风险专项整治工作，推进互联网金融监管长效机制建设①。

监管力度的加大也在一定程度上加大了金融科技企业的融资难度。根据普华永道在 2017 年对部分金融科技公司的调查，64% 的公司表示监管整治力度加大导致的行业发展前景不明朗是融资难的主要因素之一，其余因素还包括同业竞争越来越激烈、投资人对金融科技行业的态度由乐观转向审慎（见图 5）。

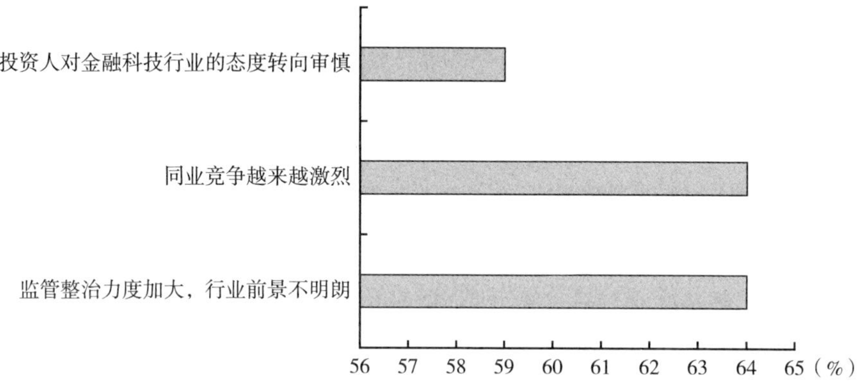

图 5　影响金融科技企业融资的因素

资料来源：普华永道《2018 年中国金融科技调查报告》。

随着金融科技的发展以及监管机构对金融科技认识程度的加深，相关监管措施逐步建立和完善。2018 年 4 月，中国人民银行等金融监管部门联合印发了《关于规范金融机构资产管理业务的指导意见》（下称《指导意见》），其中对部分金融科技业务做了相应规定，如第二十三条规定：运用人工智能技术开展投资顾问业务应当取得投资顾问资质，非金融机构不得借助智能投资顾问超范围经营或者变相开展资产管理业务。《指导意见》对金融机构利用人工智能技术开展资产管理业务进行了详细的规定，例如，规定任何金融机构不可以利用人工智能技术夸大资产管理产品的收益，不能利用人工智能技术误导投资者，金融机构采用的人工智能模型的参数必须向有关

① http：//www. xinhuanet. com/2018 -07/10/c_ 1123102980. htm.

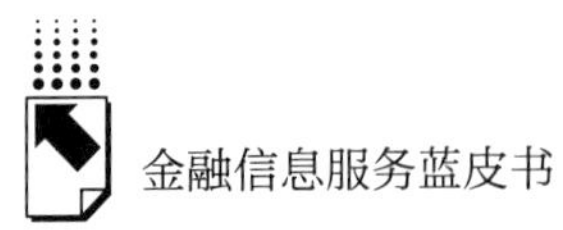

金融监管部门报备，向投资者充分解释人工智能技术的风险和缺陷，实行交易的留痕管理，对人工智能技术管理的交易头寸、风险、交易类型、价格权限等进行严格监控。

二 金融科技的技术风险

当前我国面临防范化解重大金融风险的攻坚战，而金融科技作为一个新兴的金融创新领域，也在提升效率的同时成为新的金融风险因素。一方面，金融科技降低了金融交易的边际成本，提高了交易效率和金融的普惠程度；另一方面，金融科技业务并未完全脱离金融的本质，风险防控仍然是金融科技发展面临的核心问题之一。除了具有与传统金融活动类似的信用风险、市场风险、操作风险、系统风险，金融科技独有的风险之一是技术风险，实际上，金融科技的操作风险、系统风险等在很大程度上是由技术造成的。金融和科技是密切相关的业态，现代金融的生命力在于科技的应用，没有科技就没有现代金融的蓬勃发展，但金融和科技的结合也让我们面临更多的不确定性。

（一）技术风险

金融科技的技术风险首先体现在信息技术对风险的影响上，主要体现在以下三个方面。第一，金融机构之间的关系变得更加复杂。不同金融机构之间的业务联系越来越多，股权交叉投资成为一种常态，金融产品创新呈现跨机构、跨领域的趋势，导致金融风险涉及更多的主体和环节。第二，风险更为隐蔽。金融风险涉及主体的多元化导致金融风险更为隐蔽，传统金融领域中存在的信息不对称问题不仅没有消失，而且存在更为复杂的趋势。第三，风险传播的速度更快、范围更广。金融科技创新导致大量远端客户群体出现，这类客户群体更容易受到网络效应和羊群效应的影响，对单一金融机构的不信任可以在短时间内迅速蔓延，进而可能导致系统性风险出现。

金融科技本身即是通过技术创新对传统金融行业产生影响的金融创新，

技术本身既是金融科技发展的动力，又是金融科技的风险点。从金融科技业务的自身特点来看，业务的发展和创新与先进的技术和交易平台是分不开的，但新的技术或交易平台都蕴含着一定的潜在风险。在计算机主导金融交易的背景下，金融交易的频率和交易量随着计算速度的提升不断上升，但任何新的技术都难免出现一定的漏洞，即使出现几个字节的编程错误也可能给整个金融市场带来巨大影响。尤其是当人工智能、大数据、云计算、区块链等技术被用于预测时，在羊群效应的影响下，很可能导致各种风险出现。

以当前备受追捧的几项科技为例，每一项技术的应用都存在一定的风险。第一，大数据风险。大数据存在数据被窃取、非法添加数据以及信息泄露等风险。第二，云计算风险。云计算将数据资源的所有权、管理权与使用权分离开，用户难以对物理资源进行控制，可能导致数据被云服务商滥用。云计算将大量数据集中进行存储，可能带来非法访问、篡改、多租户隔离、数据阻塞等风险。第三，人工智能风险。包括不可预测性风险，即用户无法预测人工智能会做出何种决策；机器会重结果而轻过程，通过找到系统漏洞，实现字面意义上的目标，但实际上违背设计者的初衷①。第四，区块链风险。核心是去中心的风险，当前的监管框架是中心化的，比如我国只有一个央行、一个结算体系，同时也是机构化的，但区块链是分布式的、去中心化的，监管成为一个难题②。

（二）技术驱动的操作风险

操作风险指的是由于不恰当的操作、内部控制缺陷、信息系统意外等原因导致的损失风险。根据《巴塞尔新资本协议》，操作风险可以分为由人员、系统、流程和外部事件所引发的四类风险，并由此分为七种表现形式：内部欺诈，外部欺诈，聘用员工做法和工作场所安全性，客户、产品及业务做法，实物资产损坏，业务中断和系统失灵，交割及流程管理。随着科技创

① http：//www.banyuetan.org/kj/detail/20180827/1000200033136211535334161295975845_1.html.

② https：//www.sohu.com/a/225465522_465429.

新成果的日益增多，操作风险也会随之增加。此外，由于数据风险和信息安全风险相互交织在一起，增加了信息科技风险等操作风险①。

随着技术因素越来越多地融合到金融体系中，金融科技的潜在风险也变得越来越多。信息技术的发展使得金融机构可以在交易活动中更多地运用新的技术手段，也可以将大量业务外包，这大大增加了金融机构的风险管理难度。此外，从监管的角度来看，对金融科技操作风险的监督能力也十分有限。传统的金融监管属于被动的监管方式，金融交易主体的信息披露行为是一种被动行为。在金融科技的背景下，监管者对许多数据缺乏获取渠道或获取能力，数据造假、数据泄露、数据谎报等一系列问题层出不穷，操作风险日益成为一种技术创新驱动的风险。

（三）技术驱动的系统性风险

金融科技的快速发展往往超前于监管者的监管规则和技术的更新速度，由于监管者可能缺乏必要的技术手段来获取相关信息，因此难以对金融科技市场中的风险进行较为准确的评估。而技术风险和操作风险在一定条件下也可能转化为系统风险。

金融科技一方面降低了金融交易的成本和信息不对称程度，另一方面增加了不同金融机构之间、金融活动各主体之间的关联性。首先，技术驱动的系统性风险体现出跨时空和跨区域的特征。金融科技使得金融活动不再受地域差异的限制，地理空间上的距离对金融科技几乎没有任何影响。其次，金融科技逐渐模糊了不同类型金融机构之间的界限，同时各类金融机构与非金融机构之间的联系也逐渐增多。整个金融系统在新技术的作用下联系更为紧密，任何风险都可能通过金融科技的传导迅速蔓延到整个金融系统中。最后，金融科技带来了混业经营的风险。金融机构基于扩展业务、获取更高收益的目标开展混业经营是一种常见现象，金融科技的出现则进一步拓展了混业经营的概念，金融机构与非金融企业也可以相互合作，各种业务相互渗

① 孙国峰：《从 Fintech 到 Regtech》，《清华金融评论》2017 年第 5 期。

透，这带来了如下几个方面的风险。其一，风险的不透明性。混业经营由于加入了更多的技术因素，因此增加了监管机构了解金融科技市场结构和风险变化情况的难度；其二，监管套利行为。金融科技对混业经营的促进导致相关从业者可能利用不同业务间存在的监管差异进行套利行为，产生多重负债、过度杠杆等问题。

总之，金融科技的出现导致金融风险具有更高的隐蔽性、更快的传播速度、更大的影响范围，成为新的系统性风险因素。

三　发展监管科技应对新的风险挑战

技术导致金融风险更加复杂、传播速度更快，金融科技成为新的系统性风险因素，但同时科技也可以成为重要的监管手段，尤其是在金融科技的背景下，监管科技已经成为一种必不可少的新的监管手段。

（一）监管科技出现原因

首先，金融危机后不断攀升的监管压力提高了合规成本，迫使金融机构通过监管科技来降低成本。2008 年金融危机爆发后，改革金融监管手段、加大金融监管力度成为各国的共识。监管的强化大大提高了合规成本，通过科技手段降低成本成为被监管对象的理性选择。

其次，信息技术的进步对监管科技提出了新的要求，同时为监管科技的发展提供了技术手段。随着各项信息技术在金融领域的广泛应用，金融科技呈爆发式增长的局面，金融产品和服务不断创新，新的产品类型、新的业务模式往往会超越原有的监管规则和框架，超越传统金融监管的能力，为了应对这种挑战，监管科技应运而生。此外，随着信息技术的不断进步，金融监管具备了从依赖人力到依赖智能的可能，监管机构可以利用大数据、云计算、人工智能等新技术提高监管活动的效率和获取信息的及时性。

最后，监管科技是监管机构提高自身监管能力和效率的主动行为。利用监管科技，监管者可以实现对金融科技近距离、实时的了解，及时跟踪金融创新产品和服务的发展方向，对复杂交易活动进行实时监控，对金融欺诈等活动保持高度警惕。英国金融行为监管局（FCA）认为监管科技可以促使金融机构效率的提高，更高效地满足金融监管部门的合规要求；西班牙对外银行则认为，监管科技是一系列融合创新技术和法规要求的解决方案，监管科技不仅可以满足跨行业监管的要求，还可以提升流程自动化的程度，挖掘分析报告关联性，提高数据质量，创建数据整体视图①。实际上，监管科技的需求方既包括监管机构，也包括被监管机构，监管科技既可以应用到金融领域，也可以应用到医疗服务、环境保护等领域（见图6）。

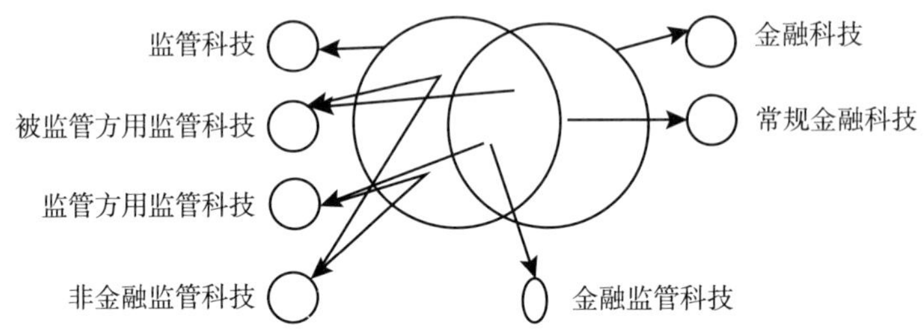

图6　监管科技与金融科技的关系

资料来源：杜宁、沈筱彦、王一鹤《监管科技概念及作用》，《中国金融》2017年第16期。

（二）监管科技的作用

监管科技对监管机构和被监管对象都具有重要作用。首先，监管科技对金融机构具有重要作用。监管科技可以大大降低金融机构应对新监管规则的成本，以美国为例，根据修订后的《多德－弗兰克法案》的要求，资产规模在2000亿美元以上的金融机构必须根据《巴塞尔协议III》的要求向金融监管部门提交60多页的流动性报告，同时每天要按“T＋2”的原则编制流动性报告，而这将耗费大量的人力物力。此外，对于具有众多海外分支机构的金融机构而言，每天要向监管部门提交数份形式相似的流动性报告。在这

① 杜宁、沈筱彦、王一鹤：《监管科技概念及作用》，《中国金融》2017年第16期。

种情况下，金融机构有必要构建一个全球系统，这一全球系统可以为金融机构持续提供数据，并将数据以不同的形式进行打包，定期提交给金融监管机构。这种通过全球系统收集、管理和递交数据的方式，不仅是出于管理的目的，同时满足了监管的需求。

其次，监管科技对监管机构具有重要作用。当前的金融监管制度要求日益复杂、工作量与日俱增，预计到2020年，全球银行领域监管文件累计将达3亿多页①，如果不采用新的技术手段来更新金融监管手段，原有的金融监管机构必将因为人力有限而陷入事务性工作中，无暇顾及其他重要的金融风险。当然，监管科技在降低重复性工作量的同时并不能完全替代人的角色，尤其是在对宏观风险的判断以及金融与其他经济问题的联系上，监管科技仍然不能替代人的作用。

（三）金融科技对监管科技提出的要求

1. 关注金融科技与监管科技的联系

金融科技与监管科技既有区别，又因新技术联系在一起。金融科技与传统金融活动一样，发挥着金融中介的作用，在资金需求方和供给方之间发挥着调剂余缺的作用。金融科技应用一定的技术手段来实现其核心功能，包括资金配置、支付清算、风险管理、价格发现等。监管科技则是应用一定的技术手段来服务于监管活动，如利用大数据、区块链等新技术进行数据收集、存储、分析、共享等。金融科技的重点在于了解客户（Know Your Customer，KYC），而监管科技的重点是了解数据（Know Your Data，KYD）②。

从两者的联系来看，金融科技和监管科技是各种信息技术在不同场景下的应用（见表3）。以人工智能技术为例，在金融科技中的应用场景主要是金融信贷，可以发挥信贷风险自动评估的作用，而在监管科技中的应用场景主要是实时风险监测，工人智能技术可以帮助监管机构学习新的违规行

① 杜宁、沈筱彦、王一鹤：《监管科技概念及作用》，《中国金融》2017年第16期。

② 蔚赵春、徐剑刚：《监管科技 RegTech 的理论框架及发展应对》，《上海金融》2017年第10期。

为特征。技术进步推动了金融业的转型，也推动了监管的转型，从监管机构的角度来看，技术既是提高监管效率的手段，同时成为监管的对象。了解金融科技与监管科技之间的区别和联系，就是要充分认识到监管科技已经成为一种新的发展趋势。科技驱动型监管——监管科技，已经成为构建新的金融监管模式和维度的重要基础，可以解决当前存在的监管失灵、过度监管、“一刀切”式粗暴监管等问题，同时也是提高监管机构监管能力的重要方式①。

表 3　技术在金融科技与监管科技中的应用

技术类别	金融科技		监管科技	
	典型场景	发挥作用	典型场景	发挥作用
人工智能/机器学习	金融信贷	信贷风险自动评估	实时风险监测	根据交易数据和公开信息(如市场信息、新闻源等)学习新的违规行为特征
大数据	理财投资咨询	搜集多元化信息,识别客户风险偏好,推荐个性化理财方案	经济形势模拟	动态模拟宏观经济形势变化,提供针对性金融监管应对策略建议
区块链	票据与供应链金融	解决交易信赖问题,降低成本和操作风险	监管数据共享	实现金融服务机构与监管机构间信息共享,执行反洗钱规则定义的智能合约
生物科技	金融账户开户	实现客户身份信息自动化识别	身份识别	提升 KYC 监管要求下合规执行的效率和安全性

资料来源：杜宁、沈筱彦、王一鹤《监管科技概念及作用》，《中国金融》2017 年第 16 期。

2. 关注金融科技带来的系统性风险

国际货币基金组织（IMF）在 2017 年底发布的《中国金融体系稳定评估报告》中指出，中国金融体系的规模和复杂性都在迅速提高，普惠金融等领域的快速发展应该得到重视，发展过快、监管尚未健全等问题可能会导

① 杨东：《监管科技：金融科技的监管挑战与维度建构》，《中国社会科学》2018 年第 5 期。

致系统性风险的出现[①]。金融监管的核心使命之一就是避免系统性风险的出现，而金融科技的快速发展在一定程度上给金融体系带来了更大的潜在系统性风险，对此监管科技必须予以充分重视。

金融科技带来的潜在系统性风险体现在各项技术中。例如，网络风险不仅涉及操作风险，本质上也是一种系统性风险。如果智能投顾被大量应用到投资咨询领域，那么交易大多由类似的计算机程序执行，股市更有可能出现同涨同跌的现象，而这种现象不是人们的预期导致的“羊群效应”，而是算法趋同导致的“机群效应”。再比如，部分第三方服务机构可能具有系统重要性，如果金融监管机构仅依据第三方服务机构与被监管机构签订的合同来进行监管，往往难以有效、及时地察觉系统性风险。

3. 注重强化对金融科技的跨境监管合作

金融科技的发展使得不同国家的金融市场和金融交易活动的一体化程度更高、交易成本更低，同时风险在不同国家之间的传播速度也更快。但不同国家之间的监管制度、理念存在一定的差异，各国对金融科技的监管程度、监管范围也存在差异。在这种背景下，监管套利行为将会出现在国家范围，例如金融从业者通过变换注册地址、异地销售金融服务和产品等方式，规避监管要求高的地区，在监管要求低的地区谋取更高收益，给全球金融市场带来新的不确定性。

金融科技的网络性、全球性、复杂性等特点决定了监管部门必须展开跨境监管合作，深入了解金融科技发展带来的风险在不同国家和地区之间传播的方式和途径，在潜在的监管真空领域加强沟通，努力控制监管套利行为。以在我国开展金融业务的外资银行为例，我国金融监管部门应加强与外资银行母国监管机构的合作，明确双方在跨国监管合作中的分工，在监管对象、监管力度、监管原则等方面达成一定的共识，有效防范金融科技对全球金融系统安全的威胁。

---

① https：//tech. sina. com. cn/i/2017 – 12 –07/doc – ifypikwu4147368. shtml.

参考文献

[1] 杜宁、沈筱彦、王一鹤：《监管科技概念及作用》，《中国金融》2017 年第 16 期。
[2] 孙国峰：《从 FinTech 到 RegTech》，《清华金融评论》2017 年第 5 期。
[3] 万建华：《科技变革金融的历史必然》，《清华金融评论》2016 年第 10 期。
[4] 蔚赵春、徐剑刚：《监管科技 RegTech 的理论框架及发展应对》，《上海金融》2017 年第 10 期。
[5] 吴晓光、王振：《金融科技转型的着力点》，《中国金融》2017 年第 5 期。
[6] 杨东：《监管科技：金融科技的监管挑战与维度建构》，《中国社会科学》2018 年第 5 期。

B.11
我国金融科技研究进展评述

黄　震　苏润林

摘　要： 本报告主要从金融科技的概念、发展路径及当下普遍关注的金融科技背景下风险防范问题三个角度对相关文献做了梳理。针对金融科技的“破坏性创新”，需要引导和发挥金融科技的正向作用。

关键词： 金融科技　风险防控　研究评述

一　引言

2013 年以来，随着互联网平台的大发展以及相关底层技术的不断涌现，科技对金融业的改造呈现颠覆性变革的特点。与此同时，科技与金融相互融合的领域——金融科技，越来越受到学者们的关注。从中国知网对“金融科技”这一关键词的指数分析来看，2016 年开始上涨，当年达到 165 篇，环比增长 189%。2017 年相关文献数量达到了 841 篇，环比增长 410% 多。2018 年涉及“金融科技”这一关键词的文献达到 1140 篇，环比增长率虽然下降明显，但总量依旧很多，可以看出还是保持了一定热度和研究频率。

自 2015 年发生以“e 租宝”事件为代表的相关案件，以及随之而来的 2018 年 P2P 平台“爆雷”，对本土的互联网金融概念人们似乎避而不谈，反而外来的洋词“Fintech”即金融科技受到各方的欢迎。张兴（2017）指出，互联网金融正视图摆脱以往的问题和标签，积极向金融科技靠拢。时下对金融科技的研究不胜枚举，本报告视图从金融科技的核心概念、发展路径和演变趋势以及金融科技发展进程三个方面，对相关文献进行梳理，总结近年金融科技研究的特征与趋势。

二 金融科技有关理论探讨

（一）金融科概念的起源与定义

对于“金融科技”，英文中由 Finance 和 Technology 的缩写组成即 Fintech。有人指出，这一词语最早是美国金融服务技术联盟（Financial Services Technology Consortium）的原始名称，诞生于 20 世纪 90 年代，由花旗集团发起，随后由美国的一些银行、研究机构组成。它的初衷是通过建立电子支票系统来帮助美国金融服务业提高在市场上的竞争能力。类似的说法也认为“金融科技”一词最早是 20 世纪 90 年代初期由花旗银行董事长 John Reed 在新成立的“智能卡论坛”上提出。从这一点上来说，其和我国学者在 20 世纪 90 年代倡导的“科技金融”概念类似。

目前普遍认为 Fintech 最早出现是在 2011 年，管清友等（2018）认为其是美国硅谷和英国伦敦的高科技公司利用云计算、区块链、人工智能等新兴技术对传统金融进行颠覆和改造。廖岷（2016）也指出在我国台湾地区，金融科技被定义为“金融相关事业”。大多文献中普遍提到英国金融稳定理事会（Financial Stability Board，FSB）提出的定义：“技术带来的金融创新，它能创造新的业务模式、应用、流程或产品，从而对金融市场、金融机构或金融服务的提供方式造成重大影响。”

对于金融科技一词的定义，不同研究者从不同的角度给出了不同的定义。总体来说有以下几个方面。第一，全新的业态结合理念。尹振涛等（2017）指出，金融科技是金融与科技两者的全方位融合或趋势。国外有学者提出金融科技是金融服务在与技术领域的交互作用下呈现的一种动态区块。第二，侧重科技领域。孟永辉（2018）指出让金融科技回归技术本身，更加关注金融科技的科技特征，将其看作推动金融行业良性发展的工具。上文提到的 FSB 关于金融科技的定义，强调其以新技术应用为核心的技术创新。第三，侧重金融领域。在新技术条件下使得金融行业不断发展出新的范畴和业务模式。第四，多元化。李文红、蒋则沈（2017）认为金融科技一词的具体含义在不同背景下有所不同："有时是指对现行金融业务的数字化或电子化，如网上银行、手机银行等；有时是指可以应用于金融领域的各类新技术，如分布式账户、云计算、大数据等；有时则指希望涉足金融领域、与现有金融机构形成合作或竞争关系的科技企业或电信运营商。"

（二）金融科技的比较研究与实质研判

Fintech 作为国外兴起的概念，在进入本土学者研究视野的同时，会与已有概念产生碰撞。有学者指出 Fintech 比较类似于我国"互联网金融"的概念，即指传统金融机构或互联网企业，通过利用互联网、信息通信等技术，开展诸如融资、理财、支付清算等服务的新型金融业务模式。易宪容（2017）认为金融科技不等于"互联网金融"，也不等同于科技金融，认为其是在大数据的背景下，"利用现代科技（比如新的支付方式、人工智能、数字化货币、区块链、生物识别等）对信用进行识别、获得、评估、量化的新的工具与方式，以便全面提升对信用风险定价的能力，从而让金融市场的信用基础、信用关系、信用媒介及信用担保方式等都发生根本性的变化，并由此打造出新的金融业态、新的金融科技市场、新的商业模式"。其基于信用这一核心，认为金融科技开拓了一种全新的商业模式。有研究者指出金融科技与互联网金融有所区别。前者侧重于"互联网 +"背景下金融的创新，后者则范围更广，甚至包括区块链在内的很多基础设施应用技术，其更强调科技对金融领域的服务和支持作用。杨松、张永亮（2017）在比较分析了金融科技和互联网金融概念的两种言说（"同质论"和"异质论"）之后，也认为互联网金融是金融科技的一个发展阶段、一个分支，前者是隶属金融科技的。

对于金融科技的本质探究，亦有不同观点。一种主要观点认为本质是科技；另一种观点则站在金融监管以及金融从业者的角度，认为金融科技的本质为金融，只是表现为金融的科技化。这两种观点实为角度不同，前者是基于金融科技的技术开发与应用者视角而言，认为金融科技的本质为科技。

可以看出，对于金融科技这一概念的认识仍处于不断深化的过程中，其外延仍在丰富和扩大。广义上，金融科技是指在高新技术（人工智能等）发展的促进下，对金融领域带来的创新模式。狭义上，其在不同语境中含义有所不同。有时候可以指代一些科技企业，有时候可以指运用在金融领域内的新技术，如区块链。

（三）金融科技发展路径及阶段划分

从对金融科技定义的分析与实质研判中我们不难看出，这一涉及交叉领域的概念，伴随着金融和科技的融合全面加深，在不同阶段有着不同的特点，有必要对金融科技的发展阶段做一个梳理。

有学者基于科技和金融结合程度的不同，提出了我国金融科技发展的不同历程，即从传统金融机构的信息化阶段到互联网金融的业务创新阶段，再到目前高新技术驱动下的金融创新阶段。其实严格来说，到最后一个阶段才能将其称为我们目前界定的金融科技。整体来看，科技对金融的影响在不断加深。

黄余送（2017）认为我国广义的金融科技发展分三个阶段：第一阶段涉及金融电子化系统的广泛应用；第二阶段主要是传统金融业务从线下向线上迁移；第三阶段则是利用科技对金融管理理念的重构应用。同时指出，我国金融科技发展正处于三个阶段并存的时期。有学者基于科技与金融的交互作用，将 Fintech 的发展分为 1.0 阶段（从电子化到数字化）、2.0 阶段（数字化金融服务的发展）、3.0 阶段（目前所定义的金融科技）和 3.5 阶段（针对亚洲和非洲作为 Fintech 的新兴市场所出现的实例）。与之类似，巴曙松（2017）从 IT 技术推动金融行业变革的角度进行分析，也将金融科技划分为三个阶段。第一个阶段为金融 IT 阶段。在这一阶段，金融行业通过传统 IT 的软硬件应用来实现办公和业务的电子化、自动化，从而提高金融行业的业务效率。第二个阶段可界定为互联网金融阶段。在这一阶段，以互联网平台为依托，变革传统金融的渠道。第三个阶段就是 Fintech。在此阶段，通过新一轮技术创新（主要包括大数据、云计算、人工智能、区块链等），全面改造传统的金融服务业务。郑联盛（2014）也有对我国金融科技三阶段的划分：1990 ~2005 年传统金融行业互联网化。

2005 ~2011 年第三方支付平台兴起；2011 ~2014 年互联网行业出现实质性的金融业务。就我国金融科技的发展来说，其以往的发展基本经历了上述三个阶段。

因此可以看出，科技的不断渗透，使得金融行业不断变化和革新。从开始简单的软硬件 IT 化，到互联网时代信息技术飞速进步。仅以金融领域为参照系，这种科学技术的渗透效应催生了金融科技的不断发展。朱太辉（2018）指出我国 Fintech 的发展来自四个方面：新兴信息技术的发展；实体经济日益多样化的金融需求；传统金融机构相对不足的金融服务能力；Fintech 企业的监管规避和套利行为。

同时，对金融科技未来的发展趋势，黄震（2018）提出了五大趋势。第一是安全筑底，即更加注重金融安全。第二是账户为王。金融科技必须以账户为核心，才能不断拓展领域。第三是数字运营。金融科技会不断增强数字化的运营能力。第四是监管科技。这一概念也是金融科技之后发展的重要方向。第五是全球拓展的趋势，即我国必须坚持全球化，抢占金融科技领域的制高点，尤其是一些原创的核心技术。易宪容（2017）也从技术创新和应用的角度来看金融科技的发展，同时提出如何让更多的人享受金融服务和通过更好的金融服务摆脱贫困、追求幸福。也有人指出中国金融科技发展的五个关键趋势，即传统金融机构向金融科技转型、互联网巨头引领打造金融生态圈、银行不断加强和金融科技企业的合作、新兴技术不断渗透金融业务各个领域、金融科技技术赋能不断涌现①。

① 《金融科技（二）：金融科技在中国的发展现状》，https：//www.jianshu.com/p/48f2ac756e3d。

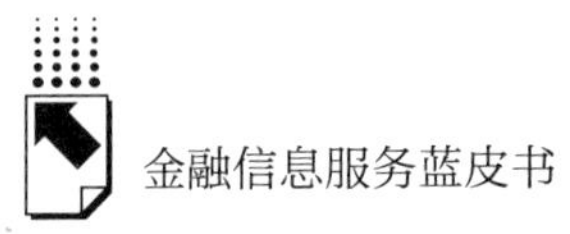

三 金融科技研究的重点领域

（一）开拓金融市场的创新

黄震主编的《中国互联网金融安全发展报告 2018》指出金融科技发展的上半场是开拓市场，主要围绕四个方面展开，分别为：获客科技、产品科技、交易科技以及平台科技。先通过低成本获得目标客户，然后通过产品开发占据优势，满足用户需求，较为典型的如余额宝、智能客服等。交易科技立足于交易所的数字化。金融科技是推动交易所变革的动力，其改变了原有的交易所运营方式，促进交易所的竞争与整合，大幅度提升了整个金融市场的效率。最后是金融服务市场的平台化。前期投入大量资金打造金融大平台，吸收转化海量的用户流量。开拓市场中重要的用户，随后通过产品迎合用户需求，抢占市场份额。李杨等（2018）就分析了金融科技的发展特征，总结了中国金融科技产业发展情况，指出金融科技驱动中国经济增长的几条主要路径。

艾瑞咨询[①]指出 2016 年以来，我国互联网金融正逐渐从用户流量驱动向金融科技驱动转型。目前我国金融科技仍处于发展初期，由于本土的金融市场相应准则还未成熟，金融科技的发展还有很大的空间。2017 年，我国金融科技企业的营收总规模达到 6541.4 亿元，预估 2020 年金融科技企业的营收总规模将达到 19704.9 亿元。

金融科技所覆盖的范围与领域不断扩展，巴塞尔银行监管委员会区分出四个应用领域，即存贷款与融资、服务支付与清结算服务、投资管理服务和市场基础设施服务。廖岷（2016）提到金融科技主要包括互联网与移动支付、网络融资、智能金融理财服务以及区块链技术等。

---

① 艾瑞咨询：《2018 年中国金融科技发展现状研究——以爱财集团为例》，https：//www.iresearch.com.cn/Detail/report? id =3168&isfree =0。

（二）金融科技的风险类型与特征

从前述金融科技发展的历程和阶段来看，新技术的影响力和渗透效应往往总能出乎人的意料。科技是一把双刃剑。在传统金融与科技公司逐渐深度合作的大势中，金融科技创新在提供跨机构、跨行业、跨市场金融服务方面，发挥出其积极向上的创新性和创造性。体现在金融科技能够降低金融活动中的交易成本并提高金融活动的效率，并且有利于共享经济、普惠金融的发展。但是金融科技也对传统金融机构和体系造成了冲击，可以说其继互联网金融之后，裹挟着更多的金融隐患和风险。金融科技具有“创造性破坏”的特点。正是基于这种特点，关志薇等（2017）指出我国金融科技发展面临“弯道超车”的重大机遇，但同时明确指出其内生的金融风险更加隐蔽、复杂。孙国锋（2017）也提出 Fintech 带有很强的风险特征。无论是 1998 年的亚洲金融危机，还是 2008 年的国际金融危机，其曾产生的破坏性和颠覆性后果都不可估计。一场金融危机经历着从小范围的金融风险到大范围、系统性金融风险的嬗变。安辉（2016）提出国际金融体系遵循着“金融创新—金融风险—金融危机”的演进逻辑。而当下金融在互联网影响下多重风险不断叠加，风险触点增多，一系列新的金融风险类型丛生，金融风险现象和问题呈现新的特点和难点。金融科技由于和许多新兴技术相结合（大数据、物联网、云计算、区块链、人工智能等），其内生的金融风险在传播速度、影响范围等方面比传统金融风险表现得更为突出。杨涛（2017）提出对风险需要进行概念甄别，要实现从“模糊化”到量化分析，并精确定位。关于互联网金融风险的分类，不同研究者从不同的认识角度做了不同的区分。

中国人民银行开封市中心支行课题组（2013）提出的分类和归纳较为全面，包括征信风险、信用风险、流动性风险、信誉风险、操作风险、技术风险、收益风险、纵向竞争风险、法律风险和破产关停风险。李耀东等（2014）认为风险在于数据获取、技术缺陷、技术迷信、迷信速度、网络安全和权力异化六个方面。俞林等（2015）认为互联网金融行业的风险包括违约风险、欺诈风险、政策风险以及操作风险。同时，互联网金融中蕴含着许多新生风险，汤皋（2013）基本将风险聚焦于交易对象不清、个人信息不当泄露等问题上，以及随着金融业态的不断创新所涌现的新业务合法性尚难断定的问题，各类违法违规甚至金融犯罪丛生问题等。龚明华（2014）重点强调了互联网金融所面临的三大特殊风险：信息科技风险、合规风险（严重包括洗钱犯罪等）以及系统性风险。杨东（2017）也提出了包括合规性风险等金融科技所带来的几方面不稳定因素。杨群华（2013）对互联网金融的特殊风险进行了归纳：一是系统性的技术风险；二是由系统和交易所引发的业务风险；三是因违反法规以及现有法律滞后所带来的不适用性风险。目前互联网金融风险可谓是金融风险与互联网风险这些新生风险的叠加，这类研究和前述的分类有利于我们全面把握当下的风险环境。卫航（2018）指出我国金融科技发展中存在的几种风险，主要包括合规风险、业务风险、技术风险、网络风险。

部分研究者从分析某一类特定的风险研究入手。包爱民（2013）从法律、技术、资金、信息、监管五个方面分析了安全风险。洪娟等（2014）重点分析了互联网金融的技术风险、虚拟风险、操作风险、法律法规风险等特殊风险。李国义（2017）揭示了互联网金融风险之一信用风险的特征，在此基础上运用规范分析法分析了其内在的风险形成机理。王倩、吴承礼（2016）认为金融科技传承了传统金融的信用风险、市场风险和流动性风险。互联网金融凭借技术优势在降低信息不对称的同时，又因虚拟性、征信体系不完善和投资者风险意识淡漠等因素，而产生了更严重的逆向选择和道德风险。史智才、王宁（2018）提出要把握互联网金融存在多元风险的这一根本特征。

对于互联网金融风险的特征概括，周振海（2017）提到相较于传统的金融风险，互联网金融风险波及范围更广、传播速度更快、溢出效应更强。卓娜、昌忠泽（2015）基于金融风险的成因、传导和防范三个角度梳理了国外金融风险的经典研究以及2010年以来国内金融风险研究的进展。许多奇（2018）基于社会网络分析的方法，提出互联网金融风险具有两大社会特征，除了传统认识中“太大而不能倒”，还发展出“太多连接而不能倒”以及“太快而不能倒”的新表现形式，提出需要进一步研究如何有效识别隐藏的金融风险并迅速采取风险传导防范措施，准确判断其传导范围。金融科技所带来的风险，目前基本认同其具有如下几个特征：一是信息的不对称使得风险更具有隐蔽性；二是风险的极度渗透性，其传播速度比以往传统风险更快，造成后果的破坏性更强；三是极其容易转化为系统性风险的高危险性。

（三）金融科技风险的防范化解对策研究

从诸多文献的分析研究发现，普遍存在由金融风险演变至系统性金融风险，进而演变为金融危机这一基本的风险扩大演变逻辑。大多学者普遍从前两个维度逐步分析防范金融领域风险的范式，其中系统性风险是论述的重点。黄益平（2017）认为防控系统性金融风险是当前经济政策的重要目标之一。毕夫（2017）提到金融科技会外溢出了巨大的系统性风险。周皓等人（2017）较为全面地研究了我国金融系统性风险。魏伟等（2018）分析了当前我国系统性金融风险的三个来源：房地产风险、地方债风险和影子银行风险。宋清华等（2018）梳理了国际金融组织、欧盟和美国在防控系统性金融风险上所采取的一系列举措，并从中总结出了防范系统性金融风险的启示。段敏芳（2005）在建立金融风险监测指标体系的基础上，运用因子分析方法分析了20世纪90年代以来我国金融风险历程，探索了我国金融风险产生的根源，提出了从根本上解决金融风险的策略。苗永旺、王亮亮（2018）研究了宏观审慎监管对金融体系中系统性风险的监测方式及政策工具。

不少学者也采用量化即度量分析的研究方法进行研究。贾楠（2017）对互联网金融风险进行了风险量度的实证性分析，包括银行业的风险评估和系统性风险评估。王立勇、石颖（2016）以P2P信贷平台为主要研究对象，采用相应的模型构建了互联网金融风险评价体系，同时运用了VAR方法定量化测算风险大小。其他采取定量分析方法的还有欧阳资生、莫廷程

(2016)，邹静、王洪卫（2017），李树文（2016），等等。可以看出已有关于金融风险的研究重在分析其特征和分类，还包括成因、传导等方面，也有学者进行了细致量化的研究，包括选取评价指标、构建分析模型等。定量分析使得认识风险问题更理性和具体，定位更准确。但不同的分析方法以及模型构建不能做到尽善尽美，不可能完全反映实践中的情况，需要不断调整和完善。

现有文献针对金融科技背景下金融风险的特点，提出金融科技的发展应该将其破坏性作用降到最低，而最大限度地激发其创新和创造性方面的积极作用，那么就需要不断提高防控风险能力。杨东（2018）指出金融市场是与风险相伴而生的，在梳理金融科技背景下可能面临的金融风险的基础上，应当寻找防范风险的有效方法与途径。许多学者提出了相关的建议。邓建鹏、黄震（2016）提出为了控制风险，应由监管机构引导互联网金融从业机构形成企业标准，然后提炼成行业标准，最后形成社会组织的自律章程，这一系列的规则被称为“软法”。风险防范面临多重挑战，监管机构往往陷入“一管就死，一放就乱”的困境。FSB 在一份报告中按照经济职能和业务活动对金融科技的范围进行了分类，同时在其另一份报告中提到网络风险和加密资产可能给监管当局带来新的挑战。

四　结语

从梳理文献的整体结果来看，关于金融科技文献近几年数量不断增多，总量庞大，除了传统的对概念定义、发展路径等的研判，近年来越来越多的研究者开始注重分析如何应对金融科技背景下的金融风险问题，普遍认为科技监管（监管科技）是互联网金融监管必然选择的一种方式。金融科技具有的“破坏性创新”特点，使得监管面临两难困境。进一步来讲，无论是传统金融机构还是信息科技企业，在运用科技为金融带来更多活力的同时，安全、风控、合规的重要性越发凸显。

金融科技面对当前的严监管、去杠杆和防风险等大趋势，涉及金融与科技的交叉领域。一方面，我们要拥抱技术创新，提升我国金融科技的核心技术能力，在世界范围内争取更多的话语权；另一方面，无论是传统金融机构还是其他准金融机构、金融科技企业，都需要主动迎接监管，注重合规和安全问题，最大限度地激发金融科技的创造性机能，让金融不再成为财富的“吸血虫”，进而提升国家经济实力，改善人民的生活。

参考文献

[1] 安辉：《金融监管、金融创新与金融危机的动态演化机制研究》，中国人民大学出版社，2016。

[2] 巴曙松、白海峰：《金融科技的发展历程与核心技术应用场景探索》，《清华金融评论》2016 年第 11 期。

[3] 巴曙松：《中国金融科技发展的现状与趋势》，《21 世纪经济报道》2017 年 1 月 20 日（004）。

[4] 包爱民：《互联网金融对传统金融的挑战与风险防范》，《内蒙古金融研究》2013 年第 12 期。

[5] 毕夫：《全球金融科技与监管科技的新革命》，《对外经贸实务》2017 年第 9 期。

[6] 段敏芳：《基于因子分析的我国金融风险研究》，《中南民族大学学报》（自然科学版）2005 年第 3 期。

[7] 邓建鹏、黄震：《互联网金融的软法治理：问题和路径》，《金融监管研究》2016 年第 1 期。

[8] 黄震主编《中国互联网金融安全发展报告 2018》，中国金融出版社，2018。

[9] 黄益平：《防控中国系统性金融风险》，《国际经济评论》2017 年第 5 期。

[10] 黄余送：《金融科技发展分析》，《中国金融》2017 年第 5 期。

[11] 洪娟、曹彬、李鑫：《互联网金融风险的特殊性及其监管策略研究》，《中央财经大学学报》2014 年第 9 期。

[12] 龚明华：《互联网金融：特点、影响与风险防范》，《金融会计》2014 年第 2 期。

[13] 管清友、朱振鑫、杨芹芹：《金融科技：一场静悄悄的革命》，《金融研究院》2018 年第 3 期。

[14] 关志薇、邵鲁文：《构建金融科技监管新范式》，《金融世界》2017 年第 11 期。

[15] 韩克勇：《互联网金融发展的长尾驱动与风险生成机理》，《亚太经济》2018年第1期。

[16] 贾楠：《中国互联网金融风险量度、监管博弈与监管效率研究》，吉林大学博士学位论文，2017。

[17] 孟永辉：《让金融科技回归技术本身》，《现代企业文化》2018年第9期。

[18] 李文红、蒋则沈：《金融科技发展与监管：一个监管者的视角》，《金融监管研究》2017年第3期。

[19] 李国义：《互联网金融中的信用风险形成机理研究》，《哈尔滨商业大学学报》（社会科学版）2017年第3期。

[20] 李杨、程斌琪：《金融科技发展驱动中国经济增长：度量与作用机制》，《广东社会科学》2018年第3期。

[21] 李树文：《互联网金融风险管理研究》，东北财经大学博士学位论文，2016。

[22] 李耀东、李钧：《互联网金融框架与实践》，电子工业出版社，2014。

[23] 廖岷：《全球金融科技监管的现状与未来走向》，《新金融》2016年第10期。

[24] 刘晓春：《Regtech：监管Tech还是监管Fin》，《清华金融评论》2018年第3期。

[25] 苗永旺、王亮亮：《金融系统性风险与宏观审慎监管研究》，《国际金融研究》2018年第8期。

[26] 史智才、王宁：《互联网金融风险管理浅析》，《财税金融》2018年第25期。

[27] 孙国锋：《从FinTech到RegTech》，《清华金融评论》2017年第5期。

[28] 宋清华、胡世超：《系统性金融风险防控的国际实践及其启示》，《武汉金融》2018年第8期。

[29] 汤皋：《规范互联网金融发展与监管的思考》，《金融会计》2013年第12期。

[30] 王立勇、石颖：《东南大学学报》（哲学社会科学版）2016年第2期。

[31] 王晓燕：《防范金融科技创新风险的思考》，《西部金融》2017年第10期。

[32] 王倩、吴承礼：《互联网金融风险生成机理分析》，《社会科学辑刊》2016年第5期。

[33] 魏伟、陈骁、张明：《中国金融系统性风险：主要来源、防范路径与潜在影响》，《国际经济评论》2018年第3期。

[34] 卫航：《金融科技研究综述》，《信息化论坛》2018年第12期。

[35] 许多奇：《"互联网金融"定义刍议》，《文汇报》2016年4月1日，第13版。

[36] 欧阳资生、莫廷程：《互联网金融风险度量与评估研究》，《湖南科技大学学报》（社会科学版）2016年第3期。

[37] 尹振涛、郑联盛：《构建金融科技监管的新范式》，《金融博览》2017年第8期。

[38] 杨东：《监管科技：金融科技的监管挑战与维度建构》，《中国社会科学》

2018 年第 5 期。
[39] 杨东:《防范金融科技带来的金融风险》,《红旗文稿》2017 年第 16 期。
[40] 杨东:《金融科技的核心是防范金融风险》,《现代商业银行》2018 年第 5 期。
[41] 杨涛:《金融科技时代的变革方向与监管探索》,《中国银行业》2017 年第 8 期。
[42] 杨涛:《理解新形势下的金融监管体制改革》,《金融经济》2018 年第 5 期。
[43] 杨群华:《我国互联网金融的特殊风险及防范研究》,《金融科技时代》2013 年第 7 期。
[44] 杨松、张永亮:《金融科技监管的路径转换和中国选择》,《法学》2017 年第 8 期。
[45] 俞林、康灿华、王龙:《互联网金融监管博弈研究:以 P2P 网贷模式为例》,《南开经济研究》2015 年第 5 期。
[46] 易宪容:《金融科技的内涵、实质及未来发展》,《江海学刊》2017 年第 2 期。
[47] 易宪容:《关于中国金融风险防范与控制重大理论问题的研究》,《浙江社会科学》2017 第 11 期。
[48] 钟秀湘:《金融科技风险防范实证与对策》,《金融科技时代》2014 年第 12 期。
[49] 卓娜、昌忠泽:《金融风险的成因、传导与防范:国内外研究述评》,《技术经济》2015 年第 3 期。
[50] 朱太辉:《我国 Fintech 发展演进的综合分析框架》,《金融监管研究》2018 年第 1 期。
[51] 中国人民银行开封市中心支行课题组:《基于服务主体的互联网金融运营风险比较及监管思考》,《征信》2013 年第 12 期。
[52] 邹静、王洪卫:《互联网金融对中国商业银行系统性风险的影响——基于 SVAR 模型的实证研究》,《财经理论与实践》2017 年第 1 期。
[53] 周皓、陈湘鹏、何碧清:《2017 年度中国系统性金融风险报告》,清华大学国家金融研究院,2018 年 3 月 28 日。
[54] 周振海:《把金融科技的"野性"关进风险管控笼子》,《中国金融家》2017 年第 6 期。
[55] 张兴:《Fintech(金融科技)研究综述》,《中国商论》2017 年第 2 期。
[56] 郑联盛:《中国互联网金融:模式、影响、本质与风险》,《国际经济评论》2014 年第 5 期。
[57] 许多奇:《互联网金融风险的社会特征与监管创新》,《法学研究》2018 年第 5 期。

B.12
监管科技的缘起和国际实践

张　琪

摘　要：　监管科技是新一代信息科学技术与金融监管的结合。随着金融科技的不断创新发展，传统的金融监管手段不再满足复杂多变的金融信息服务行业的监管需求。基于云计算、大数据、人工智能、区块链等新兴技术，监管科技可以帮助监管机构由传统的被动式监管转变成实时动态主动监管，维护金融系统稳定，监测金融信息服务市场的数据安全。发达国家金融监管当局目前已广泛使用监管科技，通过与领先的金融科技公司合作研究，推进监管科技在金融信息服务行业的应用，完善升级监管体系，提高监管效率，维护金融市场环境的稳定。

关键词：　监管科技　国际实践　金融科技　信息科技

一　监管科技的概念

2015年7月，英国财政大臣乔治·奥斯本（George Osbome）首次使用“监管科技”（Regulatory Technology，RegTech）一词。2015年11月，FCA将“监管科技”定义为“运用新技术促进监管要求的实现”。2016年国际金融协会（Institute of International Finance，IIF）将监管科技称为“能够高效和有效地解决监管和合规性要求的新技术”。中国人民银行科技司司长李伟认为“监管科技的本质是采取新技术，在监管部门和被监管机构之间，建立可信赖、可持续、可执行的监管协议与合规性的评估机制”。本报告将监管科技定义为“监管机构提升监管能力和效率、被监管机构提升合规效率和降低合规成本的技术创新应用”。

最初的监管科技主要应用于对公司合规成本的控制，通过将公司纸质化、人工操作的流程进行数字化，降低合规成本，防范人工操作风险。随着监管科技的发展与应用的普及，监管当局通过机器学习监管政策、金融风险案例、历史交易数据、市场规则，总结危机经验和发生规律，识别和防范系统性风险。当大数据处理分析模型成熟后，能极大地简化内部流程，有效降低人工成本，减少人为主观因素的影响。

监管科技涉及的主体有监管机构、金融机构、金融科技公司等，金融科技公司作为监管科技的技术供给方，负责利用人工智能、云计算、大数据、分布式账本等信息科技手段进行监管科技的研发与创新。监管机构和金融机构是监管科技的应用主体，前者利用监管科技来提升自身监管能力和效率，后者则利用监管科技来降低合规成本、提升合规效率。

此外，监管科技不同于对金融科技的监管，也异于监管信息化。监管科技的应用不局限于对金融科技的监管，金融科技的迅猛发展所带来的金融市场创新是推动监管科技研发应用的重要因素，但是监管科技的应用领域不仅针对金融科技，其适用于整个金融行业的监管范畴，提高监管机构的监管效率和有效性，降低被监管机构的合规成本。监管科技和监管信息化两者属于有部分交集的关系，监管信息化主要强调监管领域内信息资源和信息技术的开发与利用，如监管当局的内部档案公文信息化处理属于监管信息化但不属于监管科技，金融机构利用图像识别技术验证客户信息属于监管科技但不属于监管信息化①。

传统的监管是通过行政处罚等措施，增加金融违规成本，实现对市场投资者、股东行为的震慑，监管科技通过程序接口实现监管系统与金融机构系统的信息交互，实现内外部风险信息数据及时准确的传输交互，实现监管规则与金融机构业务流程的规范与统一。

---

① 傅强：《监管科技理论与实践发展研究》，《金融监管研究》2018 年第 11 期。

二　监管科技的发展背景

（一）信息科技发展迅速，推动监管科技变革与创新

从信息技术的层面来看，云计算、大数据、人工智能等新兴技术的发展为金融创新和监管科技的创新发展提供了强有力的技术支撑。随着新一代技术的迅速发展，其在支付清算、银行借贷业务等应用领域不断渗透，改变了金融行业的产品服务、作业流程和业务模式，创新科技与实体经济的深度融合，进一步促进了金融产品创新和监管科技的发展。

云计算具有计算速度快、灵活性高、容量可延展等优点，在构建数据中心、完善客户画像方面具有关键作用。大数据应用平台能够高效分析繁多散乱的数据，实现精准营销，降低公司运营成本，将数据应用从零散、辅助的功能转变成企业创新与经营战略的核心来源。监管机构利用大数据技术，实时监控异常交易行为，能及时有效地识别市场风险。人工智能在金融业务拓展、风险监控等方面发挥优势，以智能化服务替代简单重复的人工操作，降低运营成本，一方面可以通过智能化的服务来优化客户体验，另一方面可以有效规避人工操作风险。智能化服务和大数据结合能够实现业务的自主分析与拓展，例如银行的线上贷款业务，依据数据间的关联和逻辑匹配关系，实现初步的风险识别、精准化的信贷门槛、自动化的流程审批和模型化的风险计量，极大地提高银行借贷业务的效率和不良贷款控制能力，缓解中小企业融资难的问题。以区块链技术为基础的信用证管理和贸易单据传输是未来发展的重要领域。

信息科技的发展，极大地改善了数据资源的可靠性和真实性，推动了金融信息行业的数字化管理，对用户的画像分析、信用监管更为全面立体。同时改变了传统的线下网点柜台服务模式，手机银行、网上银行、三方支付的兴起，实现了互联网场景下的广泛营销和精准营销，降低了企业的运营成本，同时有效控制了业务风险。数据的深度挖掘与整合应用成为金融机构创

新的核心来源，优化金融服务、提高服务效率和提升监管效能是信息科技在金融创新和监管科技创新方面的显著成就。

（二）金融科技创新发展，传统风险监管压力上升

从微观的角度，金融科技的创新性容易产生监管套利风险和技术性风险。一方面，金融科技企业以创新谋求发展，易使不成熟的产品被推向市场，借助互联网的高速传播放大风险，造成大规模的资金损失。金融科技企业实行“混业化”经营发展模式，其带来的新的监管对象、新的金融产品、新的长尾客户，使得传统的机构监管模式面临窘境。监管边界模糊、监管主体不明确、中央与地方监管协调不顺畅、各个地区备案及监管政策的执行力度不一致，导致监管套利、政策洼地等困局。另一方面，平台服务和业务流程完全网络化，若技术存在瑕疵，易导致用户信息泄露等信息安全性风险。

从宏观的角度，金融科技的迅猛发展使得金融市场的参与方不限于金融机构，金融科技公司、电商平台、基础设施提供商、初创互联网公司等多元化主体模糊了金融监管的边界。由于信息存在不对称性和不完全性，互联网场景会提高信息风险的隐蔽性和扩大其覆盖面，容易引发系统性金融风险，危及整个金融系统的稳定。

在传统的金融监管模式中，监管部门主要通过接收被监管机构的上传信息，分析处理数据得到监管报告。此监管模式为事后监管，具有严重的时滞性且分析周期较长，难以适应快速发展的金融科技市场的监管需求。

受技术迭代频繁、金融应用快速创新以及监管者激励约束等因素的影响，金融市场变化始终领先于监管举措，导致金融科技发展与监管手段发展失衡现象突出。若金融机构局限于传统的监管模式，可能发生“创新性破坏”，加剧监管当局与监管对象之间的信息不对称，导致监管套利和系统性风险。因此，积极探索监管科技的研究与应用，是提高监管有效性和效率的重要举措，对建立公平竞争的市场环境和维护金融稳定具有重要意义。

（三）市场风险日益复杂，监管要求大幅提升

2008 年全球金融危机之后，国际社会和各国监管当局实施一系列金融监管政策的改革，如《巴塞尔协议 III》将对银行核心资本和普通股权限的要求大幅提升，我国银监会对银行的资本充足率、杠杆率、拨备率和流动性等方面提出更高的要求，监管的复杂程度提升，监管范畴逐步扩大，全球监管要求频繁变更，被监管机构亟须通过监管科技来降低合规成本、提高合规效率。

互联网金融迅速发展，金融服务的对象和渠道通过互联网得到虚拟化，其业务内部的交叉性、关联性日益增强，组织结构复杂化。过度包装的金融服务公司，充分利用互联网的隐蔽性，进行欺诈、圈钱等违法行为，网络的系统性风险和传统金融行业的风险交互，加剧了金融监管的复杂性。网络效应加快了金融风险跨行业、跨市场、跨场景的传播速度，金融风险更复杂、更难以评估，监管机构有必要利用监管科技进行实时数据监控。

（四）全球监管形势趋紧，金融机构合规成本提高

自全球金融危机后，各国金融监管当局调整监管规则频率很高，全球监管机构每天平均出台 200 条政策修订，为 2011 年的三倍多。欧洲央行关注受坏账胁迫的银行体系，美国的有多条监管法案待通过，发展中国家的监管行为通常以发达国家的监管动向为风向标。在金融稳定性、审慎经营和处置机制三方面，全球金融监管趋紧。

从 2009 年到 2017 年末，监管机构对银行的累计罚款金额高达 3450 亿美元。根据中国证券业协会 2017 年 9 月发布的《证券公司合规管理实施指引》，证券公司总部合规部门中具备 3 年以上证券、金融、法律、会计、信息技术等有关领域工作经历的合规管理人员数量占公司总部工作人员的比例应当不低于 1.5%，且不得少于 5 人。证券公司从事自营、投资银行、债券等业务的部门，工作人员人数在 15 人及以上的分支机构以及证券公司异地

总部等，应当配备专职合规管理人员。金融机构为满足监管机构的合规要求，必须不断扩充合规部门人员队伍，构建全面完善的合规体系，人工成本持续上升。

三　监管科技的主要特征及应用优势

（一）监管科技高效处理数据，实现数字化监管

基于智能化的监管系统，监管机构能够对海量金融市场数据进行及时高效的处理分析，主动识别与预测系统性风险，发现人工监管尚未发现的监管漏洞和政策洼地。

同步更新监管政策与要求，帮助被监管的金融机构及时调整业务程序和资本管理方式以符合最新监管要求，更好地识别和应对政策风险，规避高额罚款。机器学习可以通过分析对比历史数据，自动提示异常数据记录，提高系统数据质量。奥地利中央银行（OeNB）基于机器学习、非监督学习建立了数据验证模型。

（二）监管科技动态监管，持续合规管理

监管机构通过大数据计算、分布式账本等智能监管技术，实现监管平台与金融机构业务交易程序的对接，监管平台能够自动攫取市场数据，与动态更新的监管政策相匹配，定期生成监管报告，利用统一的监管标准实现对金融机构的标准化、动态化监管。与传统的事后风险监管方法相比，监管科技能更好地应对金融科技创新，及时识别和遏止风险的发生。

澳大利亚证券投资委员会（ASIC）的市场分析和情报系统（MAI），能够实时监控澳大利亚一级市场和二级市场，MAI 的运作主要分为两方面：一方面，系统从实时市场交易中提取数据，识别交易执行时的异常情况，发出与日常操作、工作流程保持一致的警告，该警告能暂停工作流程，并进入调查分析深层的导致日常操作异常的具体原因的模式，根据初步调查结果决定

是否进行深度调查；另一方面，MAI 通过大数据进行历史分析[①]，提出完整的市场报告，评估复杂的金融风险。

（三）监管科技能降低人工风险，节约合规成本

通过监管科技系统可以实现简单重复的作业流程的数字化，降低人工操作风险，节约控制金融机构的合规成本。金融信息服务企业的合规管理需要资本的投入，但是其收益并不明显，合规人才必须具备专业的知识储备，这项要求隐形增加了金融机构合规管理的成本。

IBM 收购 Promontory 金融集团后推出 Watson 系统，基于 6000 多条监管条文，以智能机器人过程自动化、机器学习、身份解析、网络分析等技术，帮助公司加强对金融监管的认知、对金融犯罪的洞察、对客户适当性管理行为的监控、对财务风险的管理等。

四　监管科技的国际实践

根据国际清算银行（BIS）金融稳定研究所（FSI）发布的报告，监管科技的主要应用领域总结如图 1，各个国家运用的主要监管科技如图 2。

基于监管科技的应用需求，自 2013 年至 2018 年第三季度末，美国的监管科技公司得到的资本投资在过去 6 年里增长了 8 倍（见图 3）。监管科技在国际上得到广泛运用。

如图 4 所示，自 2013 年开始全球监管科技的交易重心一直在转移，北美地区的监管科技交易从 2013 年的 75.3% 下降至 2018 年第三季度的 50%，欧洲在这期间的监管科技交易翻倍。同时，其他地区尤其是亚洲监管科技交易所占全球市场份额从 2013 年的 9% 上升至 2018 年第三季度末的 15.6%。

① 何海峰：《监管科技：内涵、运用与发展趋势研究》，《金融监管研究》2018 年第 10 期。

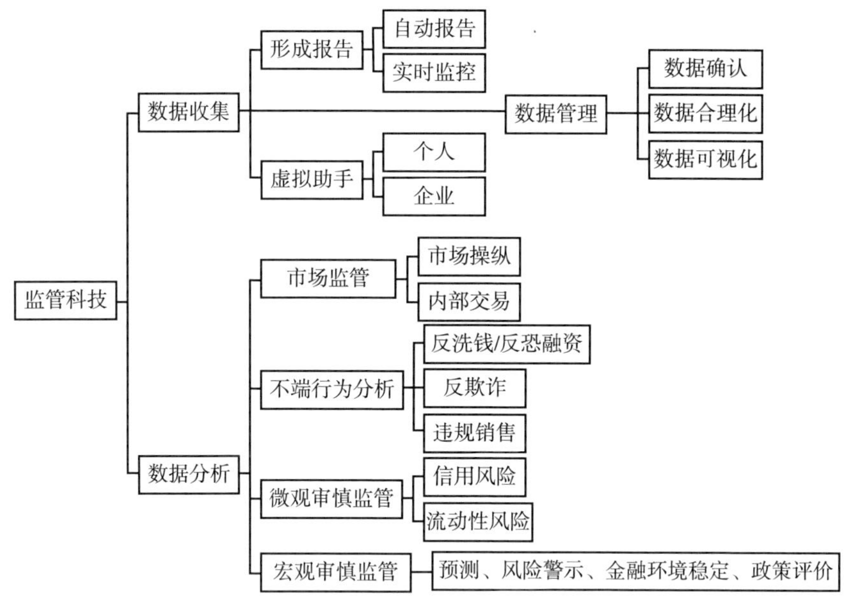

图1　监管科技的应用

资料来源：FSI。

技术	监管机构									
数据收集										
API	ASIC			BSP						
数据输入方法	ASIC								OeNB	SEC
数据输出方法	ASIC			BSP			FCA			
云计算	ASIC				CNBV	DNB	FCA			SEC
聊天机器人				BSP			FCA			
数据处理										
大数据	ASIC	BoI	BNR		CNBV	DNB	FCA	MAS		SEC
人工智能					CNBV	DNB	FCA	MAS		SEC
NLP	ASIC	BoI			CNBV		FCA	MAS		SEC
机器学习	ASIC	BoI				DNB	FCA	MAS	OeNB	SEC
图像识别							FCA			

图2　各个国家监管机构运用的监管科技（部分）

资料来源：FSI。

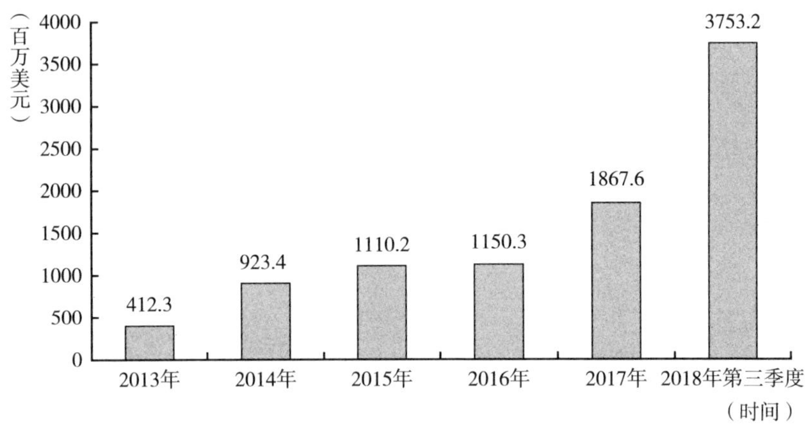

图3　美国监管科技公司得到的总资本投资额

资料来源：RegTech Analyst。

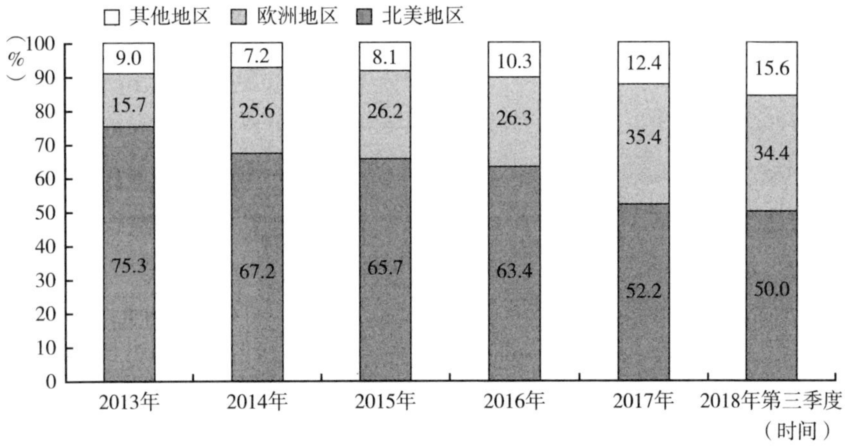

图4　2013年至2018年第三季度全球各地区监管科技投资

资料来源：RegTech Analyst。

（一）客户身份认证

监管科技的应用主要体现在两个界面：金融机构与用户之间以及金融机构与监管当局之间。金融机构为有效管控合规风险，需满足“反洗钱”（Anti-Money Laundering，AML）和“了解你的用户”（Know Your Customer,

KYC）原则[①]，通过使用生物识别技术自动化识别客户身份，实现金融服务的远程作业，增强金融机构与客户之间的沟通，满足 KYC 的要求。

加拿大公司 SecureKey 与 IBM 合作推出区块链身份认证服务，用户可以通过银行账户直接登录第三方平台或公共事业服务窗口，第三方平台可在后台验证用户存储在银行的身份信息及信用轨迹。区块链技术的应用能够打破数据孤岛的窘境，实现机构间的数据共享和分布式账户管理，通过用户之间的共同验证，降低某一用户伪造篡改信息的可能性，增加金融机构与客户之间的信任，提高金融机构的服务效率及 KYC 审查的可靠性。

（二）数据采集

监管科技的数据采集包括数据管理、自动形成报告等，主要采用的技术手段包括机器学习、云计算、大数据等。机器学习通过对比历史数据来帮助监管机构识别异常数据，云计算存储数据容量大、存储方式更灵活。当前金融行业数据繁多散乱，监管科技可通过数据可视化工具，将海量散乱的数据进行初步处理，勾勒出数据间的时间、因果、关联性等逻辑关系，以更为直观的报告等形式呈现给监管者。

英国金融行为监管局（FCA）运用云计算来收集、存储和处理市场交易数据，自动拓展的云方案能够根据市场交易量的变化自动扩大存储量，以确保能实时动态地监管市场交易行为。ASIC 通过数据可视化程序将零散的数据转换为具有逻辑关系的结构化数据。新加坡金融监管局（MAS）使用交互式仪表板和网络图来呈现数据。

（三）交易检测

监管科技能够实时高效地处理海量数据，能够发现人工检测容易忽略的市场异常交易。自然语言处理（NLP）和机器学习（ML）能够及时发现市场可疑交易报告，通过向监管者出具警示以发现潜在的洗钱网络，大大提升

① 单鹏：《全球金融监管科技与中国启示》，《中国保险报》2018 年 12 月 18 日。

了监管当局监控反洗钱和反恐怖融资的效率。意大利、新加坡、墨西哥等多国的监管当局都在计划或正在使用监管科技来监控反洗钱和反恐怖融资的行为。意大利银行运用大数据来监控市场的异常交易。美国金融业监管局（FINRA）基于先进的监管科技技术所创建的核心监管系统主要有高级检测系统（ADS）、内部监督和交易分析系统（VISTA）、证券检查、新闻分析和市场监管系统（SONAR）等①，能够监测潜在的内幕交易、识别误导投资者交易的不良市场信息，SONAR 系统能每天处理 1 万条信息、评估 2.5 万个价量模型，并生成相应的警报信息。

（四）风险识别与预测

利用监管技术手段自动发现风险并报告，降低金融机构因监管具体要求指标更新不及时而违规的概率，避免因不合规造成的高额罚款。

美国 Nice Actimize 监管科技公司能为金融机构提供自动化的客户尽职调查服务，建立综合化的数据库来应对数据分散、系统独立的问题。公司通过整合政府监管细则、监管机构与金融机构之间的数据，使用动态测试模型不断捕捉、测试用户行为数据，并在后台系统实时更新尽职调查的内容。若发现潜在风险，系统会立刻向使用者出具风险警示并发送相关识别报告，能够有效帮助金融机构识别潜在的合规风险。

（五）内控与合规管理

金融机构能够运用监管科技进行微观审慎合规管理，通过机器学习更有效、更直观、更可靠地评估客户信用风险，通过收集客户在公共事业单位、第三方平台的数据来预测贷款违约概率，以此强化业务标准化、合规化，控制业务风险。神经网络技术可用于分析客户的流动性风险，通过自动检测客户账户上的现金流收支异常情况来判断是否具有流动性风险。

---

① 何海峰等：《监管科技（Suptech）：内涵、运用与发展趋势研究》，《金融监管研究》2018 年第 10 期。

英国监管科技公司 CUBE 通过机器学习和自然语言处理技术，自动化跟进全球监管法规的变化，自动化归类监管法规，将全球的监管框架映射在客户公司的组织构架上，自动进行公司的合规管理，如发现合规缺陷，系统会自动提示客户。同时，系统能够及时根据监管政策的改革提示客户公司规范业务流程，确保客户公司能够实时动态满足行业监管要求。

五　监管科技的国际实践对我国发展的启示

（一）支持金融创新与监管的有效平衡

金融科技对传统的金融监管体制形成了挑战，但也带来了发展机遇——利用监管科技与大数据分析范式重塑传统的监管理念。加强金融信息服务行业的大数据监管，以更安全可靠的信息服务支持金融创新，提高金融监管有效性。

英国 FCA 推出监管沙盒计划，将监管沙盒制度与监管科技两种监管手段相结合，采取集中适度的监管方式，从明确监管职责和鼓励金融创新两方面推动金融行业健康快速发展。监管沙盒的申请者不局限于金融科技企业和传统金融机构，凡申请的机构必须接受 FCA 监管，且其产品或服务必须具有突破性和创新性，能使市场消费者明显受益，其有效性需经 FCA 测试以得到认同。FCA 对测试过程进行全程追踪，根据测试结果判定是否准许申请企业在真实市场中推广其产品或服务。

监管沙盒制度能为具有创新性的金融信息服务企业或项目提供监管实验区，以较为宽松的监管环境对创新产品和服务进行应用和测试。金融消费者在享受多样的金融产品和服务的同时，能更好地保护自身权益，企业更主动地为消费者提高金融服务质量，监管机构更有效地控制风险。监管沙盒的提出缩短了金融产品的创新应用周期，提升了金融科技公司的估值，有助于金融信息服务行业的初创企业进行初期融资。

我国可以成立专业的监管部门负责监管沙盒的运作与控制，充分考虑国际监管沙盒制度与我国金融信息服务企业创新科技项目的适配性，从项目的原创性、消费者受益程度、科研基础以及需要扶持的程度等方面设置严格的筛选标准，扶持具有重大创新性的金融信息服务企业迅速发展。与全球顶级科技公司开展合作研究，加强监管科技在金融创新产品服务方面的干预，建立完善的金融信息服务市场消费者权益保护机制，切实保障消费者的信息安全及使用权益。

（二）转变传统的事后监管方式，监管模式主动化

传统的监管模式实行“命令—控制—惩治措施”的事后监管模式，主要通过惩罚措施的警戒作用以达到遏制金融机构违法犯规行为的目的，其监管成本高，监管有效性有限。随着金融科技的发展，金融信息服务市场更加复杂多变、充满不确定性，传统的静态被动的监管手段不足以实时有效地监控金融信息服务行业的创新，因此监管机构应转变传统的监管模式，积极借鉴英国、美国对监管科技的应用，以动态持续的监管模式对金融信息服务行业实施主动监管。以云计算、大数据、人工智能等新一代信息技术搭建行业数据库和信息监测中心，主动识别金融市场上的虚假、伪造信息，遏止不良信息的传播，保障金融信息服务行业的健康发展，维护金融系统的稳定。

（三）监管制度融入监管科技技术性标准，提高金融信息服务行业监管效率

促进监管科技转化为具体有效的法律制度，是提高金融信息服务行业监管效率的有效手段。信息科技的进步能够实现监管信息的高速互联与分享，实时监测与控制有利于加强金融监管的一致性和统一性，谨防信息不完全和不对称导致出现政策洼地，影响金融监管的公平性。

一方面，利用监管科技强化金融信息服务市场的基础设施建设，建立统一的市场信息搜集统计、风险监测指标、数据挖掘分析等标准；另一方面，以实时动态的监管手段压缩监管套利的空间，加强国际监管科技技术与法制化进程的合作研究，最大限度地实现监管信息高度互通和分享，完善市场监

管机制。

金融信息服务行业以互联网、大数据、云计算等新一代信息科技为基础，其信息量大、传播速度快、金融系统风险高，因此行业监管需运用先进的监管科技手段，将监管科技的技术型标准融入金融信息服务行业的相关监管条例，以技术的更新迭代促进监管制度的改革，提高金融信息服务行业的监管效率。

B.13
科技监管：新的挑战与机遇

王铁成

摘 要： 金融科技是以人工智能、大数据、云计算、区块链等科技手段为支撑的金融创新的总称。金融科技一方面给社会经济发展带来了新的驱动力量，改变了银行运作的形式，产生了新的融资方式，甚至改变了货币的形态；另一方面，金融科技也导致了新的风险出现，对金融监管部门提出了新的要求和挑战。只有对其进行有效监管，在效率与稳定之间掌握好平衡，金融科技才能获得健康有序发展。从金融体系自身的属性来看，无论是传统金融系统，还是当今以科技进步为重要驱动力的金融科技，都具有动态和适应性的特征。因此，金融监管体制自身也需要具备一定的适应性，需要根据金融活动的发展不断与时俱进。历史经验表明，如果金融监管体制过于僵化，那么将很快失去对金融活动的监管效力。面对金融科技的迅速发展，传统的金融监管范式面临新的挑战，金融监管范式、监管规则、监管技术等都需要随着金融科技实践的发展不断更新。

关键词： 金融科技　金融监管　监管科技

一　金融监管范式的转变

金融科技是技术驱动的金融创新活动，为金融发展注入了新的活力，也给金融安全带来了新的挑战。尤其是以信息技术为核心的技术进步，显著改变了金融的功能、金融业的运行模式和风险特征。

首先，从金融功能来看，金融科技冲击了传统的金融功能：①在存款功能方面，出现了余额宝等一系列产品，今天余额宝已经是全球最大的货币基金；②在贷款功能方面，出现了各种消费信贷、小微信贷、产业链贷款等各种贷款；③在支付功能方面，出现了支付宝、微信支付等，移动支付已经成为个人支付主要渠道；④在融资功能方面，众筹开始成为一种活跃的融资方式；⑤在投资管理功能方面，人工智能资产管理开始出现；⑥在保险方面，不仅保险业的传统服务方式在科技化，科技更是改变了保险业的场景，整个保险业务形态发生了变化[①]。

其次，金融科技的运行模式不同于传统金融，主要体现在：①金融科技以平台和非网点为主要特征；②金融科技企业以轻资产和重数据为主要特征；③金融科技使得企业与客户的距离更近；④金融科技是操作过程价值环节的自动化[②]。

最后，金融科技重塑了金融风险。第一，金融机构之间的关系变得更加复杂。不同金融机构之间的业务联系越来越多，股权交叉投资成为一种常态，金融产品创新呈现跨机构、跨领域的趋势，导致金融风险涉及更多的主体和环节。第二，风险更为隐蔽。金融风险涉及主体的多元化导致金融风险更为隐蔽，传统金融领域中存在的信息不对称问题不仅没有消失，而且存在着更为复杂的趋势。第三，风险传播的速度更快、范围更广。金融科技创新导致大量远端客户群体出现，这类客户群体更容易受到网络效应和羊群效应的影响，对单一金融机构的不信任可以在短时间内迅速蔓延，进而可能导致系统性风险出现。

金融科技带来的金融业务模式的转变、风险的变化都对金融监管范式提出了新的要求。在上述三个层面，金融科技对金融风险的重塑是最值得关注的一点，也是思考金融科技监管的起点。

---

① 朱民：《金融科技重塑金融生态》，《中国中小企业》2017 年第 11 期。

② 朱民：《金融科技重塑金融生态》，《中国中小企业》2017 年第 11 期。

（一）金融科技对金融风险的重塑

金融科技不仅改变了金融的功能，同时由于互联网、人工智能、大数据、云计算、区块链、搜索引擎等科技进步逐步融入金融活动，金融科技在获得高速发展的同时大大改变了金融风险的特征。主要体现在：①金融科技导致金融风险泛化；②金融科技提高了风险的发生频率；③金融风险的传导速度更快①。

首先，金融科技创新导致金融风险泛化的现象。金融风险泛化的主要表现是，过去必须由某类金融机构才能提供的金融服务，现在可以由非金融机构或者个人来提供。以融资活动为例，传统上提供融资活动的是银行、证券公司等金融机构，现在则可以通过 P2P 平台、众筹等方式进行融资。再比如，传统的投资咨询都是由掌握专业知识的投资顾问提供相关服务，2008 年智能投顾兴起，其相比传统投资顾问所具有的技术优势、成本优势、算法优势、效率优势等，使得客户可以较低的成本、较高的效率获得相关投资建议，智能投顾还因为技术的参与避免了传统投资顾问的情感偏见、行为偏差等缺陷②。传统金融活动对从业人员的专业知识以及金融基础设施具有较高要求，而金融科技在很大程度上降低了这一要求，导致金融风险的承担主体更加多元化。

其次，金融科技提高了金融风险的发生频率和影响程度。金融科技体现着金融活动的数字化转型，数字化的金融活动提高了交易的效率，大量金融服务和产品的提供不再受时空的限制，同时导致技术风险的增加。例如，在以互联网技术为技术基础的背景下，黑客以及其他网络犯罪行为不断增加，网络风险渗透金融活动的各个领域，无时无刻不威胁着金融部门的安全。而互联网互联互通的特点也决定了金融风险的影响范围更广，整个金融体系的数字化进程使得金融风险的影响程度更高。自 2008 年以来，

---

① 周仲飞、李敬伟：《金融科技背景下金融监管范式的转变》，《法学研究》2018 年第 5 期。

② 李苗苗、王亮：《智能投顾：优势、障碍与破解对策》，《南方金融》2017 年第 12 期。

各个国家都强调金融部门在保护公共利益方面的作用，深刻认识到金融稳定不仅是一个经济问题，同时也是一个事关公共利益的国家安全问题。

最后，金融科技强化了系统性风险。金融科技的发展使得不同类型金融机构之间的业务联系更加紧密，同时金融机构与非金融机构的界限也逐渐模糊起来。科技渗透金融系统，任何风险都可能通过金融科技的作用快速传导到整个金融系统甚至经济系统。例如，在互联网金融的背景下，金融活动的注册地、后台、投融资活动可以分处在全球不同地点，地理空间对金融活动的限制越来越小，而由于各个国家和地区针对金融科技的规制不同，金融跨区域的风险越来越大。同时，伴随着信息技术的进步，金融风险的传播速度更快。金融科技活动具有分散性、广泛性的特点，虽然个别金融活动的风险较小，但是可以通过网络效应逐渐发展成为系统风险。

（二）传统金融监管框架的困境

金融科技在很大程度上重塑了金融风险的特征，这导致传统金融监管框架的适用性下降，传统金融监管规则陷入了一定的困境，主要表现在以下三方面。

第一，传统金融监管的规则是基于对经济、金融危机的反思，无法反映当前金融创新活动的特点。由于监管规则是对危机的反思，立法和监管活动的主要目标是对危机做出反应、防止危机再次爆发，因此体现为一种被动的适应过程，对金融活动的变化缺乏弹性。而在金融科技的背景下，金融创新的速度大大快于金融规制的更新速度，既难以对金融创新活动进行前瞻性的规制安排，也难以对新的金融活动做出迅速反应。例如，现行的金融消费者权益保护规则是以金融服务提供者和消费者面对面交易为假设制定的，对于非面对面开展的金融服务提供者和消费者的交易情形，如何有效保护消费者权益，现行规则的适用性不足[①]。

第二，传统金融监管规则未能将科技因素纳入监管目标。当前金融业正

① 周仲飞、李敬伟：《金融科技背景下金融监管范式的转变》，《法学研究》2018 年第 5 期。

经历有史以来最深刻的技术变革，大数据、云计算、人工智能、区块链等一系列技术创新重新塑造着金融业的形态。金融与科技因素的不断融合导致金融风险与技术风险交织在一起，金融风险的性质发生了重大变化。此外，由于金融风险中伴随着各种技术因素的影响，监管者和被监管者之间的信息不对称程度相比金融科技出现之前更为严重。例如，2015 年股灾中以 HOMS 系统为代表的新技术是导致股灾爆发的重要原因之一，配资机构运用 HOMS 等分仓系统设立伞形账户，相当于为投资人开立了二级账户，各投资人的投资指令和平仓安排都相互独立，最终汇总至配资机构，再由配资机构统一向证券公司发出投资指令，在这种分仓安排下，证券登记结算系统中只能看到配资机构，而无法穿透至下面的终极投资者①。这种情况是源于监管者缺乏必要的技术条件和技术能力来对金融科技创新活动进行有效监控。

第三，传统审慎监管规则难以对金融科技进行实时监管。传统金融监管往往关注金融机构的静态指标，如资本充足率、资产流动性、期限错配等，以各种指标作为判断金融机构运行是否安全的准则。通常情况下，金融机构的各种指标都是定期发布的，如月报、季报、年报等，因此审慎监管指标只能反映过去一段时间内金融风险主体的稳健性情况。在金融科技驱动的市场环境中，新的金融产品和服务不断涌现，金融市场中的风险也处于动态变化过程中，定期发布的指标难以及时反映金融活动的真实情况。例如，高频交易者采用的指令占先、闪电指令、协同定位等交易策略，实际上是利用自己对其他普通交易者的技术（算法）优势和交易速度（数百毫秒内）优势，将成本施加于后者，使后者失去投资机会，造成市场不公平②。

（三）金融科技背景下金融监管的转型

1. 从机构监管走向功能监管

传统金融监管的主体是各类监管机构，尤其是在分业经营的情况下，各

---

① 刘燕、夏戴乐：《股灾中杠杆机制的法律分析——系统性风险的视角》，《证券法律评论》2016 年第 4 期。

② 周仲飞、李敬伟：《金融科技背景下金融监管范式的转变》，《法学研究》2018 年第 5 期。

个监管机构相对独立，监管活动处于分割状态。在金融科技的背景下，金融监管活动不能局限于对金融机构的监管。在金融科技出现之前，金融产品和服务的生产、风险控制以及销售都是内生的，在一个机构内部产生，监管机构聚焦金融机构就可以解决所有问题，但金融科技的出现冲击了机构监管、原则监管等金融监管理念，以原则为主的金融监管已经不能有效地监管以科技为主导的金融科技，以规则为主的金融监管也难以覆盖金融科技的发展，因此，金融监管必须从机构监管走向功能监管①。从机构监管走向功能监管，可以避免多重监管主体职能冲突以及监管真空的现象，可以更好地适应新的金融生态，提高监管活动的包容性，将科技金融服务和产品的提供者——金融机构、需求端——消费者、市场的基础设施等都纳入监管范围。

2. 从形式监管走向实质监管——穿透式监管技术

金融科技创新产生了大量复杂的金融产品，各类金融服务和产品的交叉性和关联性不断增强，分散化的金融科技活动使得部分金融风险的隐蔽性更强，金融监管机构难以通过传统方式来进行风险识别和度量。为此，必须采用穿透式监管规则。穿透式监管的核心是坚持“实质重于形式”的原则，透过金融服务和产品的表面形态，把握业务的实质，将资金来源、中间环节与最终投向连接起来，在识别金融科技业务实质特征的基础上，根据实质特征确认金融服务和产品的具体属性，再根据属性和功能制定相应的监管规则。通过运用穿透式监管原则提升金融监管的深度、广度和频度，实现对科技金融业务风险的全流程识别，减少金融科技发展导致的混业经营带来的潜在风险。

3. 从人工监管走向智能监管

传统金融监管的执行主体是人工——各类监管机构中的工作人员。一方面，传统的金融监管源于对过往金融监管经验教训的总结，监管规则的制定体现着人们对以往金融活动尤其是对金融危机的反思；另一方面，日常监管活动要依赖于监管者对金融风险节点的非连续性检查，这种人工监

① 朱民：《金融科技重塑金融生态》，《中国中小企业》2017 年第 11 期。

管方式也是“上有政策、下有对策”的重要原因。在金融科技的影响下，金融风险发生的方式、影响的广度、传播的速度等，都与传统的金融风险有着根本区别。更为重要的是，对自动活动进行人为监管是完全不实际的，传统的人为监管模式向自动化监管模式转变是不可避免的[①]。因此，虽然目前尚未形成适用于金融科技的监管规则，但从人工监管走向智能监管是大势所趋。

在金融科技的驱动下，金融资产交易、证券发行与交易、跨境支付汇款、银行清算与结算、保险及资产托管等多个金融领域正在逐步进入智能化时代（见表1）。智能化的金融活动对智能化的监管提出了内在要求。

表1　金融智能化发展的标志性事件

时间	标志性事件	领域
2010年	美国智能投顾平台 Betterment 成立	金融资产交易
2010年	Future Advisor 开始为美国投资银行提供智能投资和退休金管理方案	金融资产交易
2011年12月	美国智能投顾平台 Wealthfront 成立	金融资产交易
2015年3月	嘉信理财推出智能投顾产品 Schwab Intelligent Portfolios	金融资产交易
2015年8月	Overstock 推出基于区块链技术的证券交易平台项目	证券发行与交易
2015年8月	Symbiont 发行了基于区块链技术的自我执行合同的证券	证券发行与交易
2015年12月	纳斯达克 Linq 第一次运用区块链技术发行私人证券	证券发行与交易
2016年7月	Ripple 完成全球第一笔基于区块链技术的银行间跨境汇款业务	跨境支付汇款
2016年7月	采用了区块链技术的互助保障平台——众托帮上线运营	保险业务
2016年7月	阳光保险首推基于区块链技术的保险卡单	保险业务
2016年8月	澳洲证券交易所基于区块链技术的清算和结算系统初步构建	银行清算与结算
2017年1月	中国邮政储蓄银行上线基于区块链技术的资产托管系统	资产托管

资料来源：乔海曙、王鹏、谢姗姗《金融智能化发展：动因、挑战与对策》，《南方金融》2017年第6期。

① Lawrence G. Baxter, “Adaptive Financial Regulation and Regtech: A Concept Article on Protection for Victims of Bank Failures,” *Duke Law Journal*, Vol. 66, No. 3, 2016, p. 597.

实现从人工监管向智能监管的过渡，核心是推动科技驱动型监管，也就是监管科技的发展。在金融科技时代，金融服务和产品的虚拟化程度更高，各类金融业务边界逐渐模糊，金融风险更加复杂、更加隐蔽，风险的传染性更强、传染速度更快。在此背景下，金融监管部门通过应用人工智能、大数据、应用程序编程接口（API）等技术手段构建新的金融监管框架，基于信息技术将文本规则转化为数字化协议，大大增强了金融监管主体获取信息的时效性、准确性、可追溯性，实现对科技金融活动的实时、动态监管。科技驱动型监管通过实时、动态且各方主体共同参与的信息共享机制来进行监管，降低了金融监管成本，提高了数据的有效性，构建了实时、可预测、自上而下、以技术支撑为核心的透明监管体系①。

二　当前各国金融科技监管实践比较

从当前金融科技的监管情况来看，主要发达国家如美国、英国、澳大利亚等都推出了各自的监管措施，同时多个国际组织、企业等也展开了相关研究，发布有关金融科技的研究报告，如 2017 年德勤发布《全球金融科技中心报告》，金融稳定委员会（FSB）于 2017 年发布《金融科技对金融稳定影响》报告，安永基于在 20 个市场开展的 22000 多次在线访问发布了《监管沙箱在英国和亚太区的兴起与影响》报告。当前我国金融科技投资和业务的发展速度较快，但监管应对有所不足，需要借鉴其他国家和地区的经验，一方面完善我国金融科技监管的理念和操作实践，另一方面加强与其他国家在金融科技监管中的合作。

（一）美国金融科技监管

一直以来，美国都是金融创新的重要发源地和行业领导者，美国针对金融科技的监管体现出四个方面的特征：以业务属性为基础实施归口监管、货

① 杨东：《互联网金融治理新思维》，《中国金融》2016 年第 23 期。

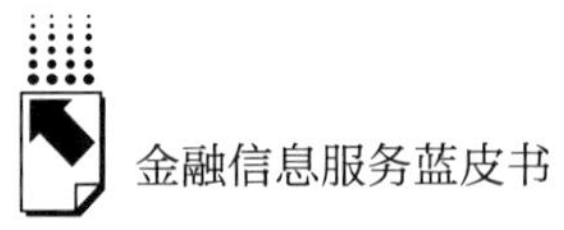

币监理署（OCC）探索准入监管、各方主体共同合作和鼓励创新。

1. 以业务属性为基础实施归口监管

金融科技的出现并没有改变金融活动的法律关系，也没有对金融市场的基本格局造成颠覆性影响，因此美国仍然保持原有的法律和监管框架，在对金融科技业务进行分类、准确判断业务属性的基础上实施归口管理。以对网络借贷的监管为例，如果网络贷款人的服务对象是存款机构，那么就必须接受美联储、货币监理署等监管机构的监管；如果网络贷款人以自有资金为基础发放贷款，那么必须首先获得贷款业务许可证，同时要接受所在州的监管；如果网络贷款人通过发行票据的方式融资，那么证券交易委员会将依据《证券法》对其进行监管；如果网络贷款人的贷款行为违反了消费者保护法的有关规定，那么必须受到消费者金融保护局（CFPB）以及联邦贸易委员会（FTC）的监管。

2. 货币监理署探索准入监管

从 2016 年开始，美国货币监理署探索对金融科技企业进行准入监管。2016 年 3 月，货币监理署发布了《支持联邦银行系统负责任的金融创新》报告，货币监理署对“负责任的金融创新”的定义是：对金融产品、金融服务、业务流程等进行创新或者改良，这种行为要与成熟的风险管理相符合，同时符合银行的整体发展战略，进而满足消费者的各种金融需求。2016 年 12 月，货币监理署发布了《关于向金融科技企业发放特殊用途的全国性银行牌照的提案》，在这一提案中，货币监理署提出金融科技公司开展特定业务首先要获得全国性的牌照，同时对金融科技企业的资本、流动性等指标提出了一定要求。2017 年 3 月，货币监理署发布了《金融科技企业牌照申请评估章程》草案，得到了金融科技企业的广泛认可。对金融科技企业实施准入监管可能会在一定程度上束缚其创新活动，但货币监理署认为这可以促进金融科技企业进行“负责任的金融创新”，确保金融科技的健康发展。

3. 各方主体广泛合作

2017 年 1 月，美国国家经济委员会发布了《金融科技框架》，提出应当以公私合作的方式来推动金融科技的发展，使金融科技的政策制定者、监管部门以及企业、消费者等主体实现交互合作，降低金融监管的不确定性。《金融科技框架》阐述了针对金融科技的有关政策目标，这些政策目标在一定程度上反映了金融科技企业等金融服务部门与相关管理、监管机构的共同价值观。各方参与者包括传统的金融机构、金融科技企业、监管机构、消费者权益保护组织、经济学者等，要建立广泛的合作机制来推动金融科技的发展。

4. 鼓励创新

传统监管框架在抑制风险与鼓励金融创新之间往往面临着两难选择，消费者金融保护局等监管机构通过对监管方式的创新来协助金融市场主体更好地了解、遵守金融监管规定。例如，消费者金融保护局推出了一项测试信息披露豁免的政策，经消费者金融保护局批准后，金融科技企业可以在保留测试信息的基础上展开技术创新研究开发，也就是在信息披露方面具有“豁免权”。再比如，消费者金融保护局推出了无异议函规定，在无异议函的有效期之内，消费者金融保护局对函中包括的金融创新活动不进行监管，以此推动金融创新的发展。

（二）英国金融科技监管

1. 实施“项目革新”计划

2014 年，英国金融行为监管局推出了“项目革新”计划，这一计划属于非正式的指导原则，旨在协助金融企业在合规的基础上开展创新活动。金融行为监管局通过孵化器来向金融企业提供政策咨询支持，以便获得金融行为监管局的认可。英国金融行为监管局成立创新中心，使之成为金融行为监管局与金融企业沟通的重要渠道，对申请监管沙盒的金融企业进行辅导。通过“项目革新”计划，英国金融行为监管局可以更好地掌握金融企业的创新模式，进而制定适应的监管政策。

2. 推出监管沙盒

2016 年 5 月 9 日，英国金融行为监管局推出了监管沙盒，随后许多国家和地区纷纷效仿，也开始执行监管沙盒计划。监管沙盒计划首先要明确满足申请测试要求的各项条件，为了推动金融科技创新活动，监管部门对申请测试的主体设置的条件一般较为宽松。其次，监管沙盒计划明确提出有关测试项目的各项要求。一方面，要求测试项目必须具有创新性特点；另一方面，要求金融企业在测试期间确保消费者对测试项目具有一定的知情权。满足上述条件后，金融企业才能进入测试流程。在进入测试阶段后，金融监管部门对整个测试过程进行监测，在测试过程结束之后，金融企业要向监管部门提交测试报告，监管部门进行正式评估，进而决定相关金融创新是否可以走向市场。

3. 发布“金融科技创新加速器”计划

2016 年 6 月，英国中央银行发布了名为“金融科技创新加速器”的计划，旨在通过加强金融监管部门与金融企业之间的合作，探索如何使中央银行可以更好地应用金融科技创新的成果。在与金融科技企业合作的过程中，英国中央银行在重点领域中选择某一项进行概念验证，金融科技企业通过展示解决方案力争成为中央银行的合作伙伴。此外，通过与金融科技企业进行合作，英国中央银行可以更好地把握金融科技的发展趋势，进而更好地推动金融业的发展。

（三）澳大利亚金融科技监管

1. 发起“创新中心”计划

2015 年，澳大利亚证券投资委员会发起了“创新中心”计划，核心目标是协助金融科技企业更好地适应金融监管体系，平衡金融创新活动的收益与风险。证券投资委员会推出的举措包括：成立金融科技咨询委员会，搭建监管部门与金融科技企业之间的沟通桥梁；提高金融监管的跨境合作水平，澳大利亚与美国、英国等国建立监管合作机制，与国际证监会等机构签署金融合作协议，加强在金融科技创新监管领域中的合作。

2. 推出增强型监管沙盒

2017 年 2 月，澳大利亚证券投资委员会正式推出了监管沙盒计划，试图通过打造一个增强型监管沙盒来更好地支持金融创新活动，使澳大利亚金融科技中心的地位得到进一步巩固。通过增强型监管沙盒的构建，澳大利亚目前形成了一套具备系统完整性、具有领先水平的金融科技监管体系。符合沙盒测试条件的金融企业，还必须满足暴露限额、客户规模、争端解决、赔偿安排等其他各项条件，才能获得相关许可证的豁免。

3. 完善监管法规

澳大利亚证券投资委员会对监管规则进行了一定的调整，制定了《255 号数字金融产品咨询指南》《257 号金融科技产品和服务测试指南》《市场借贷（P2P）产品指引 213 号信息表》《DLT 应用评估指南 219 号信息表》等文件，对金融科技产品咨询、监管沙盒测试、P2P 管理、区块链应用等方面的创新提出了新的要求，推动金融科技企业更快、更好地适应监管体制。

4. 运用监管科技

为了提高监管效率，澳大利亚证券投资委员会在 2016 年提出了运用监管科技的多项指导原则：首先，利用创新中心为金融科技企业提供一定的援助；其次，证券投资委员会开展与监管科技团体的合作，进而更好地把握金融科技的业务发展模式，了解监管科技的发展趋势；再次，证券投资委员会推动技术试验的开展，目前已经取得了多项成果；最后，进行国际推介，证券投资委员会与多个国家签署了合作协议，将监管科技服务商推荐给其他监管机构的金融科技协助项目。

部分国家或地区的金融科技监管方式简单汇总见表 2。

表 2　部分国家或地区的金融科技监管方式探索

监管沙盒	创新指导窗口	创新加速器
已正式实施		
英国金融行为监管局 新加坡金管局 澳大利亚证券投资委员会	意大利央行 日本央行 日本金融厅 韩国金融监督院 澳大利亚证券投资委员会 荷兰央行/金融市场管理局 新加坡金管局 英国金融行为监管局	新加坡金管局 英格兰银行

续表

监管沙盒	创新指导窗口	创新加速器
考虑实施		
韩国金融监督院 荷兰央行/金融市场管理局 瑞士金融市场监管局 香港金管局	卢森堡财政部 墨西哥央行	

资料来源：李文红、蒋则沈《金融科技（FinTech）发展与监管：一个监管者的视角》，《金融监管研究》2017 年第 3 期。

三　我国对金融科技的监管

我国以往对金融服务的监管都采取较被动的管理方法，但是不断努力，积极优化监管环境的方方面面，使监管更加稳健，并与行业参与者加强合作创新。当经历过数次网上金融欺诈事件，特别是在 e 租宝事件之后，中国人民银行针对点对点借贷平台（P2P）实施了更严格的措施。效仿其他国家和地区，我国相关监管机构积极探索对金融科技的监管，推动金融科技健康发展。

（一）政策措施

当前我国多个部门推出了针对金融科技发展，尤其是针对互联网金融活动的指导意见以及各种暂行办法（见表 3），主要是明确相关金融活动的发展方向、业务边界、风险防范、扶持政策、监管分工等。多项政策措施的推出一方面反映了我国金融科技存在着巨大的市场需求，仅凭单一政策措施难以有效对金融活动进行管控；另一方面，上述意见和暂行办法往往缺乏强制性和针对性，在很大程度上对金融科技的监管仍然要依赖现有的法律法规，导致灵活性和时效性相对不足。当前中国对金融科技实行分业监管，仍处于初级探索阶段，主要采取跟随型或适应性监管。

表 3　我国在金融科技监管方面的主要政策措施

领域	时间	部门	措施
	2015 年 5 月	发改委	《发改委关于 2015 年深化经济体制改革重点工作的意见》，指出 2015 年深化经济体制改革的重点工作包括制定和完善金融市场体系实施方案，出台促进互联网金融健康发展的指导意见
	2016 年 4 月	国务院	由国务院发文的《互联网金融风险专项整治工作实施方案》要求网贷行业在全国范围内启动为期一年的互联网金融专项整治工作
移动金融	2015 年 1 月	中国人民银行	《关于推动移动金融技术创新健康发展的指导意见》，明确了移动金融技术创新健康发展的方向性原则，提出了推动移动金融技术创新健康发展的保障措施
网络借贷	2015 年 12 月	银监会	《网络借贷信息中介机构业务活动管理暂行办法（征求意见稿）》，意味着 P2P 监管细则已经上线，征求意见期间就是行业适应以及修改调整意见的过程
	2016 年 8 月	银监会等部委	《网络借贷信息中介机构业务活动管理暂行办法》，列了 13 条负面清单，以负面清单形式划定了业务边界
	2017 年 2 月	银监会	《中国银监会办公厅关于印发网络借贷资金存管业务指引的通知》（银监办发〔2017〕21 号），建立客户资金第三方存管制度，实现客户资金与网络借贷信息中介机构自有资金分账管理，防范网络借贷资金挪用风险
网络融资	2004 年 8 月	人大常委会	《中华人民共和国电子签名法》，规范电子签名行为，确立电子签名的法律效力，维护有关各方的合法权益
	2010 年 5 月	中国人民银行	《非金融机构支付服务管理办法》，建立统一的非金融机构支付服务市场准入制度和严格的监督管理机制
区块链	2016 年 4 月	银监会、科技部、中国人民银行	《关于支持银行业金融机构加大创新力度开展科创企业投贷联动试点的指导意见》，通过开展投贷联动试点，推动银行业金融机构基于科创企业成长周期前移金融服务

续表

领域	时间	部门	措施
云计算	2015 年 1 月	国务院	《关于促进云计算创新发展培育信息产业新业态的意见》,加大对云计算产业的财税扶持力度
	2015 年 4 月	国家标准化管理委员会	《信息安全技术云计算服务安全能力要求》,描述了以社会化方式为特定客户提供云计算服务时,云服务商应具备的信息安全技术能力
大数据	2015 年 7 月	国务院办公厅	《国务院办公厅关于运用大数据加强对市场主体服务和监管的若干意见》

资料来源：各部委网站及新闻网站。

金融科技从诞生之初就具有创新基因，一方面对金融行业、经济发展具有积极影响，另一方面也具有一定的破坏性，需要新的监管范式和监管政策来引导和规范。我国金融科技之所以在近年得到快速发展，与我国较为宽松的监管环境有着密切关系，如果说纽约、伦敦等传统意义上的金融中心正努力转型为全球金融科技中心，那么我国已经在发展速度上赶超英美国家（见图 1）。但金融科技在快速发展的同时也暴露了一定的风险，因此，包括国务院、中国人民银行在内的多个部委推出了多项金融科技监管法律法规，而金融科技委员会的成立则可以发挥研究规划和统筹协调的作用。随着政府对金融科技重视程度的提高，预计在未来金融科技监管机构将会采取更为积极的监管政策。

（二）监管机构

2017 年 5 月 15 日，由中国人民银行领导的金融科技委员会成立。金融科技委员会的作用体现在三个方面：首先，金融科技委员会将组织各个部门和研究机构研究金融科技对金融市场的影响，包括对货币政策、系统风险、支付清算体系的影响，旨在为金融科技产业的发展提供战略指引；其次，金融科技委员会将借鉴其他国家的有关经验，与其他国家在金融科技监管领域展开合作，创新我国金融科技监管体制，平衡金融创新与金融安全的关系；最后，金融科技委员会将强化监管科技的应用，充分利用各

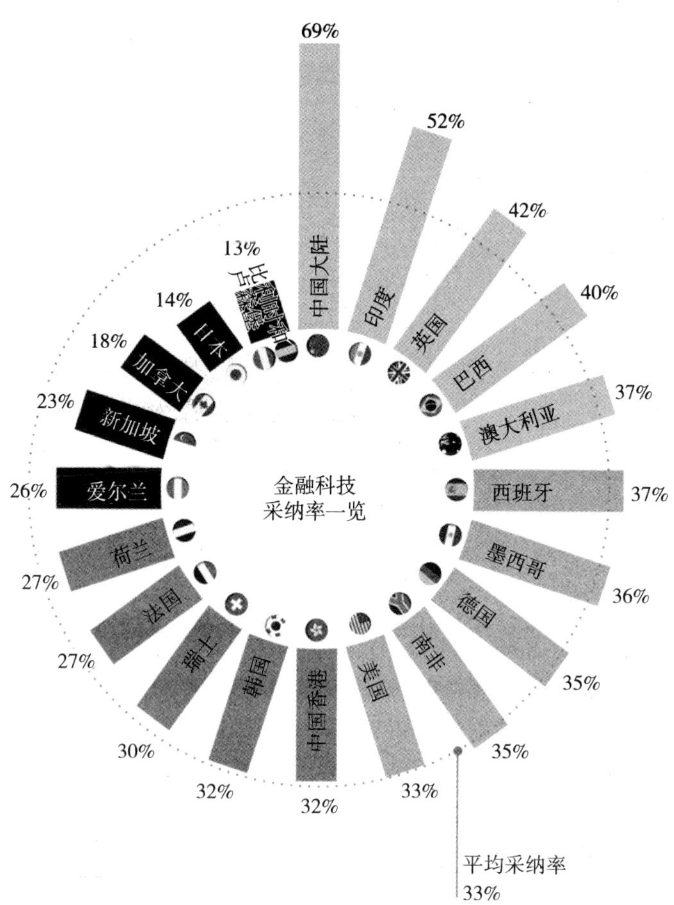

图 1　世界主要国家和地区金融科技采纳率

注：数值体现了金融科技用户在活跃型数字化人群中的占比。所有数值均以百分比显示。

资料来源：安永 2017 年金融科技采纳率指数。

种前沿信息技术丰富监管手段，提高监管机构对跨产品、跨行业、跨市场的监管能力。金融科技委员会的成立标志着我国对金融科技的监管正式步入轨道，体现了政府对金融科技的重视，对金融科技行业的长期稳定发展具有重要意义。

从金融科技监管的内容来看，与其他国家和地区相比，我国除了要强化在 P2P 网贷、第三方支付方面的监管之外，还应该重视在智能投顾、股权众筹、分布式账本技术等领域的监管（见表4）。例如，中国人民银行发布的《2018 年金融稳定报告》中指出，运用人工智能技术开展投资顾问、资产管理等业务，服务对象多为长尾客户，风险承受能力较低，如果投资者适当性管理、风险提示不到位，容易引发不稳定事件，算法同质化、技术局限、网络安全等问题也不容忽视[①]。

表 4　亚太区主要金融科技监管发展实例

国家/地区	负责机构	金融科技行业推动器/行业平台	金融科技监管规定/标准	金融科技监管沙盒
中国香港	证券及期货事务监察委员会金融科技联络办事处	数字货币和贸易融资的区块链概念验证	储值支付工具牌照实现了点对点支付和手机钱包等服务	香港金融管理局金融科技监管沙盒
	香港金融管理局金融科技促进办公室	快速支付系统提供无间断运作的跨银行即时支付转账平台	允许透过电子签名进行非面对面开户	
	保险业监管局未来专责小组		网上分销及投资咨询平台指引	
中国大陆	中国人民银行金融科技委员会，加强金融科技工作的研究规划和统筹协调	中国人民银行数字货币项目	P2P 网贷的监管规定，涉及广告、客户信息披露、利率上限和校园贷	中央和省级政府调研金融科技监管沙盒
		非银行支付机构网络支付清算平台（“网联”）	第三方支付的监管规定，涉及将客户资金隔离到托管账户和通过网联进行结算	北京房山区已对外公布了监管沙盒
		允许 8 家公司开展个人征信业务准备工作		

① http://www.pbc.gov.cn/jinrongwendingju/146766/index.html.

续表

国家/地区	负责机构	金融科技行业推动器/行业平台	金融科技监管规定/标准	金融科技监管沙盒
新加坡	新加坡金融管理局金融科技与创新部	“了解你的客户”国家平台，与财政部和GovTech合作	新加坡金融管理局就智能投顾的意见征询文件	新加坡金融管理局金融科技监管沙盒
		将新加坡元用于跨行支付区块链的概念验证	P2P网贷和股权众筹的监管规定	
		金融API手册，帮助金融机构利用API实时分享数据	新加坡金融管理局就支付行业的发展发布意见征询书	
		行业项目，如FSTI划支持利用区块链作贸易融资		
马来西亚	马来西亚国家银行金融科技推动部门	研究集中式电子身份认证、开放API等的可能	P2P网贷和股权众筹的监管规定	马来西亚国家银行金融科技监管沙盒
印度尼西亚	金融服务管理局		P2P网贷的监管规定	金融服务管理局与印度尼西亚国家银行分别有各自的监管沙盒
	印度尼西亚国家银行金融科技办公室			
泰国	泰国证券交易委员会	银行卡网络之间的二维码(QR)标准化	股权众筹和P2P网贷的监管规定	泰国证券交易委员会的监管沙盒
			允许简单的财务意见，减轻独立投资顾问的信托责任	
韩国	韩国金融服务委员会金融科技中心	建立公开API平台，建立不同银行通用的API标准，帮助金融科技测试其应用程序	股权众筹和P2P网贷的监管规定	由韩国证券信息公司成立的“智能投顾沙箱”测试环境

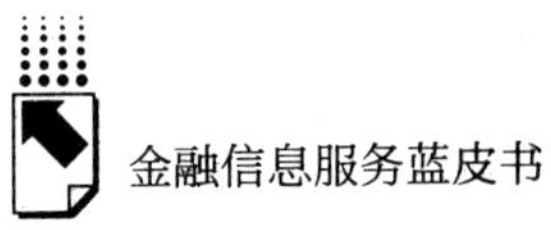

续表

国家/地区	负责机构	金融科技行业推动器/行业平台	金融科技监管规定/标准	金融科技监管沙盒
澳大利亚	澳大利亚证券投资委员会创新中心	由澳大利亚储备银行牵头利用区块链帮助支付、清算和结算等场景应用	智能投顾的规定	允许新企业在未持有澳大利亚金融服务许可或信用许可的情况下，测试金融科技产品与服务（监管沙盒）
		允许快速支付和大量数据支付的新支付平台基础设施	市场借贷和 P2P 网贷指南	
			分布式账本技术评估指南	
		在经生产力促进局调查后，制定开放银行客户数据访问的框架		

资料来源：安永报告《监管沙箱在英国和亚太区的兴起与影响》。

（三）应对挑战 = 把握机遇

1. 探索功能性监管制度

功能性金融监管的概念最早由罗伯特·默顿提出，强调金融监管要基于金融体系的基本功能进行设计，提高金融监管的连续性和一致性，使金融监管可以跨产品、跨机构进行。功能性监管不仅可以有效应对金融混业经营给传统监管框架带来的挑战，同时通过对跨产品、跨机构、跨地区的监管，可以有效防范金融风险，确保金融创新的健康发展。

现阶段我国的金融监管体制仍然以机构监管为主，在现有的制度框架下很难实施功能性监管。尤其是在金融科技的背景下，金融活动跨产品、跨机构的特点更加明显，虽然我国改革原有“一行三会”的监管架构为“一行两会”，但这一监管架构仍未能完全实现与功能性监管的匹配，不同监管机构之间仍然存在监管协调问题。未来我国要进一步探索功能性监管的框架，不同监管机构要基于对金融科技活动性质的判断来制定监管政策、履行监管职能，关注金融科技活动对系统安全的影响。

2. 加强金融监管机构监管科技能力的建设

金融科技创新的驱动力是各项日新月异的信息技术，如人工智能、大数据等，信息和数据成为最有价值的金融资源，不仅可以为金融机构所用，同时也可以为监管机构所用。不断挖掘数据资源在监管方面的价值，不断提高监管机构对数据资源的收集、存储和分析能力，是提高金融机构监管能力的重要手段。

监管机构首先要提高金融数据资源的获取能力，在合法合规的基础上从各类金融机构和金融科技企业处及时、准确地获取信息和数据，在此基础上利用大数据、人工智能、云计算等技术手段构建监管模型，提高监管机构的风险监测能力。充分利用监管科技手段来实现风险预警目标，对金融科技活动可能导致的系统性风险金融重点监控，将传统金融监管框架强调的事中、事后监管转变为以预警和提示为特征的事前有效监管。

为提高金融监管机构的监管科技能力，必须加强人才队伍的建设，重视对新型监管人才的培养。在现阶段，受到体制因素的限制，金融监管部门对金融科技人才的引进存在一定的障碍，可以采取与金融科技研究机构或第三方金融科技服务型企业合作的方式，弥补监管科技人才的短板，使得金融监管能力紧跟金融科技创新的步伐，保持监管机构的监管活力。

3. 加强与其他国家和国际组织的合作

金融科技具有信息化、网络化、全球化的特征，这决定了金融科技的参与主体可能是跨国界的，同时金融科技的交易活动是跨监管区域的，因此，对金融科技的监管不能局限于本国市场范围，必须考虑到与其他国家的联系。世界各国的金融监管体制存在着较大差异，对金融科技的监管也不例外，金融科技的参与主体往往会利用不同国家之间的监管进行监管套利，因此，我国必须与其他国家在金融科技监管领域展开合作，避免监管套利行为的出现。

许多国际金融机构和监管机构都成立了与金融科技相关的工作小组，例如，巴塞尔银行监管委员会组织成立了金融科技工作组，金融稳定理事会成立了金融创新网络工作组，支付与市场基础设施委员会开展了有关金融科技给支付清算带来的潜在风险的研究，国际证监会组织主要关注金融科技对资本市场的影响，国际保险监督协会关注金融科技对保险风险以及保险监管的影响。与上述国际金融组织展开合作有利于我国更好地掌握世界金融科技的发展态势，提高对金融科技的监管水平。

参考文献

[1] Baxter, L. G., "Adaptive Financial Regulation and RegTech: A Concept Article on Realistic Protection for Victims of Bank Failures," Duke LJ, 2016, 66: 567.

[2] 李苗苗、王亮：《智能投顾：优势、障碍与破解对策》，《南方金融》2017 年第 12 期。

[3] 李文红、蒋则沈：《金融科技（FinTech）发展与监管：一个监管者的视角》，《金融监管研究》2017 年第 3 期。

[4] 乔海曙、王鹏、谢姗珊：《金融智能化发展：动因、挑战与对策》，《南方金融》2017 年第 6 期。

[5] 杨东：《互联网金融治理新思维》，《中国金融》2016 年第 23 期。

[6] 周仲飞、李敬伟：《金融科技背景下金融监管范式的转变》，《法学研究》2018 年第 5 期。

[7] 朱民：《金融科技重塑金融生态》，《中国中小企业》2017 年第 11 期。

Abstract

Since 2018, the stable operation of macro-economy and financial market have laid a good material foundation for the development of financial information service. However, due to various complex factors such as internal and external environment changes, macroeconomic growth shifts and increasingly complex financial market structures have set new requirements for the high-quality development of financial information service. Generally speaking, with the continuous improvement of the regulatory policy and mechanism of the financial information service industry, the development of the financial information service industry has entered a new era of standardized development, marked by the promulgation of "Regulations on the Management of Financial Information Service" by Cyberspace Administration of China. Since 2018, financial information service industry of China has maintained a rapid growth trend, and it is preliminarily estimated that the industry's revenue in 2019 will be about 68.4 billion yuan. Although affected by factors such as the decline of macro-economic growth, the downturn of securities market and the special renovation of Internet finance, the growth rate has slowed down significantly compared with the previous years, but it still far exceeds the growth of international financial information service market. In terms of market structure, China's financial information service market still has a large gap compared with the international market, with obvious differences in industrial ecological characteristics. Compared with a few years ago, the tide of venture capital in financial information service has dropped significantly. However, since 2018, there have been nearly 10 venture capital events with great influence. In particular, the IPO of companies with high popularity and great influence in the industry has been welcomed by investors, indicating that social capital is still optimistic about the development of financial information service industry and has a positive effect on the future development of the financial information service industry.

Looking into the future, due to the fact that the contradiction between supply and demand and the financial systemic risks have not been fundamentally solved, the data information and credit risks derived from digital financial innovation still need to be highly valued, the task of preventing and resolving financial risks remains arduous. With the development of fintech and financial information service entering a new era of standardized development, fintech innovation and regulatory system innovation will become the two most important factors affecting the future development of financial information service. As the development of digital economy has become an important industry transformation trend and national strategy under the background of new technology revolution, financial information service is not only an important part of digital economy, but also plays an important role in the digitalization of traditional financial industry. Financial information is highly sensitive and valuable information data, which has become an important production factor for the development of digital economy.

In recent years, the development of financial technology has promoted the financial innovation and the deepening of financial liberalization. The financial innovation driven by technology such as bid data, artificial intelligence, cloud computing and blockchain are remodeling the financial development. Meanwhile, the development of financial technology has stuck out the asymmetry and incompleteness of market information. The diversification of financial institutions has made the relationship between them more sophisticated. The systemic risks of finance and the internal control risks of financial institutions are even more complex and volatile, which has posed more severe challenges to financial development and supervision. In view of the international financial crisis in 2008, every country has accelerated the pace of adjustment of financial supervision policy. The supervision model, in which the institutional and functional supervision act as the core, is evolving into the functional and behavioral supervision model. The recent development and application of international financial technology and RegTech have proved that development of RegTech is a significant development direction, which will promote the transformation from formal supervision to substantive supervision, from manual supervision to intelligent supervision. The applications of RegTech do favors in monitoring the flow of data in the financial information service market, performing real-time dynamic and active supervision, maintaining financial system stability and coping with the technical, operational and systemic risks derived from financial technology.

Financial information service supervision is supposed to take into account both the existing financial supervision system and its different priorities and characteristics. Theoretically, the asymmetry of financial information in market accounts for the moral hazard in financial institutions and fueling the financial crisis. The self-discipline of financial market entities fails to overcome the inherent defects like market failures and market inefficiencies. Microscopically, financial information service benefits in enhancing the information acquisition ability of weak information parties, reducing the extent of information asymmetry between two sides in transactions and reducing the risk and mistakes of investors' decision-making, which have to be based on the properly supervise financial information services, and thus making the information more transparent and openly, functioning as signal displaying and signal screening and weakening the comparative advantages of false information in cost. Macroscopically, behavioral finance theory believes that financial information is an essential media, which plays a vital role as transmitting signals in the process of financial risk infection. The "herd effect" caused by information collection and cost constraints or information noise will redistribute investor' attention, accelerate the spread of financial risks and enlarge the impacts of the financial crisis. Strengthening the supervision of financial information services and the guidance of positive and correct information and regulating the dissemination of financial information will not only do favors in regulating the financial market order and reducing financial market volatility, but also contribute to preventing and resolving financial risks. From the perspective of financial information service itself, financial information service has media attribute and public value attribute, and it is also an important public product. Effective financial information service supervision can regulate information dissemination, enhance information validity, reduce information asymmetry and even avoid financial risks.

From the perspective of development practice, financial technology has performed a wide impact on diverse areas of financial information services. The industry remains rapid development pace and the form of industry innovation is constantly changing. The development and application of financial technology has accelerated the transformation of the traditional financial business for information service. From the initial stage of financial electronization to the stage of centralized banking data, and now to the integration stage of banking information system business, the banking information service has initially laid a solid material foundation for the transformation to financial information service. Compared with the financial industry such as banking and securities, the frequency of insurance App is relatively low due to the low frequency of insurance business and the lack of application scenarios. Judging from the present situation, the development of insurance App mainly concentrates on the information service of the insurance channel sales stage and how to develop in the future still remains to be observed. Therefore, the future development of insurance information services will mainly focus on digital transformation. Owing to the development of insurance technology, customer-centered process reengineering and business innovation will get promoted. Externally, the insurance information service should actively compete with large Internet companies with data, talents and technological advantages, adapt to the development of financial technology, strengthen the investment and application of insurance technology, and promote the transfer to companies with data-driven technology. The securities industry takes mobile applications (App) as a carrier to provide more abundant information and diversified products for user experience optimization. Furthermore, inspired by the financial technology and differentiation competitive, the securities App has become the main channel to conduct business with personal investor, which carries various services and business, provides information value-added services such as market information, analysis reports and investment strategies. The securities Apps are developing more diverse and become multi-functional. Third-party securities Apps with financial technology advantages appear giant competitive advantages. In terms of the user scale and time of use, the financial information service content of both securities companies and third parties has become a key factor affecting the competitiveness of securities Apps.

Big data financial information service industry is the representative form of financial science and technology 3. 0 at present. It is the deep fusion of big data and financial service industry at a high level and an inevitable industry formed under the situation of financial data exponential growth. Big data financial information service acts as the best application scene for the cross integration of big data and financial service, which is highly interactive and innovative, high value-added and highly fault-tolerant. In addition, big data financial information service has typical application value in customer segmentation, precision service, risk control, compliance management and fraud identification. The development of big data financial information service plays an essential role in the allocation of economic resources, the prevention of financial risks and the promotion of the competitiveness of China's financial industry.

As a typical representative of financial science and technology innovation, blockchain has the characteristics of point-to-point network, traceability, distributed data storage, encryption technology and so on. The characteristics of decentralization, de-trust, transparency and tampering has made it attain great concern in the financial information service. The application of blockchain in financial information service provides a new view for business process like customer management, information storage, asset transaction and capital flow. Taking advantage of blockchain, banking have access to reduce settlement costs and make bill transactions transparent. Likewise, the insurance industry can solve trust problems among insurance companies, customers and reinsurance companies, and innovate product and service models. The securities industry can digitally manage the issuance and transaction of securities and automate the clearing and settlement of securities transactions. Therefore, block chain has significant and practical significance in reducing financial risk and enhancing operation efficiency.

Developing and strengthening the application of financial science and technology and RegTech have become the inevitable trend of the development of financial information service. On the one hand, the comparative analysis of listed companies in financial information services shows that the market of financial information services is moving towards oligopoly due to the blessing of technology. On the other hand, the development of financial science and technology also brings new opportunities for innovation. New entrants and new service formats are still emerging. The recent P2P thunderstorm crisis indicates that breaking away from information service intermediary positioning is high-risk and it is fundamental to innovate regulatory means and perfect credit system.

Technology is a double-edged sword. The development of financial science and technology is not only an opportunity, but also a challenge or even with high risk. It is an urgent for us to draw lessons from international advanced experience, strengthen financial supervision and actively develop RegTech. According to the current development of financial information service and RegTech, this book offers some proposals for future supervision of financial information service industry. In view of the regulatory system of financial information service, first of all, it is essential to advance the supervision system of financial information service, perfect the top-level design of financial science and technology and the application of RegTech and promote the gradual transformation of the regulatory model from institutional supervision to functional supervision. Apply RegTech to build the behavior supervision model of financial information service and the supervision of the financial information service industry is implemented to the supervision of the path of financial information data. Second, attach importance to the basic work of micro-financial information, make full use of big data, cloud computing and artificial intelligence to build regulatory information platform, enrich regulatory means, improve real-time supervision capabilities and promote the establishment of information-driven digital supervision. Third, lay great emphasis on the encouragement of innovation in financial science and technology and RegTech. Referring to the applications of RegTech in the world such as the "Supervision Sandbox" created by the UK and the "innovation center" program launched by Australia, the regulator should actively explore the applicability and application of the "Supervision Sandbox" in China. Fourth, we are supposed to reinforce the RegTech capacity of regulatory agencies, promote cooperation between regulatory authorities and international organizations or advanced financial technology companies. On the one side, a relaxed policy environment will inspire the innovation in financial products and services. On the other side, the RegTech can efficiently regulate the innovation and development and monitor systemic risk and operational risk.

Keywords: Financial Information Services; Financial Information Service Supervision; FinTech

Contents

Ⅰ General Reports

Abstract: From 2018 to 2019, China's macro economy has been operating steadily, and the financial market has been developing steadily, laying a material foundation for the development of financial information service. However, the increasingly complex internal and external economic environment and the new trend of financial industry transformation also raised higher requirements for the high-quality development of financial information service, and the development of financial information service presents some new features. First, the regulatory mechanism of China's financial information service industry has been continuously improved. The introduction of a series of policies to strengthen supervision and prevent risks further marks that the development of financial information service industry has entered a new era of standardized development. Second, thanks to the stable operation of the macro-economy and financial market, the financial information service industry continued to maintain a rapid growth rate, but the growth rate slowed down significantly due to factors such as the special rectification of Internet Finance and the overall relatively slump in the securities market. Third, there is still a significant gap between China's financial information service market and the international market, with significant differences in industrial ecology and enterprise development. Fourth, the tide of entrepreneurship in financial information service has clearly cooled down, but venture capital is still relatively active, and social capital is still optimistic about the future development of China's financial information service. Fifth, credit service is also developing steadily in the direction of standardization and digitalization, which plays an important role in promoting the healthy development of financial information service.

Looking forward to 2020, as the conflict between supply and demand of medium and long-term finance has not been fundamentally alleviated, and financial systemic risks have not been fundamentally resolved, credit risks derived from digital financial innovation still need to be highly valued, and the task of financial information service to promote the prevention and resolution of financial risks is still arduous. Practices in recent years have proven that Fintech will play a strong technical guarantee and an important driving role in the future development of financial information service. Fintech innovation and regulatory system innovation will become the two most important factors affecting the development of the financial information service industry. Under the booming trend of digital economy in the future, financial information is providing resources for the development of digital economy in an important form of data, promoting the deepening development of financial information in the field of big data, and also providing new impetus for the development of financial industry and financial information service industry.

Keywords: Financial Information Service; Macro Environment; FinTech; Financial Supervision

Abstract: The development and application of financial technology pose great challenge to the system, concepts and methods of traditional financial regulation, directly promote the development of regulatory technology, and provide a possibility for the regulatory authorities to actively propose the construction of a technology- and digital-driven regulation mode. After the international financial crisis in 2008, the regulation mode with institutional regulation and functional regulation as the core has evolved, more and more attention has been paid to the functional regulation and behavioral regulation mode. Especially, the development and application practices of international financial technology and regulatory technology show that, the regulatory authorities should strengthen the top-level design of financial technology and regulatory technology application, attach importance to and encourage the innovation orientation of financial technology and regulatory technology, pay attention to the basic work of micro-financial information, and enhance the role of financial information in financial regulation.

Financial information service is generally part of financial activity, but not all of it belongs to financial activity. Financial information service regulation needs not only to rely on the existing financial regulation system, but also to have different priorities and its own characteristics. The cross-domain of financial information service and the limited centralized system based on the separate regulation determine that a decentralized collaborative regulation system should be established, that is, according to whether financial information focuses on financial attributes or on media attributes, establish the coordinated regulation system led by the People's Bank of China and the State Internet Information Office for the financial information service focusing on financial activity or information activity respectively. Different regulation departments supervise specific businesses, and promote the transition from coordinated regulation to cooperative regulation, so as to avoid regulation vacuum and over-regulation. On this basis, we should promote the transition from institutional regulation to functional regulation, realize the coordinated development of functional regulation and institutional regulation; actively apply regulatory technology, implement behavioral regulation for key areas of financial information service, and accelerate the digitization of regulatory technology and conduct regulation standards, the development and application of regulatory technology and regulatory tools, and the regulatory technology and regulatory information platform construction; at the same time, aiming at the business with high risk, strong innovation and great impact on financial consumers, explore the establishment of "regulatory sandbox" mode of financial information service.

Keywords: Regulatory Technology; Financial Information Service; Financial Regulation Mode; Behavioral Regulation; Regulatory Sandbox

Ⅱ Theory Reports

B.3 Analysis on the Basic Theory of Financial Information Service Regulation *Peng Xushu* / 048

Abstract: The historical evolution of the theory and practice of financial regulation shows that financial regulatory objectives are increasingly diversified, and regulatory policies are influenced by various factors, such as specific temporal background, financial development and economic theory. In recent years, reflection on the financial crisis has led to the emergence of risk-controlled financial regulation theory. Study finds that financial liberalization and financial innovation aggravate information asymmetry, which is an important cause of financial risk. Meanwhile, strengthening the regulation of financial information service is conducive to giving full play to the function of signal display and signal screening of financial information, promoting the reduction of information asymmetry, and avoiding or reducing the occurrence of financial risk. In the process of financial risk contagion, financial information plays an important role in signal transmission, which may aggravate information noise and the redistribution crisis of investor attention, and accelerate the spread of financial risk. On the contrary, it may standardize information dissemination, enhance the effectiveness of information, reduce information noise and the cost of information collection and processing, and promote the dissolution of financial risk by strengthening regulation. In addition, financial information service has both media attributes and public value attributes. Whether it is from the perspective of social responsibility and public interest of the media, or regard financial information service as a public product, it is necessary to implement different forms of regulation on different types of financial information service.

Keywords: Financial Regulation; Financial Information Service; Financial Information Service Regulation

Abstract: With the continuous digitization and mobilization of financial information in the mobile Internet environment, the media attributes of financial information service are enhancing. The media provides a large amount of financial information to investors in the market through news reports. As an important information source for investors, these rich but uneven financial information will have an impact on investment behavior. From the perspective of behavioral finance, this chapter analyzes the impact of financial information on asset price by removing the hypothesis of "rational economic man". Taking the securities market as an object, it analyzes and constructs the influencing mechanism of financial information → investor sentiment → investor behavior → security price, discusses the process in which financial information can influence investor psychology first, then affect investor behavior and decision-making, and ultimately affect the securities price.

Keywords: Financial Information; Behavioral Finance; Investor Sentiment; Investor Behavior; Financial Market

Ⅲ Industry Reports

B. 5 Current Situation and Trend of Insurance Information Service: Based on the Perspective of Insurance Apps

Wu Wei, Li Wenjun / 093

Abstract: With the fast development of information technology and mobile terminal, insurance Apps which meet the common requirements develops and applies rapidly. It is helpful for insurance companies to build business on the Internet as well. This article analyzes the current situation and trends of insurance information service, discusses the existing problems and provides some advice for solution from the perspective of insurance Apps.

Keywords: Insurance Industry; Insurance Information Service; Insurance Apps

B. 6 Analysis on the Development of Securities Mobile Service Apps in 2018

Tian Jie, Peng Xushu / 111

Abstract: The securities mobile service application (App) is an important measure for the securities industry to adapt to the impact of mobile Internet, provide value-added information services and convenient operating services, to improve user experience and to enhance competitiveness. It is also the most important carrier for securities companies to provide securities information services. At present, securities investors have accomplished movement from PC to mobile. From 2017, the growth of users of securities Apps has begun to stabilize. It has begun to show a small increase in 2018, but the active users have obvious volatility characteristics. At the same time, in order to avoid homogenization competition, securities companies strengthen technological innovation to provided more abundant information and more diversified products through App, and the development of securities App began to further diversify and differentiated competition. The securities Apps from those third-party enterprises are developing faster and faster due to technological advantages. Overall, the calculation of different types of securities App began to show a development gap based on the size of users and the duration of one-day use per capita, indicating that financial information service content has become a key factor affecting the competitiveness of securities App.

Keywords: Securities Mobile Service Application; Securities App; Mobile Securities

Abstract: Big data is the take-off wing of financial information service, while financial information service is the foothold of big data. Big data financial information service is the best application scenarios for the integration of big data and financial service. The big data financial information service industry is the representative format of the current financial technology 3. 0, as well as a high-level deep integration of big data and financial service industry, and it is also an inevitable industry formed under the exponential growth of financial data. The financial industry has the natural foundation to embrace big data. Compared with other industries, big data is more likely to create high-value products and service by mining and analyzing massive financial data. This paper takes the development trends and challenges of big data financial information service industry as the main line. This paper includes six parts: First, it introduces the definition of big data financial information service industry and expounds the four aspects of the industry: highly interactive, highly Innovative, high value-added and highly fault-tolerant; Second, it introduces the rise of big data financial information service industry and discusses typical industry application scenarios: customer segmentation, precision service, risk management, compliance management and fraud identification; Third, it analyzes the important role of big data financial information service industry in economic development from three aspects: resource allocation, financial risk prevention and enhancing the competitiveness of China's financial industry; Fourth, from the perspective of information technology and financial development, it proposes the development trend of China's big data financial information service industry in 2019; Fifth, starting from the current situation of industry development, it puts forward the challenges faced by big data financial information service industry; Sixth, combined with the development trend of the industry, it propose suggestions to accelerate the development of big data financial information service industry in response to the challenges.

Keywords: Big data; Financial Information; Development Trends

Abstract: This article tries to analyze the situation and trend of financial information service industry by micro research on four listed companies of this industry, in terms of basic situation, core competence, market performance. After nearly 20 years' development, these four companies set the pace for the industry to some extent. As it said, this industry is in the direction of high market concentration even oligopoly, and in the process of transition. At the same time, technology brings new opportunities. With the development of Internet innovation and financial innovation, new market participants explore new business models in financial information service industry.

Keywords: Financial Information Service Industry; Core Competence; Technology Innovation

Ⅳ Application Report

Abstract: As a typical representative of financial science and technology innovation, block chain technology has the characteristics of point-to-point network, traceability, distributed data storage, encryption technology and so on. With its characteristics of de-centralization, de-trust, openness, transparency, and difficulty to tamper, the block chain technology has received wide attention in financial information services. The application of block chain technology in financial information service provides a new way of thinking for customer management, information storage, asset trading, capital flow and other processes in various financial activities, which has important practical significance to reduce financial risks and to improve operational efficiency. This paper discusses the current development status of block chain technology, and emphatically analyzes the technological innovation brought by the application of block chain technology in banking, insurance and securities industries, as well as the prospect of application of block chain technology in financial information service.

Keywords: Block Chain; Banking; Insurance; Security Industry

Ⅴ Technology & Regulation Reports

Abstract: Under the background of the rapid development of information technology, technological progress, especially the information technology has

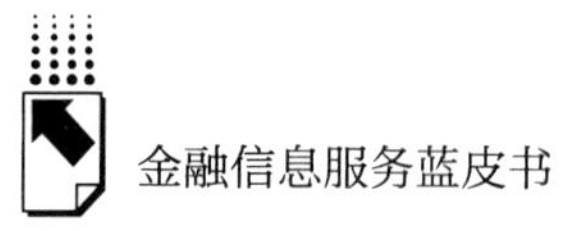

become one of the important driving forces of financial innovation. The Financial Stability Board believes that financial technology "can create new business models, applications, processes or products, thus has a major impact on the financial markets, financial institutions or the supply fashions of financial services." As a new financial organizational mode, the technology-driven financial innovations will not only reshape the development model of the financial industry, but also will lead the society to a new era of digital civilization. In the process of the development of FinTech, technological advancement provides financial innovation a new source of power, but at the same time it has raised new challenges for regulation. On one hand, regulators must actively respond to the risks brought about by FinTech, on the other hand, it is necessary to add technological methods to regulation and create the intelligent financial supervision.

Keywords: Technology; FinTech; Financial Innovation; Risk

Abstract: Financial technology is an "old word" that still with high profile in 2018. This chapter combs related literatures of financial technology from three main perspectives: meaning and concept, development path and risk prevention in the context of financial technology that is concerned widely. In response to the "destructive innovation" of financial technology, it is necessary to guide and play a positive role of financial technology.

Keywords: Financial Technology; Risk Prevention and Control; Research Review

B. 12 The Origin and International Practice of Regulatory Technology

Zhang Qi / 204

Abstract: Regulatory technology is a combination of the new generation of information technology and financial regulation. With the continuous innovation and development of financial technology, traditional financial regulation means no longer meet the changeable industry regulatory needs of financial information service. Based on emerging technologies such as cloud computing, big data, artificial intelligence, and blockchain, regulatory technology can help regulators transform from traditional passive regulation to real-time dynamic active regulation mode, maintain the stability of financial system, and monitor data security of financial information service market. At present, financial regulation authorities in developed countries have widely used regulatory technology. Through cooperation with leading financial technology companies, they promote the application of regulatory technology in the financial information service industry, improve the regulatory system and regulatory efficiency, and maintain the stability of the financial market environment.

Keywords: Regulatory Technology; International Practice; Financial Technology; Information Technology

B. 13 Reg Tech: New Challenges and Opportunities

Wang Tiecheng / 218

Abstract: FinTech is a specific style of financial innovation supported by new technologies such as artificial intelligence, big data, cloud computing, and blockchain. On the one hand, FinTech has brought a new driving force to social and economic development, transformed the operation mode of banks, invented new financing methods, and even modified the form of money. At the same time, FinTech has also led to new risks, made financial regulatory authorities face new challenges. Only through effective supervision, and maintaining a proper balance between efficiency and stability, FinTech will achieve healthy and steady development. From the perspective of the financial system's attributes, both traditional financial systems and FinTech which is driven by technological advancement, are characterized by dynamics and adaptability. Therefore, the financial regulatory system also needs to have certain adaptability, and it is necessary to keep pace with the development of financial activities. Historical experience shows that if the financial regulatory system is too rigid, it will soon lose its regulatory effect on financial activities. In the face of rapid development of FinTech, the traditional financial regulatory paradigm faces new challenges. The traditional regulatory paradigms, rules, and technologies all need to be updated with the development of FinTech practices.

Keywords: FinTech; Financial Supervision; Reg Tech

皮 书

智库报告的主要形式
同一主题智库报告的聚合

皮书定义

皮书是对中国与世界发展状况和热点问题进行年度监测，以专业的角度、专家的视野和实证研究方法，针对某一领域或区域现状与发展态势展开分析和预测，具备前沿性、原创性、实证性、连续性、时效性等特点的公开出版物，由一系列权威研究报告组成。

皮书作者

皮书系列报告作者以国内外一流研究机构、知名高校等重点智库的研究人员为主，多为相关领域一流专家学者，他们的观点代表了当下学界对中国与世界的现实和未来最高水平的解读与分析。截至 2020 年，皮书研创机构有近千家，报告作者累计超过 7 万人。

皮书荣誉

皮书系列已成为社会科学文献出版社的著名图书品牌和中国社会科学院的知名学术品牌。2016 年皮书系列正式列入“十三五”国家重点出版规划项目；2013~2020 年，重点皮书列入中国社会科学院承担的国家哲学社会科学创新工程项目。

中国皮书网

（网址：www.pishu.cn）

发布皮书研创资讯，传播皮书精彩内容

引领皮书出版潮流，打造皮书服务平台

栏目设置

◆ **关于皮书**

何谓皮书、皮书分类、皮书大事记、

皮书荣誉、皮书出版第一人、皮书编辑部

◆ **最新资讯**

通知公告、新闻动态、媒体聚焦、

网站专题、视频直播、下载专区

◆ **皮书研创**

皮书规范、皮书选题、皮书出版、

皮书研究、研创团队

◆ **皮书评奖评价**

指标体系、皮书评价、皮书评奖

◆ **互动专区**

皮书说、社科数托邦、皮书微博、留言板

所获荣誉

◆ 2008 年、2011 年、2014 年，中国皮书网均在全国新闻出版业网站荣誉评选中获得“最具商业价值网站”称号；

◆ 2012 年,获得“出版业网站百强”称号。

网库合一

2014年，中国皮书网与皮书数据库端口合一，实现资源共享。

S 基本子库
UB DATABASE

中国社会发展数据库（下设 12 个子库）

整合国内外中国社会发展研究成果，汇聚独家统计数据、深度分析报告，涉及社会、人口、政治、教育、法律等 12 个领域，为了解中国社会发展动态、跟踪社会核心热点、分析社会发展趋势提供一站式资源搜索和数据服务。

中国经济发展数据库（下设 12 个子库）

围绕国内外中国经济发展主题研究报告、学术资讯、基础数据等资料构建，内容涵盖宏观经济、农业经济、工业经济、产业经济等 12 个重点经济领域，为实时掌控经济运行态势、把握经济发展规律、洞察经济形势、进行经济决策提供参考和依据。

中国行业发展数据库（下设 17 个子库）

以中国国民经济行业分类为依据，覆盖金融业、旅游、医疗卫生、交通运输、能源矿产等 100 多个行业，跟踪分析国民经济相关行业市场运行状况和政策导向，汇集行业发展前沿资讯，为投资、从业及各种经济决策提供理论基础和实践指导。

中国区域发展数据库（下设 6 个子库）

对中国特定区域内的经济、社会、文化等领域现状与发展情况进行深度分析和预测，研究层级至县及县以下行政区，涉及地区、区域经济体、城市、农村等不同维度，为地方经济社会宏观态势研究、发展经验研究、案例分析提供数据服务。

中国文化传媒数据库（下设 18 个子库）

汇聚文化传媒领域专家观点、热点资讯，梳理国内外中国文化发展相关学术研究成果、一手统计数据，涵盖文化产业、新闻传播、电影娱乐、文学艺术、群众文化等 18 个重点研究领域。为文化传媒研究提供相关数据、研究报告和综合分析服务。

世界经济与国际关系数据库（下设 6 个子库）

立足“皮书系列”世界经济、国际关系相关学术资源，整合世界经济、国际政治、世界文化与科技、全球性问题、国际组织与国际法、区域研究 6 大领域研究成果，为世界经济与国际关系研究提供全方位数据分析，为决策和形势研判提供参考。

法律声明